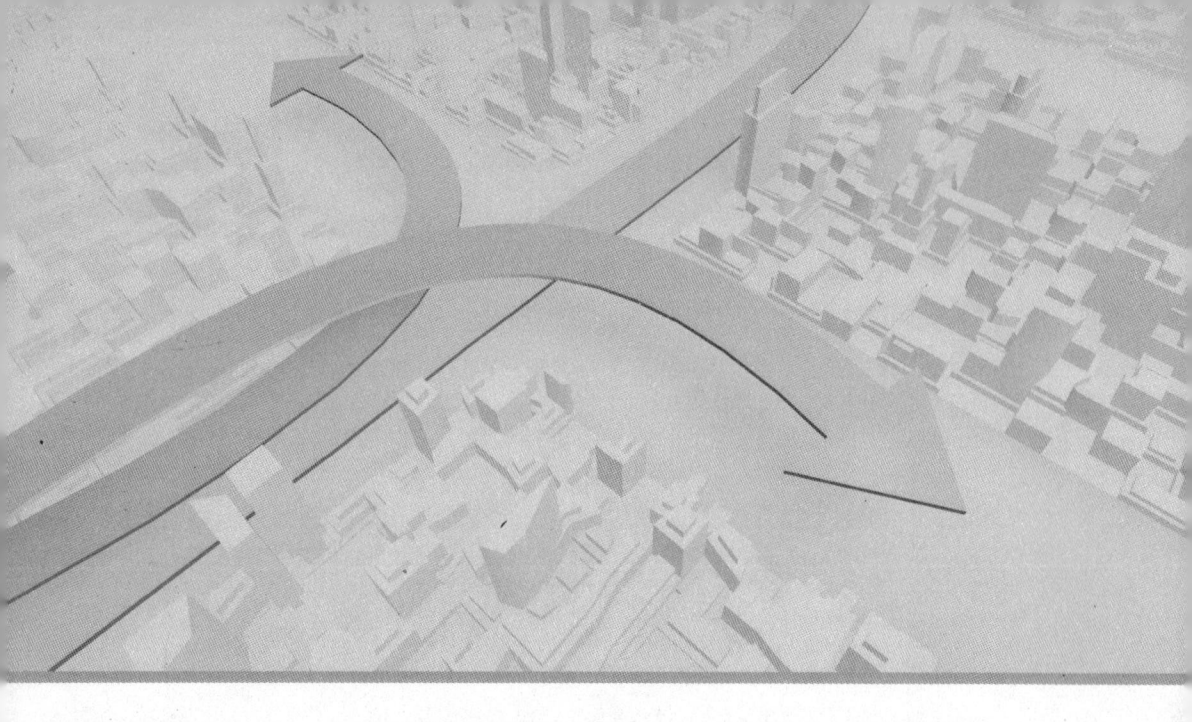

Chinese Economy
in Dual Transition

中国经济双重转型之路

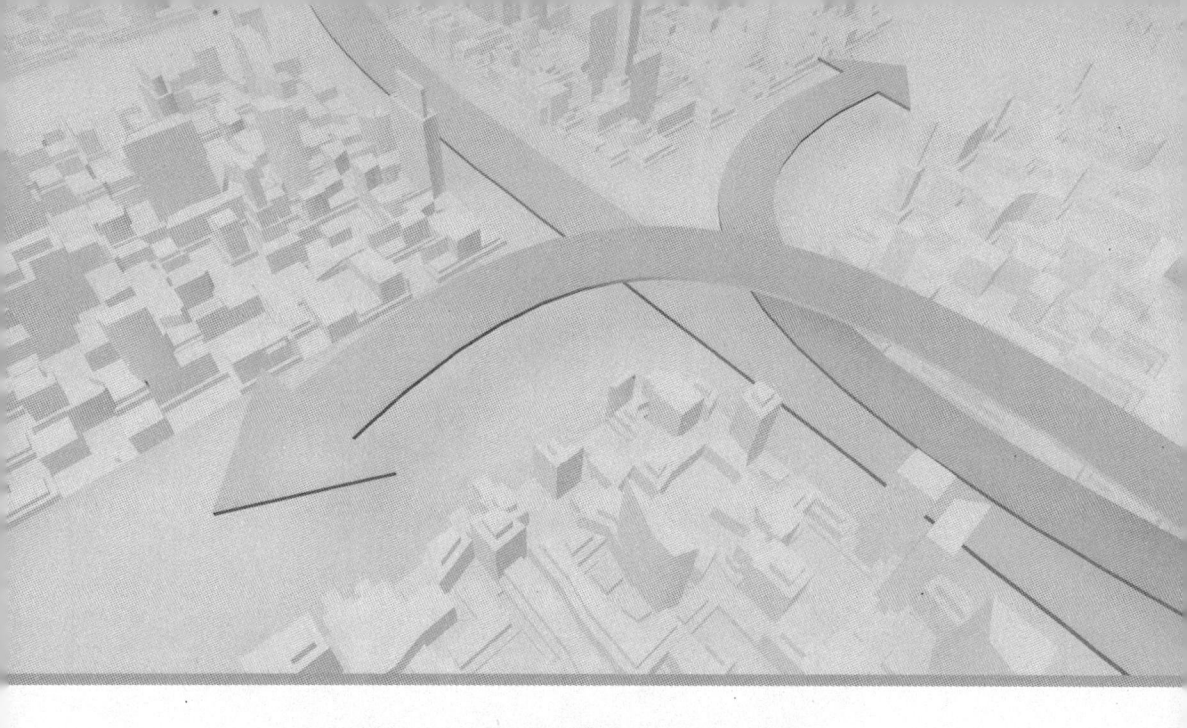

厉以宁 著

中国人民大学出版社
·北京·

目 录

导　论　中国经济的双重转型 …………………………………… 1

　　一、中国经济正在逐步实现双重转型 ………………………… 1
　　二、继续以体制转型带动发展转型 …………………………… 5
　　三、双重转型中的结构调整 …………………………………… 8
　　四、双重转型中，宏观调控应以微调和预调为主 …………… 11

第一章　产权界定的重要性 …………………………………… 16

　第一节　经济非均衡和市场主体的确定 ………………………… 16
　　一、两类经济非均衡的提出 …………………………………… 16
　　二、产权改革迄今取得的成绩 ………………………………… 18
　　三、有待于继续推进的产权改革问题 ………………………… 21
　　四、中国经济非均衡的现状 …………………………………… 24
　第二节　土地确权：新一轮农村改革的启动 …………………… 26
　　一、土地确权的重大意义 ……………………………………… 26
　　二、土地确权，保障农民权益 ………………………………… 27
　　三、土地确权和土地流转 ……………………………………… 29
　　四、重新丈量土地后耕地面积的增加 ………………………… 31
　　五、土地确权和农民收入增长 ………………………………… 32
　　六、进一步展开土地流转工作时需要研究和解决的
　　　　四个问题 …………………………………………………… 34

第三节　中国股份制改革的回顾和资本市场的发展 …………… 39
　　一、中国双重转型中最重要的问题是重新构造微观
　　　　经济基础 ………………………………………………… 39
　　二、股权分置改革：中国股份制的第二次改革 ………… 41
　　三、民间资本的积极性被调动：资本市场作用的初步显示 … 43
　　四、中国的技术突破依赖于资本市场作用的进一步发挥 … 45
　　五、中国迫切需要新型企业家 …………………………… 49

第二章　国有企业和民营企业的协调发展 ……………………… 52

　第一节　国有资本体制改革 …………………………………… 52
　　一、国有资本配置体制改革和国有企业管理体制改革 ……… 52
　　二、国有资本配置体制改革的迫切性 …………………… 54
　　三、国有资本配置体制改革的设想 ……………………… 56
　　四、两个层次的国有资本体制各自的社会责任 ………… 59
　　五、国有资本体制改革后，国有企业和民营企业有
　　　　广阔的合作前景 ………………………………………… 62

　第二节　民营企业的产权保护和体制转型 …………………… 64
　　一、当前民营企业面临的困难 …………………………… 64
　　二、从产权保护方面来分析民营企业的困难 …………… 66
　　三、怎样化解民营企业面临的上述困难 ………………… 67
　　四、民营企业的体制转型 ………………………………… 71
　　五、从小业主意识到现代企业家理念 …………………… 74

　第三节　金融改革的深化 ……………………………………… 77
　　一、金融改革的目标 ……………………………………… 77
　　二、关于利率市场化 ……………………………………… 80
　　三、关于"草根金融"的发展 …………………………… 84
　　四、大中型股份制商业银行参与小额贷款业务的经验 … 86

第三章 经济发展方式的转变 ··· 89

第一节 论实体经济的回归 ··· 89
一、实体经济回归的含义 ··· 89
二、为什么资金会退出实体经济领域 ··· 90
三、资金从实体经济领域转入虚拟经济领域的严重后果 ··· 93
四、回归实体经济的基本对策 ··· 96

第二节 消费需求的创造：扩大内需的核心问题 ··· 102
一、扩大民间消费的迫切性 ··· 102
二、收入分配制度改革和社会保障制度改革对民间消费的影响 ··· 103
三、消费主导型经济增长不是短期内能实现的，需要一个过渡阶段 ··· 106
四、消费品市场的相对稳定性和易变性 ··· 107
五、消费需求是可以被创造出来的 ··· 110

第三节 从林权制度改革看生态文明建设 ··· 114
一、"迟到的改革" ··· 114
二、林下经济的发展 ··· 118
三、林业合作社的前景 ··· 121
四、国有林场改革的一种探索："一场两制" ··· 124

第四章 宏观经济调控 ··· 128

第一节 当前宏观调控应重在微调 ··· 128
一、宏观经济调控的局限性 ··· 128
二、稳中求进和结构调整 ··· 131
三、经济低碳化同样需要宏观调控以微调为主要措施 ··· 133
四、宏观经济调控应符合中国国情 ··· 136

第二节　不同的失业类型和不同的对策 …… 140
　一、双重转型期间中国就业问题的特殊性 …… 140
　二、总量失业及其对策 …… 142
　三、结构性失业及其对策 …… 144
　四、个人职业选择性失业及其对策 …… 145
　五、中国失业问题的长期性 …… 147
　六、关于二元劳工市场 …… 149
第三节　不同的通货膨胀类型和不同的对策 …… 152
　一、需求拉动型通货膨胀及其对策 …… 152
　二、成本推进型通货膨胀及其对策 …… 154
　三、国际输入型通货膨胀及其对策 …… 157
　四、现阶段中国的通货膨胀是综合型的，要采取综合的对策 …… 159
　五、应对通货膨胀时需要关注的几个问题 …… 162
第四节　关于国家外汇储备安全的思考 …… 165
　一、关于外汇储备下降问题 …… 165
　二、关于外汇储备贬值问题 …… 168
　三、对外汇储备安全的进一步研究 …… 169

第五章　收入分配制度改革 …… 172

第一节　城乡收入差距扩大的原因 …… 172
　一、三种资本概念：物质资本、人力资本和社会资本 …… 173
　二、二次分配的作用 …… 177
　三、能人外迁和弱者沉淀 …… 178
　四、今后谁来种田 …… 179
第二节　收入分配制度改革应以初次分配改革为重点 …… 182
　一、收入的初次分配应以市场调节为基础性调节 …… 182

二、在初次分配改革中需要解决哪些难题 ……………… 185
　　三、初次分配改革的建议 …………………………………… 189
　　四、一种设想：让人力资本投入者也能分享利润 ……… 194
第三节　二次分配改革的要点 ……………………………………… 195
　　一、城乡社会保障一体化 …………………………………… 195
　　二、城乡社会保障一体化过程中要注意到福利刚性的
　　　　存在 ……………………………………………………… 199
　　三、二次分配中的税收调节手段 …………………………… 200

第六章　城镇化 205

第一节　符合中国国情的城镇化 …………………………………… 205
　　一、传统城市化和符合中国国情的城镇化 ……………… 205
　　二、老城区的改造 …………………………………………… 207
　　三、新城区的规划 …………………………………………… 209
　　四、农村新社区的建设和转化 ……………………………… 210
　　五、在城镇化过程中，持续的公共设施经费主要来自
　　　　何处 ……………………………………………………… 216
第二节　深入剖析城镇化过程中的疑难问题 ……………………… 217
　　一、关于工业化和城镇化的相互促进 ……………………… 217
　　二、缓解城镇住房紧张问题的基本途径 …………………… 220
　　三、再谈以增加供给为主的缓解城镇住房紧张问题的
　　　　思路 ……………………………………………………… 223
　　四、城镇化和减贫脱贫之间的关系 ………………………… 226
　　五、户籍一元化是一个渐进的过程 ………………………… 229
第三节　关于牧区的城镇化 ………………………………………… 231
　　一、牧区城镇化所遇到的困难 ……………………………… 231
　　二、沙化牧场牧民迁移的启示 ……………………………… 233

三、牧区的市场化和社会服务化：牧区城镇化的两大
　　　　　参考指标 ……………………………………………… 236
　　　四、牧区如何增加城镇人口 …………………………………… 239
　第四节　关于林区的城镇化 ……………………………………… 242
　　　一、林区城镇化和牧区城镇化的比较 …………………… 242
　　　二、林区和牧区现有城镇的产生、发展过程 ……………… 245
　　　三、国有林场今后的城镇化将以多种方式筹集建设资金 …… 246
　　　四、集体林权制度改革以后集体林区的城镇化 …………… 249
　　　五、林区城镇化将大大促进双向城乡一体化的实现 ……… 250

第七章　自主创新和产业升级 ……………………………………… 253
　第一节　创意、创新、创业 ……………………………………… 253
　　　一、创意、发明和创新 …………………………………… 253
　　　二、发明、创新、创业都需要有合适的制度环境 ………… 255
　　　三、中国制造业的产业升级 ……………………………… 257
　　　四、中国制造业的市场前景 ……………………………… 260
　　　五、扬我所长，避我所短，迎接挑战 …………………… 262
　第二节　产业转移和产业升级 …………………………………… 265
　　　一、承接产业转移是次发达地区发展的契机 ……………… 265
　　　二、次发达地区在承接产业转移方面的优势分析 ………… 267
　　　三、次发达地区怎样为承接产业转移创造条件 …………… 270
　　　四、承接产业转移和产业升级 …………………………… 275
　第三节　新优势和新红利的创造 ………………………………… 277
　　　一、如何看待原有红利的消失 …………………………… 277
　　　二、从旧人口红利走向新人口红利 ……………………… 278
　　　三、从旧资源红利走向新资源红利 ……………………… 282
　　　四、从旧改革红利走向新改革红利 ……………………… 285

  五、优势和红利都来自创造 ······················· 287

第八章　社会资本和企业社会责任 ················· 289

  第一节　信誉是最重要的社会资本 ················· 289

    一、经济学中的社会资本概念 ················· 289

    二、社会资本和信誉 ······················· 291

    三、社会底线：法律底线和道德底线 ············· 293

    四、社会资本是可以创造的 ··················· 295

  第二节　企业社会责任和社会资本的延伸 ············· 298

    一、对企业社会责任的进一步分析 ··············· 298

    二、企业盈利目标和企业社会责任的统一 ············ 302

    三、从"社会人"的角度看企业的社会责任 ········· 304

    四、社会资本的延伸 ······················· 307

代结束语　中国道路和发展经济学的新进展 ············· 309

  一、发展经济学研究不可避免地涉及经济体制之争 ········· 310

  二、中国的发展经济学实质上是从计划经济体制向市场
    经济体制转型的发展经济学 ··················· 312

  三、中国道路最重要的经验在于：只有不断地深化改革
    和扩大开放，让人民得到实惠，才能实现双重转型 ······ 316

后　记 ······································· 319

导 论
中国经济的双重转型

一、中国经济正在逐步实现双重转型

在传统的发展经济学中,经济转型是指从农业社会转向工业社会,而计划经济体制的推行则被认为是另一条通往工业社会的道路,"十月革命"以后的苏联正是这样走的。

中国从20世纪50年代到70年代末的实践表明,依靠计划经济体制转向工业社会是一条不成功的道路。这是因为,在中国这样的发展中国家,在计划经济体制之下,虽然可以建立一批大型工业企业,但效率不高,代价过大,而传统农业社会中的种种问题不但没有解决,反而以新的形式凝固化了,所以农业发展是失败的,农村是落后的,农民的生活依旧终年辛苦,难以温饱,而且农民的人身自由受到很大的限制。

从1979年起,中国进入了双重转型阶段。双

重转型是指体制转型和发展转型的结合或重叠。

什么是体制转型？就是从计划经济体制转向市场经济体制。

什么是发展转型？就是从传统的农业社会转向工业社会。

两种转型的结合或重叠是没有前例的，也是传统的发展经济学中没有讨论过的。在第二次世界大战结束之后，一些新独立的发展中国家，由于那里过去不曾实行计划经济体制，所以只出现发展转型，即从传统的农业社会逐步转向工业社会。而 1979 年以后的中国则不同，一方面，要摆脱计划经济体制的束缚，以市场经济体制代替计划经济体制，这就是体制转型；另一方面，要从传统的农业社会转向工业社会，使中国成长为一个现代化的国家，这就是发展转型。

总结 1979 年至今 30 多年的改革与发展实践，中国在推行双重转型过程中积累了一些经验，可以把这些经验归纳为以下八项。

（一）体制转型是双重转型的重点

在双重转型中，重点是体制转型，即从计划经济体制转向市场经济体制，并要以体制转型带动发展转型。这是因为，计划经济体制对中国经济的束缚和限制是全面的：既包括城市，又包括农村；既包括工业，又包括农业；既包括城市居民，又包括农民。如果不打破计划经济体制的束缚和限制，中国不仅不可能实现从传统农业社会向工业社会的转变，而且中国转型的目标（使中国成为现代化国家的目标），也是无法实现的。

（二）思想先行

在双重转型准备阶段，必须解放思想，清除计划经济理论的影响，否则改革与发展都寸步难行。1978 年中国所进行的"实践是检验真理的唯一标准"大讨论，使人们的思想得到解放，进而启动了改革和对外开放。1992 年初，邓小平同志的南方谈话又进一步解放了人们的思想，使中国走上了改革和发展的快车道。因此可以说，中国双重转型在短短的 30 多年内之所以能取得这样大的成果，同"思想先行"是分不开的。

（三）产权改革是最重要的改革

在双重转型中，必须把产权问题放在改革的首位。在计划经济体制下，产权模糊、投资主体不确定、投资方的权利和责任不清晰是改革的主要障碍，也是发展的巨大阻力。因此在体制转型中，产权改革是突破口，是主线；在发展转型中，产权界定和产权清晰是动力源泉。对广大农民来说，土地权益需要确定，住房产权也需要确定，而且确权工作应当落实到户，这既有利于保障农民的合法权益，也能使农民获得财产性收入，用于改善生活、扩大再生产和创业。

（四）在经济增长的同时改善民生

在双重转型中，一定要在经济增长的同时改善民生。改善民生是缩小城乡居民收入差距和缩小地方收入差别的重要途径。在宏观经济政策目标中，就业是重中之重。考虑到农村劳动力向城市转移是双重转型中需要认真解决的迫切问题，所以在转型的任何时候都不能忽视就业问题。同时，由于新的工作岗位是在经济增长过程中涌现出来的，所以经济需要保持一定的增速。经济增长率过高当然不行，但如果经济增长率偏低，则会产生更大的就业压力。再说，扩大内需同改善民生是紧密结合在一起的。唯有扩大内需才能使中国经济增长逐渐转入良性循环的轨道。

（五）必须不断自主创新、产业升级

在双重转型中，要不断提高企业的竞争力，而提高企业竞争力的核心是鼓励自主创新。如果自主创新不足，产业迟迟未能升级，企业的竞争力不足，在日趋激烈的国际市场竞争中，中国必将丧失自己的市场份额，或者又会回到过去依靠资源出口、初级产品出口以获取外汇、进口必需的生产资料和生活资料的境地，这就难以实现现代化的目标。而自主创新的成

效既取决于知识产权的保护，也取决于专业技术人才的培养和激励。人力资源政策应得到更多的关注，得到更有效的贯彻。

（六）必须不断提高经济质量

相对于较早实现工业化、现代化的国家而言，环境压力在中国显得更为突出。中国在双重转型中，必须重视经济和社会的可持续发展问题。1979年以来的经验告诉我们，经济增长固然重要，但提高经济增长的质量更加重要。经济增长的质量高低，除了结构的优化是标志之一而外，还有另一个标志，这就是环境保护、节能减排、资源合理利用和清洁生产。环境是我们和子孙后代共有的，资源是我们和子孙后代共享的。只有走可持续发展道路，我们才有更广阔的发展前景。

（七）城镇化是今后若干年内最有潜力的投资机会

城镇化率的提高是双重转型的成果，同时也是继续实现双重转型的助推器。在计划经济体制下，城镇化的进度是异常缓慢的，甚至在某些年份还出现了"反城镇化"的趋势，即不但不允许农民进城，而且还把一部分城市居民强制迁入农村。直到双重转型过程开始后，情况才有所好转。提高城镇化率已是大势所趋。城镇化将是今后若干年内最有潜力的投资机会和扩大内需的机会，能保证中国经济增长继续以较高的速度推进。

（八）大力发展民营经济

民营经济是社会主义市场经济的重要组成部分。在双重转型中，大力发展民营经济不仅是为了缓解就业压力，更主要的是为了调动民间的积极性，包括调动民间资本的潜力。民营企业与国有企业的关系，无论是"国退民进"还是"国进民退"，都不应是国家的方针。国家的方针是国有企业和民营企业的共同发展，它们之间既有合作，又有竞争，进而形成双赢的格局。这既是对经济增长最有利的，也是对社会安定和谐最有利的。

以上八项经验说明了中国双重转型之路是怎样一步步走过来的。总的说来，这些经验表明了这样一点：中国有中国的国情，不根据国情进行转型，什么经验都不会产生，也不会有"中国道路"。

二、继续以体制转型带动发展转型

在中国，双重转型的任务至今尚未完成。改革需要深入，发展也需要继续，并双双登上新台阶。

那么，改革和发展之间的关系有没有变化？没有变化，仍同过去30多年一样，继续以体制转型来带动发展转型，即继续以改革促进发展，为发展开路。关于这个问题分三个方面来论述。

（一）内生力量和外生力量

什么是内生力量？这是指一种体制及其所具有的机制所发生的作用。改革就是为了清除新体制或新机制建立过程中的障碍和阻力。

什么是外生力量？这是指外界对经济运行发生作用的某种力量，它从外界对经济活动进行干预；或对经济活动进行刺激，或对经济活动进行抑制。改革就是为了把外生力量的干预减少到正常的程度，不要让外生力量的干预削弱体制及其具有的机制所产生的自我调节作用。

不妨以一个人的健康为例。一个人如果能健康地生活和工作，一定要有完善的内生机制；如果生病了，自身内部调节机制是能够克服障碍和恢复健康的。外生力量就像必要的时候需要服药或动手术一样。相对于外生力量而言，内生力量毕竟是最重要的。

到目前为止，尽管我们的改革开放已30多年，但内生力量还不健全，主要靠外生力量来调控经济。比如说，我国存在一种"投资冲动怪圈"的现象。从最近几年的情况可以清楚地看到：地方政府、各个单位都希望加速发展，因此要求增加投资、增加项目、增加信贷，这样，投资加大了，项目增多了，信贷扩张了，经济也就上去了，结果发生了通货膨胀；通货膨胀发生后，中央政府就依靠外生力量来压抑，地方政府感到困难，财政收入下降，产值下降，企业不振，就业也减少了，中央政府不得已再次启动外生力量调控，刺激经济，恢复经济快速增长。如此周而复始，一会儿经济上去了，一会儿经济又紧缩了。这表明内在的机制并没有发挥很好的作用。外生力量在某种程度上取代了内在力量。

继续推进改革，就是要完善体制，让体制所具有的机制发生应有的作用，让外生力量的调控成为辅助性的。

（二）阶段性成果和目标模式

从1979年到现在已30多年，我们在改革开放方面取得了很大的成绩，但这些仅仅是阶段性成果，还不能说已经实现了目标模式。我们的目标模式是明确的：从体制转型方面说，我们的目标模式是建立完善的社会主义市场经济体制；从发展转型方面说，我们的目标模式是实现工业化，建立现代化社会，使全国人民走向富裕，使和谐社会得以实现。改革要深化，发展要再接再厉，不可松懈。改革和发展都不可半途而废。中途停止下来，可能前功尽弃。

要知道，经济中很多问题不是靠宏观调控可以解决的，要靠改革的继续和深化。举一个例子：现在出现了"社会阶层凝固化"现象，与改革开放初期相比，现在还不如刚改革之时。改革开放初期，77届、78届、79届大学毕业生（甚至20世纪80年代内各届大学毕业生）的社会流动渠道是通畅的。社会垂直流动和水平流动是调动人们积极性的主要方式。然而现在，"社会阶层凝固化"造成了水平流动特别是垂直流动渠道的堵塞，这又形成了另一种现象，即"职业世袭化"。比如说，父亲是农民工，儿子还是农民工，孙子以后也可能是农民工，这就是"社会阶层凝固化"和"职业世袭化"的表现。这种情况要通过体制转型才能解决，宏观调控解决不了这样的问题。

再说，城乡二元体制至今仍未消失。计划经济体制有两大支柱，一个支柱是国有企业体制，另一个支柱是城乡二元体制。过去30多年的改革，主要围绕着国有企业体制改革而展开，这一改革至今已取得很大进展，当然还有些问题有待于继续解决。虽然城乡二元体制在过去这段时期多少有些松动，但基本上尚未解决。

城乡二元体制不同于城乡二元结构。城乡二元结构自古就有，而且今后较长时间内还会存在。但城乡二元体制是计划经济体制的产物。1958年户口一分为二，农村户口和城市户口分开了，城乡被隔离开来，农村户口和城市户口都不得自由迁移。这种划分使得农民处于与城市隔绝的状态，城乡居民权利不平等，大大阻碍了经济和社会的发展。而城乡二元体制绝对不是依靠宏观经济调控就能消失的，所以一定要深化改革，才能改变现状。

总之，阶段性成果就是阶段性成果，它绝对不是我们的目标模式。

（三）全盘考虑，统筹安排

前面已经指出，中国从计划经济体制过渡到社会主义市场经济体制，在全世界没有先例，必须探索前进。当时有一种很形象化的说法，叫作"摸着石头过河"。这在当时是对的；但现在不够了。为什么？因为水深了，摸不着石头了，怎么前进？假如河底的石头分布不均匀，摸着摸着又摸回来了，又该怎么办？

所以一定要全盘考虑，统筹安排。改革的领导者要站得高，看得远，想得深，要有战略家的眼光、胆识和魄力。这就是当前不少人所谈论的顶层设计。

举一个例子：集体林权制度改革。1979年一些地方的农村试行承包制时，没有动集体的山林。有的地方分了山林，结果砍树成风，因为那时刚改革开放，不少农民对党的政策缺乏信心，怕变，所以承包山林后就砍树了。中央制止了把集体林权分掉的做法。集体林权制度改革是一个迟到的改革，晚了 20 多年。2003 年，在福建、江西等几个省开始试点，很快党中央、国务院在 2008 年 6 月 8 日发文件，决定在全国范围内推行集体林权制度改革。

这项改革有三个突破。一是林权证落实到户，这是一个大突破，而不是按学术界某些人曾经建议的落实到村，落实到乡，或落实到自上而下组成的林业合作社、林业协会等。事实证明，这些都是无效的，必须把林权落实到农户，农民们的积极性才会调动起来。二是林地、林木可以抵押，这样一来，农民承包林地后就有可能经营林场了，一个个家庭林场就是一个个小微企业。金融活了，全盘皆活。农民经营林场，林下养鸡，种药材，生产蘑菇、木耳，日子也富裕起来了。三是，明确林地承包期为 70 年不变。农田承包的时间，最后用的词是"长久不变"。长久不变？究竟多长？农民心里还是不踏实。集体林地定为 70 年承包期。70 年，第三代都长大了，爷爷种树，让孙子来砍吧！林农种树的积极性就增大了。可见，这些突破，没有中央作出决定，地方敢这样推行吗？这就是统筹安排的成果。关于集体林权制度改革，这里只是稍微提一下。本书第三章第三节将有专门的论述。

现在需要全盘考虑、统筹安排的问题很多，包括国有资本配置制度、收入分配制度、金融体制如何改革、中央和地方分税制度如何改革等。这些都要有全局性、战略性的思考和决策。

当然，在今后的改革过程中，试点仍是需要的。从这个意义上说，"摸着石头过河"并未过时。但重要的是要从整体上考虑，要有战略眼光。

三、双重转型中的结构调整

结构调整是没有止境的。随着科学技术的进步，随着消费习惯和消费观念的转变，随着国内国外形势的变化，以及随着经营管理经验的丰富和经营管理人员水平的提高，今天的结构优化只代表现阶段的结构优化，不能代表以后经济结构优化的延续。从这个角度看，结构优化总是相对的，所以结构调整还将继续下去。

尽管结构优化在发展的不同时期有不同的标准，但总的说来，在发展的任何时期都有新兴产业这个概念，结构的优化要符合每个阶段的实际，把发展新兴产业作为衡量结构优化程度的标准之一。在发展的任何时期都有产能过剩产业和产能短缺产业这样的概念，所以结构优化要从这些产业的产值在国内生产总值所占的比例的增减程度来衡量，产能过剩产业和产能短缺产业所占比例的下降都反映了结构在趋向优化；反之，如果产能过剩产业和产能短缺产业所占比例上升了，则反映结构状况趋向恶化。因此，在现阶段要讨论中国的结构调整，必须首先关注新兴产业的发展、产能过剩产业和产能短缺产业所占比例的下降，以及产能基本平衡产业所占比例的上升。

另一个值得关注的问题是，在双重转型过程中，一定要朝着清洁生产、循环经济、低碳经济的方向进行结构调整。高污染、高耗能以及其他高消耗资源的产业要进行技术改造，其中有些企业要被淘汰，不能再因此而使环境继续遭到破坏，使资源消耗过度。中国在环境治理方面一定要有决心，否则社会经济将难以可持续发展。

在双重转型过程中，地区经济结构的合理化也是结构调整方面的重要课题。根据中国的实际情况，地区发展不平衡是受到自然条件的影响和历史文化因素的影响而形成的，结果，东西部发展和居民收入之间的差距呈扩大趋势。要缓解和逐步扭转这种地区差距扩大的趋势，必须实行向西部地区倾斜的政策，让西部得到优惠，以促进西部的发展。制造业向西部转移和西部改变过去单纯输出资源的状况，是地区经济结构调整最重要的两项措施。

关于产业转移，还与转出地区的制造业企业，尤其是劳动密集型企业，出于降低成本的考虑有关。例如用工成本、土地使用成本、企业建设成本和物流成本等，随着工业化的推行，近年来都有逐步上升的趋势。而经济次发展的地区则成为产业地区间转移的承接者，它们一般拥有较丰富的劳动力资源、土地资源和矿产资源，它们可以发挥这些优势来承接产业的转移，以加速本地区的发展，并增加地方的财政收入和扩大就业。在这方面，体制改革依然是最重要的。有什么样的体制才会出台什么样的政策，才能让有责任的、有效率的、讲政府诚信的、重法制的官员在岗位上得到重用。只有这样，次发达地区的经济才有可能迅速发展。与此同时，发达地区的经济结构因产业转移到次发达地区之后，可以更好地发挥自己的优势，在自主创新和产业升级等方面做出更大的成绩，并在增强本地区的企业竞争力方面继续领先。

关于西部（也包括东部发达省内某些次发达地区）如何改变过去只输出资源的状况，同样需要在体制和政策上作出新的安排。例如发展资源在本地加工的产业，以增加产值，把收益留在本地。还应当注意到，西部和其他次发达地区在产业转移和发展资源加工产业的过程中，一定要加快培育本地的民营企业家队伍。这是因为，当发达地区的企业迁移到西部和其他次发达地区以后，骨干职工可以从发达地区带来，有管理经验的管理人员也可以一并带来，但配套的生产营销方面的合作企业却不一定迁入，在西部和其他次发达地区需要有一些能与转移来的企业配套的、为之服务的合作企业。这将有赖于本地民营企业家的努力。由于产业转移和发展资源加工企业提供了若干商业机会，而且这些商业机会往往是转瞬即逝的，本地的民营企业家不抓住它们，很快就会被外地的民营企业获得。

再说，产业向西部和其他次发达地区的转移，只是地区经济结构调整中的一个阶段。西部和其他次发达地区承接发达地区的企业转移后，势必也会促进本地企业和转移进来的企业的产业升级。这是阻挡不住的趋势。也就是说，发达地区准备向西部和其他次发达地区转移企业，既是为了利用这些地区的资源优势，也是着眼于这些地区的市场前景而决定转移的。而一旦实现了产业转移，为了提高企业的竞争力，以及为了开拓更大的市场，取得更多的市场份额，迟早会走上产业升级之路。这意味着，西部和其他次发达地区的结构调整，不可能只限于产业转移，而可能把今后的产业升级也包括在内。

结构调整，有可能是存量调整，还可能是增量调整，二者各有利弊。一般说来，存量调整见效快，效果也大，这是它的好处；但存量调整的影响面过大，难度较大。一个常见的例子是：如果强制关闭某些企业，迫使某些企业或某些产品停止生产，这样一来，无论对地方财政收入，还是本地的就业都会产生消极的影响，从而引起地方政府不得不采取"明关暗不关，明停暗不停"的做法。增量调整是指，在经济持续增长、财政收入继续上升的情况下，进行结构调整。其弊病在于收效较慢，拖延的时间较长，但这样做也有好处。第一，经济仍保持一定的增长率，从而为结构的调整提供更好的条件，以免发生较多的企业关闭、停产和较多的职工失去工作等情况。第二，在经济增长和财政收入增长的条件下，可以利用较多的投资支出来改进技术，以便在产业升级的过程中实现结构的调整，使经济在较平稳的环境中实现经济转型。

实际的做法可以是：经济仍应保持一定的增长率，财政收入大体上也应保持增长的态势，然后实行增量调整，同时也可以有选择地强行关闭某些严重污染和耗能高的企业，或强制它们停止生产某些产品。增量调整与存量调整相比，增量调整的可行性更大一些。

四、双重转型中，宏观调控应以微调和预调为主

前文在讨论经济运行中的内生力量和外生力量之间的关系时已经指出，要通过深化改革，让内生力量起主要作用，而外生力量则起辅助性作用。在双重转型过程中，这一点是可以逐步做到的。这符合建立完善的市场经济体制的要求。

（一）政府的局限性之一

问题首先在于政府职能的正确定位。政府不可能是万能的，政府调控

经济的作用在任何情况下都带有局限性。经济中的变量过多，这些变量对经济运行的影响经常是不确定的、难以准确预测的。而且政府掌握的信息始终有限，政府不可能在较短时间内掌握全部信息，即使在较长时间内可以掌握较多的信息，但客观形势在较长时间内可能已经发生变化，政府所掌握的信息中肯定有一部分已经过时。因此一般来说，政府总是在不完全信息的条件下作出决策的。这就是政府在宏观调控中不可避免的局限性之一。

（二）政府的局限性之二

政府在宏观调控中的另一个不可避免的局限性是：政府的博弈对手是公众，政府在同公众的博弈中通常处于被动的地位。这是因为，政府只有一个，而公众则是千千万万；公众的千千万万双眼睛都盯着政府，政府却无法把眼睛盯着千千万万的公众。于是就必然形成了如下的格局，即政府有政策，公众有对策，或者说，上有政策，下有对策。公众人数众多，每个人，无论是投资者、消费者，还是储蓄者，都根据自己的预期选择自己的对策，从而抵消了政府政策的效果。这表明，来自方方面面的公众的预期和对策，会使政府趋于被动。

（三）政府的局限性之三

政府在宏观调控中还有一个不可避免的局限性，这就是：由于政府总是在不完全信息的条件下作出决策的，以及由于政府政策的推行总是处于同公众博弈中的被动地位，所以政府的宏观调控措施往往会力度过大，矫枉过正，因此造成了"一管就死，一放就乱"的局面。"一管就死"是因为政府总是相信自己的力量，所以一紧缩，就把经济搞死了，企业就失去活力；"一放就乱"也是因为政府事后感到紧缩过度给经济造成了损害，于是从紧缩转向放松，而一放松，投资过热，信贷膨胀，通货膨胀又来了。于是政府又感到再度紧缩的必要。

在双重转型中，这种时紧时松、时"死"时"乱"的现象之所以一再发生，既由于市场机制尚未完善，也由于政府职能未能正确定位所致。

（四）政府一定要懂得宏观调控的效果是受限制的

由此得出的结论只能是：在双重转型已经取得一定成效的基础上，政府职能更应正确定位，切不要再像过去那样认为政府是万能的。政府要遵循市场规律，不要打乱投资者、消费者、储蓄者的正常预期，宏观调控不宜大升大降、大紧大松、大起大落；否则，会导致经济中出现大量泡沫，经济中的泡沫甚至会突然破裂。这些都会使经济遭到伤害，并使公众对宏观调控失去信心。

经济运行中会出现运行不正常的预兆，即使政府掌握的信息始终是不完全的，但通过筛选，仍会发现经济运行不正常的预兆。所以今后政府的宏观调控应当重在微调，并且要尽可能少采取总量调控措施，而要以结构性调控措施为主。与总量调控措施相比，结构性调控措施所引起的震荡较小，效果会更显著。

今后在宏观调控中，除了应当重在微调外，还应当采取预调措施。宏观调控起始时机的选择是十分重要的。过去，宏观调控起始时机往往滞后，宏观调控结束时机更可能滞后。这两种滞后都会给国民经济造成损失，也会给后续一段时间的经济运行增加困难。

在宏观经济运行中，政府调控原来只是以调节总需求为目标，这主要适应于对失业和通货膨胀的短期调节。自20世纪70年代起，由于美国经济发生了滞胀，单纯调节需求不能解决问题，仅仅着眼于短期调节也是远远不够的。于是美国在先，其他国家随后，宏观调控由单纯调节总需求转为需求调节和供给调节并重，由短期调节转向短期调节与中期调节并重，以及由总量调控转为总量调控与结构性调控并重。这已经成为当前发达的市场经济国家惯用的调控方式，可供我们在双重转型中借鉴。

在中国，宏观调控滞后的主要原因在于政府不仅所掌握的信息不完全，更重要的在于政府没有对自己掌握的信息进行认真筛选，从而易于被各地区、各部门汇报的报喜不报忧的假象所迷惑，而经济运行中的许多真实情况却不一定能被政府所掌握，这样，宏观调控的时机往往滞后。在今后的宏观调控中，政府应当汲取以往的教训，要尽可能掌握经济中的真实情况，并把预调放在重要位置上，做到预调和微调并重。

（五）正确对待价格的调整

最后，还需要谈一谈宏观调控中的限价政策问题。既然我们要继续体制转型，那就必须懂得限价政策的局限性，因为这是破坏市场机制发挥作用的手段。加之，在经济生活中，商品价格总是相互影响的，也是互为成本的。在宏观调控中，有时为了控制某种商品价格的上涨而采取对该种商品限价的政策。经验表明，限价政策只能短期有效，但给经济带来的损害却是不可低估的，因为限价政策实行的结果是，结构失调现象必然更加突出，更加严重。这是因为，全部商品价格都受到管制，这是做不到的；能够做到的，不过是对某些商品的价格采取限价措施。这样一来，在商品互为成本的条件下，在其他相关商品的价格可以浮动时，某些商品的价格却被冻结了，那只能使被冻结价格的商品减少供应量，使产业链断裂，使结构更不协调，进而给经济运行带来一系列后遗症。

资源价格的管制所造成的后果是同样的。资源绝对不可能做到无限供给，土地资源、水资源、矿产资源和劳动力资源莫不如此。中国劳动力资源虽然比较充足，但如果按年龄、技术工种、专业水平、居住地区来分类，依旧是有限供给的。所以从土地资源、水资源、矿产资源角度来考察，不能完全按市场需求来制定使用和分配规则，政府在必要时可以实行配额管理。但配额管理的利弊并存，不能随意使用，否则对经济运行不利。配额管理的弊病中还包括了"寻租"活动的盛行，即掌握配额分配的部门和官员易于利用配额分配的权力捞取不正当的利益，而且靠行贿或其他不正当手段转让配额指标而获利。配额不一定是在公开、公平、公正的条件下实行的，这将会大大降低政府的公信力，并严重挫伤一些企业的积极性。

当然，资源产品的价格有特殊性，为此，应当考虑到资源有限供给的现实性。配额在这种条件下可以起到一定作用。除了要贯彻"公平、公正、公开"三原则，还应看到配额管理的长期效应，即配额制会导致双轨价格制的长期存在，甚至会导致正常的产业链断裂，扭曲结构现状，甚至使结构失调更严重。对于资源产品价格不合理之处，最有效的对策是推进资源价格体制的改革。只有通过这一改革，使资源定价趋向合理，才能避免资源价格不合理所造成的不良后果。

这再一次证实了体制转型在双重转型过程中的首要作用。

此外，还应当强调，双重转型过程中，政府应当以有效管理为目标，市场应当以有效运行为目标。有效的政府是指：政府应当做自己该做的事情；有效的市场是指：市场应当做自己可以做的事情。凡是市场做不了或做不好的事，由政府去做。这样，政府和市场之间的关系就协调了。

本书导论中所涉及的这些问题，将在以下有关各章中有较详细的分析。

第一章
产权界定的重要性

第一节 经济非均衡和市场主体的确定

一、两类经济非均衡的提出

《非均衡的中国经济》一书是我在1987—1989年完成的书稿，于1989年12月交给了经济日报出版社，1990年8月由经济日报出版社初版问世。我一直把这本书看做是自己在社会主义经济理论方面的代表作。

在该书第二章"市场调节与资源配置"第四节"资源配置过程中的市场自我制约"中，对经济非均衡进行了分类。基本观点如下：

在均衡条件下，市场是完善的，价格是灵活的，微观经济单位的资源投入是受自身利益支配的，资源配置必将受到市场价格的制约，资源必将被投入有效的部门、地区和企业，而从无效的部门、地区和企业流出。

然而，经济均衡只是一种假设，现实世界则是非均衡的，不然怎么会有那么多的西方经济学家多年以来一直在讨论非均衡问题呢？非均衡的原因，据西方经济学家的分析，大体上在于：市场因有垄断势力的存在而是不完善的，价格因有预期因素的作用或信息不对称性而并非灵活调整的，资源的配置从而呈现低效率状态；加之，经济生活中只有极少数商品可以存在竞争喊价或采取拍卖形式，而只有像拍卖商那样喊价拍卖，才能使供求平衡；等等。因此，应对经济非均衡的基本措施无非是加大政府干预程度（以政府调节弥补市场之不足），或者完善市场机制，让价格处于更灵活的状态，使商品价格对市场交易发挥更大的作用。针对20世纪80年代中国的改革思路而言，主张放开价格的一派，可能受到西方经济学界有关让价格放开和促使市场机制完善化的政策主张的影响。

我在20世纪80年代初就提出，有必要对经济非均衡状态进行分类，即分为第一类经济非均衡和第二类经济非均衡。

第一类经济非均衡是指：市场不完善，价格不灵活，超额需求或超额供给都是存在的，需求约束或供给约束也都存在着，但参加市场活动的微观经济单位却是自主经营、自负盈亏的独立商品生产者，是标准意义上的市场主体，他们有投资机会和经营方式的自主选择权，他们自行承担投资风险和经营风险。

第二类经济非均衡是指：市场不完善，价格不灵活，超额需求或超额供给都是存在的，需求约束或供给约束也都存在着，但参加市场活动的微观经济单位并非自主经营、自负盈亏的独立商品生产者，并非标准意义上的市场主体，他们没有投资机会和经营方式的自主选择权，他们也不自行承担或不充分承担投资风险和经营风险。

西方发达市场经济国家所存在的经济非均衡属于第一类经济非均衡；20世纪80年代的中国所存在的经济非均衡则属于上述第二类经济非均衡。

由此得出了以下两个重要的结论：

第一，正因为中国经济属于第二类非均衡，即处于市场既不完善而又缺乏真正市场主体的状态，所以中国的经济改革不应当以放开价格为主线，而应当以产权改革（包括明晰产权、界定产权、培育独立的市场主体）为主线，而企业的股份制改造则是明晰产权、界定产权、培育独立的市场主体的最佳途径。

第二，中国的经济改革必须分两步走。第一步主要是通过产权改革而使中国由第二类经济非均衡转为第一类经济非均衡。第二步主要是通过市场完善化措施，使中国由第一类经济非均衡逐步向经济均衡状态靠拢。

这就是我对中国经济改革的基本思路。

二、产权改革迄今取得的成绩

从20世纪80年代以来，至2012年已经有30多年。这30多年来，中国在产权改革方面已经取得了可喜的成绩。这些成绩可以大体上归纳为五个方面。

（一）国有企业大部分已改制为股份制企业，其中一部分已改制为上市公司

这是了不起的成绩。要知道，在国有企业改革过程中，曾经采取过的一些措施，如"放权让利"、"利改税"、企业承包制等等，都没有显著成效。尤其是曾经被政府公开倡导的学习首都钢铁公司的"承包为本"，实践证明，不仅弊大于利，而且是"学不像"的典型。后来其他企业才明白"首钢是特殊政策的产物"，没有政府的特殊政策，其他企业是无法效仿的。那么弊为什么大于利呢？这是因为，企业承包制促使企业承包者转向短期利益而缺乏长久考虑，结果大拼设备，直到设备拼光为止，根本不考虑实行承包制的企业未来发展战略和远景。此外，企业承包制始终把产权问题

撇在一边，既不明晰产权，更不界定产权，企业的产权依旧是模糊不清的。

邓小平同志南方谈话以后，企业界才开始考虑股份制改造的方案。特别是中共十五大以后，国有大企业、大银行才把股份制改造列入重要课题，甚至研究上市问题。这样，国有企业的改革才步入快车道。

（二）民营企业自20世纪90年代起开始大发展，它们给经济生活带来巨大变化，并逐渐被承认是中国国民经济的重要组成部分

这时逐步成长起来的中国民营企业，已经是改革开放以后新的经济成分了。它们既不同于新中国成立前的民族资产阶级的私营企业，也不同于新中国成立初期的民族资产阶级的私营企业（直到1956年私营工商业改造前）。改革开放后，一批又一批在各地逐渐成长起来的民营企业家，是响应中共中央号召而投身于社会主义建设事业的人，他们是社会主义建设者。这些民营企业家中绝大多数人出生于1949年中华人民共和国诞生以后。他们在新中国受教育，他们之中有些人是1977年恢复高考之后进入高等学校的。有些人曾上过山，下过乡，在农村中劳动锻炼。他们是响应党的号召投身于改革开放事业的，直接参与了民营企业的创业过程，有些人还是从体制内转到体制外的。

可以说，他们中绝大多数人都从实践中了解到明晰产权、界定产权对民营企业发展的首要意义。没有明确的产权，民营企业谈什么产权维护和产权安全？所以他们既受益于产权改革，又是产权改革的推行者、促进者。

（三）集体所有制企业几乎全部在20世纪90年代以后进行了改制，成为产权清晰的股份制、股份合作制或民间资本经营的企业

在1956年进行工商业和手工业社会主义改造时，城市中产生了一批集体所有制企业，但它们的产权依然是模糊的。谁是投资者？始终是一个谜，因为"集体所有"是一个空洞的概念，找不到具体的投资人。这种情况一直延续到改革开放的初期。在农村，集体所有制企业也产生了，当时笼统地称作"社队企业"，但也始终不清楚"社队所有"的投资人究竟是谁。

然而，在农业实行家庭承包制之后，劳动生产率大大提高了，农村中

多余劳动力也出现了，于是农村和小集镇上纷纷办起了乡镇企业。这些乡镇企业是新建立的，通常由农民集资而成，采取了股份制或股份合作制形式。尽管原有的"社队企业"产权不明确，但也都改称为乡镇企业。这样，新建的乡镇企业和原有的"社队企业"这时统称为乡镇企业，都纳入集体所有制企业范围。此外，在20世纪80年代，还有一类集体所有制企业，城乡都有，实际上是私人投资和私人拥有的，但在当时形势下，根据惯例，都要"挂靠"在集体组织之下，按期向集体组织缴纳一定的管理费，于是也称作"乡镇企业"或"集体企业"。

主要在20世纪90年代以后，各种各样的集体所有制企业都经历了一个产权界定的过程，有的仍称作集体企业，但投资人已明确，究竟包括哪些股东，企业形式也已转为股份制或股份合作制。原来"挂靠"在某一集体组织之下的"集体企业"，陆续摆脱了"挂靠"关系，返其本来面目，是民营独资的，还是民营合伙的，或是民营股份制的企业，清清楚楚，这就是产权改革的成果。

（四）20世纪90年代以后，尤其是进入21世纪以来，混合所有制的企业越来越多

在混合所有制企业中，有国有资本与民间资本联合组成的，有国有资本与外国资本联合组成的，有民间资本与外国资本联合组成的，还有国有资本、民间资本、外国资本联合组成的。

其实，无论是国有企业还是民营企业成为上市公司后，证券市场上的投资者成为股东之一，这样，上市公司就已经成为混合所有制企业了。如果职工持股，即使企业并未上市，同样成为混合所有制企业。只是绝对控股或相对控股者因企业具体情况而异。

混合所有制企业的建立和发展，都以产权界定为前提。也就是说，如果产权依然虚位，产权未能落实到投资者，这样的企业是无法持久维持下去的，更不必说进一步扩展了。

（五）名副其实的合作社同样是改革开放以后的成果。任何一个合作社，必须依法建立，依法经营管理

在这方面的典型例子就是近几年内得到很大发展的各地农民专业合作社。

正如下一节中将提到的，农村的产权改革一直进行得比较缓慢。从1979年起，实行家庭联产承包制无疑是一项意义深远和发展农业生产的重大改革措施，但并不是真正意义的产权改革，而只是农业经营方式的改革。农村的产权改革的真正启动是2008年全国推行的集体林权改革，林农承包了集体林地，不仅有了明确的林业产权，可以用于抵押，而且颁发了落实到承包户的林权证。

尽管如此，不能不指出，在农业承包制这种经营方式的条件下，农民专业合作社纷纷建立了，这主要是最近10年来的新情况。至今，不少农民承包地尚未确权，但土地可以入股却已成为农民们的共识，至于不以土地入股而以现金入股，则更为普遍。实际上，这就是农村产权改革的试点，因为农民专业合作社已经是市场主体，产权界定、产权清晰是必备的前提。

与农村土地确权和农民获得承包地使用权、宅基地使用权、房产权三权的过程相比，农民专业合作社的产权改革无疑是先行了一步。

三、有待于继续推进的产权改革问题

应当承认，改革开放30多年，在中国的产权改革领域内，进展是相当显著的。国有企业股份制改造的结果是，一批大型国有企业、大型国有商业银行都成为上市公司，在现代企业制度的建设中它们陆续成为独立的市场主体。当然，即使取得这样的成绩，仍应当清醒：国有大企业，尤其是作为上市公司，距离产权改革的最终完成还有一段距离。比如说，要让国有大型企业、国有大型商业银行成为真正的市场主体，还需要使法人治理结构完善，使股东大会、董事会、监事会依照章程发挥应有的作用，使这些上市公司行为公开化、透明化，使股东们放心。

民营企业，包括大、中、小、微企业的股份制或股份合作制建设也取得明显的成果。按照常理，民营企业选择股份制或股份合作制，是符合民营企业发展趋势的，也是民营企业投资者们自愿作出是否采取股份制或股份合作制形式的选择的。但民营投资者在产权问题上却依然存在着顾虑，这就是担心产权的安全，往往产生"见好就收"、"见好就向境外转移"等现象。为什么会如此？最主要的原因是对中国国内的投资环境仍有疑虑，信心不足。只要企业做大了，民营企业投资者们的不信任感就会加剧。他们希望政府和社会更关心民间资本的安全性，希望民营企业不受歧视，在法律上、司法上能得到"一视同仁"的待遇。这实际上仍然表明在对待民营企业的产权保护问题上还有许多工作要做。如果民间投资得不到公平待遇，民间投资者就总是不能踏实。

同国有企业和民营企业在产权改革和市场主体地位方面所取得的进展相比，农民作为市场主体的地位还有相当多的不足之处。这是因为，自从改革开放以来，产权改革的重点一直放在企业方面，而没有认识到农村的产权改革要受到同样的重视。这首先是一个理论认识的问题。

长期以来，一些从事改革理论研究的专家认为，农村最主要的财产是土地，农村土地在宪法中已被明确为集体所有，农村承包制作为适用于现阶段中国的土地经营制度正是建立在土地集体所有的基础之上。因此，农村的产权改革自20世纪80年代初期家庭承包制实施和推开之后，便被认为已经基本完成，尚未了结的任务只不过是继续发展和壮大集体经济。

这种对农村产权改革的认识不足严重地阻碍了农村产权改革的深化。20世纪80年代中期以来这么多年，为什么广大的家庭承包户依旧这么贫困？不少人认为这是由于三个原因：一是，农民只知道如何种粮食，种粮食能收入多少钱？承包户如何不穷？二是，农民不知道如何办乡镇企业，在某些乡村，没有能人出来牵头组织，既然如此，承包户不可能不继续贫困下去。三是，农村承包户在外地、在城镇没有亲戚、朋友和老乡，不知道到何处去打工，去做小买卖，他们外出完全碰运气，有些在外面有了工作，有些在外面折腾了一阵子，结果无钱可赚，又回乡了。一些研究者不了解，承包了农田的农民之所以依旧贫困，同农村产权改革拖延不决有极大的关系。农民没有财产权，从而没有财产性收入，除了种些粮食或者喂几只家畜，养一群家禽以外，还有什么致富的途径？不仅如此，由于承包户没有财产权，自己承包的土地、自己家里的宅基地和宅基地上盖的房子，说被拆迁就被拆迁了，土地说被圈占就被圈占了。他们也许可能领到土地补偿费、房屋拆迁补偿费，但数额太少，农民怎能不贫穷？失地农户怎能不上访诉苦？

这都是土地未确权所带来的问题。在研究农村、农业、农民的专家中，有些人在20世纪八九十年代已经认识到土地确权的关键意义，但势单力薄，未能引起社会上更多的人关注农村产权改革的问题。进入21世纪以后，农村土地确权受到较多关心"三农"（农村、农业、农民）问题的人的注意。新一轮的农村改革究竟怎样推进，逐渐被大家关注并研讨。在21世纪初，关心继续深化农村产权改革的人察觉到两个新情况，这大大激发了他们要求农村加速产权改革的热情。

第一个新情况是：正如本书导论中已经指出的，拖延多年未能启动的集体林权制度改革，终于在2003年开始试点了，试点是在福建、江西等几个省份。很快，2008年中共中央、国务院颁布了在全国范围内开展集体林权制度改革的决定。尽管集体林权改革相对于农业家庭承包制而言是"迟到的改革"，但在林地确权方面却先行一步，即林地在丈量面积之后，林权落实到户，林业承包户领到了林权证，林地可进行抵押。这一新情况不仅使林业承包户受到鼓舞，也使得农业承包户受到极大的启发，认为只有土地确权，农民们才能安心下来，不必担心土地（包括承包地和宅基地）和宅基地上的房屋会被强行侵占、施行拆迁。集体林权制度改革，扎扎实实地深入广大农户心中，他们呼吁土地确权工作和颁发权证的工作早日在农区铺开。

第二个新情况是：进入21世纪以后，农村中的土地流转现象大为增加。

转包、租赁、土地入股等做法日益在农村中推广。准备向他人转包、出租自己承包地的人,希望能由此得到转包费、土地租金,从而便于自己外出务工、开店、开作坊。准备租入土地、转包土地到自己名下的人,则希望走规模经营之路,在农业生产中扩大耕地面积,提高效率,提高产量,成为种植大户。至于把自己承包地入股于农民专业合作社的农民,通常出于以下三种考虑:一是打算到城镇去务工、开店、开手工作坊,赚取较多的收入,没有劳动力来种地了,不如把土地入股,既可取得收益(股金红利),又不让土地荒芜;二是入股于农民专业合作社,要比出租或转包给其他农户可靠些,因为相信农民专业合作社的领导者、管理者能把土地利用得好,不会坑害自己;三是万一在外务工或做生意不顺利,由于土地入股于农民专业合作社,由城镇返乡还可以在合作社内找一份工作,相形之下,如果把土地转包或出租给其他农户,在租约或转包合同未到期前不便收回承包地自营。这样的话,土地确权对农民就显得更加重要,也更有现实意义。这是因为,在土地流转加快的条件下,农民担心自己的承包地转包、出租甚至入股之后,会不会在土地流转时自己的产权发生变化,如被别人侵占,或被别人置换,甚至又被别人再度转包或出租给第三方,将来会引起产权纠纷。他们最担心的是土地未确权,土地流转时间长了,自己的产权会不会不明不白地丢失了。他们会感到,宁肯让家里的老弱病残粗放地经营这块承包地,也比未经土地确权就把土地流转出去稳妥。

由此看来,农村新一轮的产权改革就在于对农民的承包地、宅基地和宅基地上的房屋进行确权。目前这项巨大的工程正在逐步推开。这正是农村新变化的开端。

四、中国经济非均衡的现状

根据前面所述,第二类经济非均衡的特征是市场既不完善又缺乏真正的市场主体,第一类经济非均衡的特征只是市场还不完善,因此,产权界定、产权清晰、培育真正的市场主体是从第二类经济非均衡过渡到第一类经济非均衡的关键所在。

经过30多年的改革，到目前为止，中国的产权改革已经取得了不少成绩：国有企业的市场主体地位已经基本上建立了，目前存在的重要问题是取消行业垄断，实现各种不同所有制企业的公平竞争，以及继续完善法人治理结构等等。民营企业的市场主体地位也已确立，目前存在的重要问题是对民间投资者实现产权的依法保护，以及实现与国有企业的公平竞争，消除所有制歧视。当前急需推进的产权改革主要是在农村，土地确权工作一再被耽搁，以致拖延了很长的时间，到现在才开始试点。只有实现这项改革，广大农民才能以市场主体的身份出现在中国经济中。

因此，如果有人问我："你认为现阶段的中国正处于经济非均衡的什么状态？"我将作如下的回答："由于产权界定和产权明晰工作还有一定的差距，市场主体的地位还没有完全确立（比如说，好几亿农民还没有确定产权，不能成为真正的市场主体），所以中国目前仍属于第二类经济非均衡状态。产权改革仍应继续推进。"

之所以作出这样的回答，是以中国经济目前的实际状况为依据的。尽管30多年来在产权改革方面有了一定的进展，但由于农村产权改革长期不被重视，也没有被认真对待，以至于至今农村土地确权工作才刚刚启动。只有当土地确权工作深入到农户，当农业承包户成为产权清晰的家庭农场主，成为自主经营或联合经营的市场主体时，中国才能被认为跨越了第二类经济非均衡而进入第一类经济非均衡状态。然后，通过市场的进一步完善，中国经济也将逐渐由第一类经济非均衡状态向经济均衡状态靠拢。

经济均衡毕竟是一种理论的假设，更可能是无法完全实现的。这是因为，信息的不对称性、竞争的不完全性、资源供给的有限性，以及人们不一定按最大利益原则来从事个人的经济运作，是客观存在，而且不可能完全消失。但由第一类经济非均衡状态向经济均衡状态逐渐靠拢，仍是可以期待的。也就是说，市场越来越完善仍是一个可以实现的目标，这就够了。

第二节　土地确权：新一轮农村改革的启动

一、土地确权的重大意义

土地确权是当前中国新一轮农村改革的开始。为了说明这一重大改革的深远意义，我们从中国的城乡二元体制谈起。

计划经济体制不同于城乡二元结构。城乡二元结构自古就有。以北宋南宋交替时期为例，当时，华北被金兵攻占，黄河流域的居民南迁，南迁是自由的，并没有城市居民只准迁入南方城市、乡村居民只准迁入南方乡村的限制。又如，清朝中叶以后东北开禁了，山东人移居东北，山东的乡村居民可以在东北的城镇做学徒和店员、务工、开店、办作坊、购房建房，山东的城市居民可以在东北的乡村租地、种地、买地、购房建房；他们在东北城乡之间可以自由迁移，不受户籍限制。这种情况一直维持到20世纪50年代前期。然而，从20世纪50年代后期起，由于计划经济体制的确立，户籍分为城市户籍和农村户籍，城乡二元体制形成了，城乡也就被割裂开来了。从那时开始，城市和农村都成为封闭性的单位，生产要素的流动受到了十分严格的限制。在城乡二元体制下，城市居民和农民的权利是不平等的，机会也是不平等的。在某种意义上，农民处于"二等公民"的位置。

城乡二元体制的确立对计划经济的存在和延续起着重要作用。可以扼要地说，计划经济体制实际上有两大支柱：一是政企不分、产权界限不清晰的国有企业体制；二是城乡分割、限制城乡生产要素流动的城乡二元体制。这两大支柱支撑着整个计划经济体制的运转。换言之，限制城乡生产要素的流动，意味着把广大农民束缚在土地上，禁锢在居住地，只有这样，计划经济体制才能巩固，才能运转。

中国的经济体制改革是从农村家庭承包制的推行开始的。农村家庭承包制调动了农民的生产积极性,并为乡镇企业的兴起和农业劳动力外出务工创造了条件,在当时,为推动中国经济体制改革起到了不可低估的作用。但实行农村家庭承包制只是否定了城乡二元体制的一种极端的组织形式(人民公社制度),而没有改变城乡二元体制继续存在的事实,城乡依旧隔绝,两种户籍制度仍然并存。而从1984年党的十二届三中全会以后,改革的重心从农村转向城市,国有企业的体制改革成为全社会关注的热点。这显然是非常重要的改革部署,但相对而言,农村的改革却被忽视了。什么时候又关注农村的进一步改革?什么时候开始对始终未被触动的城乡二元体制进行新一轮的改革?应当说,是在进入21世纪以后。前面已经一再强调,集体林权制度的改革在这方面起到了重要的示范作用。集体林权制度改革,也就是集体林权落实到户,曾被称为"新世纪改革的第一声春雷",绝无夸张之意,而是符合中国经济体制改革的实际状况的。[①]

集体林权落实到户,林权证发到林农手中,这就是"土地确权"。从此,林农有了财产权,有了财产性收入,林权可以抵押,林区经济活了,集体林地的面貌变了。这就是改革和发展的动力源泉。实践给理论界出了一个题目:集体林地可以这样改革,为什么集体农田不能这么做?在广大农村中,林农只是少数,大多数农民是农田的耕种者、生产经营者,在土地确权之后,他们不是同样会迸发出极大的积极性吗?农村面貌的真正变化,不能只靠林农,而必须靠农田的承包户。只有农田承包户都经过土地确权,才能成为真正的市场主体,中国才能成为一个富裕的、强盛的社会主义市场经济国家。

二、土地确权,保障农民权益

据全国政协经济委员会调研组在浙江、重庆、河南、山东、四川等省

[①] 关于林权制度改革,详见本书第三章第三节。

市的调查资料可以看出，农民之所以热烈拥护土地确权工作的开展，首先是认定土地确权之后可以切实维护农民的财产权益。要知道，在土地集体所有的名义下，农民承包的土地和宅基地以及宅基地上的房屋，不管是祖辈留下的旧房屋，还是近些年来农民自己花钱新建或扩建的房屋，都不被承认是自有的房屋，更不必说自己多年劳动而使土地已经日益肥沃的承包农田了。政府和大企业如果决定占地拆房，农田承包户只得听从安排，让出承包地和宅基地，眼睁睁地看着宅基地上的老房新房一起被拆毁。而农民所得到的补偿费，远远低于市场价格。各地几乎都有农民抗占地、圈地和强拆民居的事件发生。农民的权益既得不到尊重，更谈不到合理的、充分的补偿。要知道，农民失去土地和房屋，不仅意味着他们失去了生活资料，而且意味着他们失去了赖以取得收入的生产资料和谋生之路。他们得到的不充分的补偿，只够眼下生活所需，以后怎么办？他们连想都不敢想。农民失去了土地和房屋，这正是历朝历代统治当局最担心发生社会动荡的源头，然而这些情况本来是可以避免的。土地确权对农民权益的保障的意义，从这个角度分析，无论怎样高估都不算过分。

当然，土地和其他生产资料（如机器设备、工具、牲畜、运输车辆等）不同，其他生产资料可以由所有者自由出售，售给需要该种生产资料的人，但土地却不一定能如此出售。这主要是因为在一些国家和地区，土地供给有限，土地的使用状况受到法律的限制，什么样的土地只能转让给什么样的买主、买主把购入的土地做什么用，都有严格的规定，不得违背。这是土地交易中必须遵守的。我们在日本考察时，对这种情况做过调研，发现日本对土地的交易有详细的规定，日本的城市居民和企业法人可以租赁农民土地，但不能购买农村的土地，而且租赁的土地不能改变土地的用途，如不能撂荒、不能建房、不能设厂等。如果租赁的土地是粮田，那就只允许继续种粮。违者要追究法律责任，这就是明确的限制。这种规定在日本专家看来是人人都应遵守的。为什么这样？这是日本地少人多，为维持经济和社会稳定所必需的。

中国目前所进行的土地确权，也以不改变土地使用方向为准则，目的是不让本来有限的耕地和建设用地改作他用。

因此，农村的土地确权对中国农民来说，最重要的是：在保证农业用地（耕地和建设用地）使用方向不变的前提下，使农民的财产权益得到保障，不至于被政府或在政府同意下的企业单位低价圈占土地和拆毁农家住房而得不到合理的补偿。土地确权后，农民应具有三权三证。三权是：农民承包土地的经营权、农民宅基地的使用权、农民在宅基地之上自建住房的房产权；三证是：农民承包土地经营权证、农民宅基地使用权证、农民在宅基地之上自建住房的房产证。农民的三权三证是受到法律保护的。

为什么农民会成为"失地农民"？为什么农民会成为"无业者"？为什么农民会成为无房可住的流浪者或寄人篱下者？这与农民财产权益没有得到法律的有效保护有关。土地确权后，农民的三权三证得到了保障，任何人或单位都不得随意侵占农民的承包地、宅基地和宅基地上的房屋。如果要征用农民的土地或拆迁农民的房屋，必须严格按照法定程序行事，需要以农民作为一方，政府或政府同意下的企事业单位作为另一方的双方协商，按双方同意的价格成交，以合同为据。这样，农民心里就踏实了，因为他们的权益得到了维护。

三、土地确权和土地流转

近些年，土地流转已经在中国广大农村逐渐推广，或转包，或租赁，或委托经营，或土地折股加入农民专业合作社、工商企业、农业企业等等。外地务工、开店、开作坊、经营商业活动的农村居民认为，与其让自己的承包土地闲置或由留守农村的老人以低效率方式自耕自收自销，不如进行土地流转，这样可以取得较高的收入。

但据我们在湖北、江苏、山东几省的调研，发现从事土地流转的农户普遍存在一个顾虑，这就是心里不踏实，即久而久之，流转出去的承包地还属不属于自己。他们认为，这些租出去的土地、入了股的土地将来能不能收回自营？如果对方不愿意归还，自己该怎么办？去索取，对方不给，怎么处理？或者，对方不愿归还原来的那块土地，而是归还面积相当但土质较差的另一块土地，又如何对待？诸如此类的问题都令从事土地流转的农民不安。

土地确权以后，农民得到了承包土地的经营权证，他们对这一类可能发生的土地转包、租赁、入股退股纠纷等问题有了底线，即认为土地确权是对自身权益的维护，从而愿意以转包、租赁、入股等形式把土地流转出去。关键在于：第一，不必担心土地转包、租赁、入股之后会丧失自己的财产权；第二，不必担心土地流转以后自己会得不到应有的收益，如转包费收入、租金收入或股份分红等收益。这样就形成了良性循环，即土地确权后农民对土地流转有了信心，于是导致较多的农民愿意把自己承包的土地转包、租赁或折成股份入股而获得议定的收入，从而又会有更多的农民加入土地流转的行列，进一步扩大农业规模经营的队伍。

我们在一些省市调研时还发现，土地确权固然为土地流转创造了使从事土地流转的农业承包户安心、放心的良好条件，但仍有一个重要的问题并未因此得到解决，这就是：还需要有完善的土地流转市场与之相配合。不少地方只有一个为土地流转服务的办公室或信息中心，或为土地流转双方提供信息服务的大厅。有这样的办公室、信息中心或大厅，要比没有这样的设施要好一些。但也应当承认，仅有这样的设施是远远不够的。要知道，对从事土地流转的供求双方来说，更需要的是一个土地流转市场。土地流转市场不仅能够提供供求信息，而且还给供求双方提供可以成交的机会，并且价格（或土地流转的实际收益）也将在市场竞争中趋向合理，每个当事人（无论是供方还是需方）都有选择的机会，然后再作出决策。这一方面可以促进转包、租赁、入股等土地流转行为规范化，使供求双方的信息不对称性尽可能减少；另一方面可以引致更多的潜在的供方和需方摆脱观望状态，进入土地流转行列。从减少土地流转信息不对称性现象这一角度来看，这是效率与公平兼顾的一种做法。

今后在陆续扩大土地确权工作试点范围和推动土地流转工作时，在积极引导土地流转有序和规范化运作方面，有必要培育有关土地流转市场的中介服务组织。需认识到这是一项对以后完善土地流转市场具有重要意义的工作。有了健全的、完善的土地流转中介服务组织体系，可以防止土地流转过程中发生改变土地使用方向，以及防止当事人把承包土地流转给非农业人员从事非农活动的做法。同时，中介服务组织的完善和规范化的运作还有利于减少土地流转过程中的供求纠纷，防止供给方（农业承包户）在土地流转后出现失地、无地现象，或出现得不到应有的收入的状况。此外，还应提及与土地流转工作相配套的农村土地评估体系的建设。要培育一批熟悉农村实际情况又懂得资产评估的专业人员，这样既有助于确保农民的收益，还可以在增强农民信心的基础上促进土地流转的进一步开展。

四、重新丈量土地后耕地面积的增加

我们在一些土地确权工作已经结束的试点市县进行了调查，发现几乎所有完成了土地确权工作的地方都有耕地面积增加的报告。浙江省嘉兴市的报告中说，土地重新丈量后，耕地面积大约增加了20%；浙江省湖州市和杭州市所汇报的数字与此相近，耕地面积大约也增加了20%。为什么会出现这种情况？据我们在嘉兴市的平湖市姚浜村和新埭镇同基层干部、农民座谈后的归纳，土地重新丈量后耕地面积之所以增加，大体上有以下四个原因：

第一，30多年前土地承包开始时，土地质量参差不齐，有"好地"，也有"坏地"，所以承包土地的面积是这样计算的："好地"一亩算一亩，"坏地"两亩折算一亩，农民同意这样做。经过30多年了，承包土地的农民精心维护自家的承包地，加上水利灌溉设施有很大改进，土地"好"和"坏"的差距缩小了。现在重新丈量土地，一般都是一亩算一亩，农民没有意见，于是耕地面积增加了。

第二，据年长的农民回忆，当初丈量承包土地时，土地都是零碎的小块，田埂纵横，占地很多，所以丈量时都把田埂占地剔除掉。还有，田埂两侧被遮住阳光的地带，也不包括在耕地之内，当时农民都认为这种剔除是合情合理的。过了30年，农村的情况变了，农民普遍使用拖拉机耕地，有些农民还用插秧机插秧，田埂被拆掉，小块土地连成大片。重新丈量土地时，耕地面积当然会增多。

第三，以前农村田边地头，常有一些荒地、水草丛生的低洼地未被利用，经过30年，田边地头能利用的田地都利用了，于是在重新丈量时，耕地面积也会增加。

第四，当初农民要缴纳农业税，所以农民在上报耕地面积时，能少报就少报，几乎家家如此，明明是一亩三分地，只上报一亩，谁也不揭发，大家心照不宣。现在，农业税取消了，而且土地刚刚重新丈量完毕，所以家家如实上报。加之土地可以入股，可以转包，也可以出租，少报土地面积只会让自己吃亏。农民说："只有傻子才少报呐！"这句话反映了当地的实情。

我们在浙江进行了有关土地确权的调研后，在广东清远市参加了全国政协经济委员会召开的全国各省（区、市）经济委员会和农业委员会主任会议，在同中西部一些政协的经济委、农委的负责同志谈到浙江省土地确权后耕地面积增加的情形时，他们说："我们那里耕地面积如果也重新丈量和土地确权，耕地面积可能增加得更多一些，因为当初还有'坏地'三亩折算成一亩的情况。而且荒地更多，近些年来，田边地头也都被利用了。"假定真的如此，耕地面积重新丈量后，全国耕地将不止18亿亩，而可能超过21亿亩。

五、土地确权和农民收入增长

农民收入的增长是土地确权后最显著的成果。在浙江杭州、嘉兴、湖州三市都听到农民的反映：现在收入比过去多得多了。嘉兴市的汇报材料中有一组初步测算的数据：土地确权以前，嘉兴市的城乡人均收入之比为3.1∶1，土地确权以后，嘉兴市的城乡人均收入之比为1.9∶1。城乡人均收入差距之所以有如此明显的缩小，不是城市人均收入减少了，而是农村人均收入大幅度增加了。

我们在嘉兴市所属的平湖市调查，初步分析后认为，农村人均收入增长的原因主要有：

第一，土地确权以后，农民的财产权明确了，农民的承包地、宅基地、宅基地上自建的房屋的权益得到了保障，他们生产经营的信心大增，他们的积极性被充分调动起来，动力充沛，潜力得以发挥。这可以被看成是农民发家致富的源泉。

第二，农民有了财产权，相应地就有了财产性收入。农民的财产分为两类：一是土地，包括承包地和宅基地，二是房屋，主要指在宅基地之上自建的房屋。承包地作为农民财产，给农民带来的财产性收入有：承包地的转包费、出租的租金、土地入股的分红、土地转让后的价款等。宅基地上自建的房屋作为农民财产，给农民带来的财产性收入有：房屋出租的租金、房屋转让后的价款等。如果农民外出务工，或经营商业，开店，开手工作坊，除了有工资或利润所得之外，家中的土地转包、出租或入股后，还可以获得转包费、租金、入股分得的红利；家中的房屋出租，可以获得房租。在浙江省嘉兴市郊的农村，我们看到农民的宅基地上，旧房屋已被拆掉，盖起了一排排四层的新居，有些是农民自住的；有些，农民自住一半，另一半出租给外地来的经商人员；还有一些，农民全部出租给城市居民或外地来的经商和务工人员使用。农民得到较多的房租收入。

第三，农民在土地确权后，通过土地流转，从其他外出务工或经商的同村农民那里转包或租赁了土地，或用于扩大种植规模、养殖规模，或用于发展蔬菜、水果、花卉业，他们的收入增加了。

第四，另一部分农民在把承包的土地转包、出租给别人，或把土地入股于农民专业合作社之后，有的在城市中打工或开店开作坊，建立小微企业，生意兴旺，收入较丰，于是把家属迁入城镇。农村中的房屋，或者仍留着，供回乡时暂住，或者租出去，获取租金。

第五，农民专业合作社有很大发展。这主要由于农民的财产权明确了，农民办好专业合作社的劲头充足，专业合作社的经济实力加强了，经营、管理都有改进。专业合作社在规范化的道路上壮大起来。这也增加了合作社社员们的收入。

由此可见，土地确权在提高农民收入和缩小城乡收入差距方面的作用是显著的、不容忽视的。

六、进一步展开土地流转工作时需要研究和解决的四个问题

目前，农村土地确权后的土地流转工作依旧处于试点阶段。从已经取得较大进展的试点县所反映的问题来看，这项工作还需要针对以下问题作一些探讨，寻找出稳妥的解决方案。大体上有以下四个问题。

（一）关于"非粮化"倾向

土地确权以后，农村各种形式的土地流转加快了，这是可喜的。但与此同时，土地使用的"非粮化"现象也日益引起人们的注意。这里所说的"非粮化"是指：转包、出租之前，农业承包户在承包地上种植的是粮食，转包、出租以后，新承包者改种其他作物，如蔬菜、草莓、果树、饲料（供养殖业用）等。"非粮化"作为一种趋势，今后可能越来越严重。这是由市场价格差异决定的。土地流转后，如果硬性规定本来是粮田的土地，流转后只准种粮食，恐怕吸引不了转包者和承包者，因为收入过少，难以获利。这等于依然把原来的农业承包户束缚在原来的承包土地上，农户只能让家庭中的老、弱、妇、幼低效率地从事粮田的生产经营。于是这就成为一个难题。何况，硬性规定原来种粮食的土地经过流转之后仍旧种粮食，

不一定能奏效，因为监督成本是很高的，而且谁来经常监督检查？特别是改种的蔬菜、新栽的果树已经成为新承包者的收入来源后，难道把它们铲掉，重新种上粮食？谁来执行这一任务？这必然引起农村中的纠纷，怎么办？

目前，不可能采取硬性的强制措施，如罚款或铲除非粮食作物和树苗，否则不仅监督成本过高，工作量过大，而且会阻碍土地流转的推进，还会激起农民与政府之间的矛盾，把政府和基层农村组织摆在农民对立面的位置上。村干部也反对这种做法，因为他们不愿得罪土地流转的供方和需方，引起村民非议。看来，要从根本上解决这个问题，只有给土地流转后继续种植粮食的新承包者一定的补助或奖励，并逐步提高粮食价格。这些措施不一定完全遏制土地流转过程中的"非粮化"倾向，所以细致地教育、开导、劝说土地流转供求双方的工作仍不能放松。

在土地流转过程中，除了有"非粮化"倾向以外，还存在"非农化"倾向，即把从农民承包户那里流转出来的土地，转向农业以外用途（如建立工厂，盖商品房等）的倾向。这样的问题虽然性质上比"非粮化"更严重，但比较容易处置，即只要严格按法律法规和土地管理的规章制度办理，就可以遏制住。关键在于贯彻"有法必依，违法必究，执法必严"的原则。

（二）工商业企业进入农村的资格审查制度

这是当前土地流转过程中需要解决的又一个问题。问题是：土地确权以后，农民中有越来越多的青壮年为了实现进入城镇务工、经商的愿望，愿意把所承包的土地转包出去或租赁给别人。有些地方，本地愿意转包或租入土地的农户不多，因此就产生了工商业企业愿意转包、租用农户的土地，从事生产经营的情况。还有的地方，工商业企业与当地农户同时作为土地流转的需方，但在转包费或租金方面，工商业企业往往喊价比当地农户要高一些，从而有优势。这种情况之所以出现，据我们在一些地区的调研，大概有以下三个原因：一是工商业企业规模大，资金充裕，土地流转到手后，预期利润率较高，所以在支付转包费或租金时愿意开出较高的价格；二是在工商业企业中，有些是把转包或租赁得到的土地作为原料基地（比如食品工业企业需要有自己的原料基地），于是它们所要满足的是今后能源源不断地向本企业提供原料，而不是单纯对外销售土地上所生产出来的产品。这样，这些企业不太重视生产全流程的成本核算、转包费和租金的数额，而认为只要原料供给得到保证就行了；三是工商业企业中有些是把土地作为储备而转包或租赁到手的，目前先按原先的种植情况保持不变，等到有机会时再把这些土地移作他用（如建厂房，建仓库，建职工宿舍等）。这样，为了保证本企业有储备土地，多花一些转包费或租金在企业看来也是合算的，因为土地是稀缺资源，囤地比囤钱对企业更有利。

于是在各地关于是不是要禁止工商业企业进入土地确权以后的土地流转过程有不同的意见。一些人认为要容许工商业企业作为土地流转的需方，理由是：只要它们是有意于投资农业的，带资本下乡，带技术下乡，对发展农业生产有好处而又不违背土地使用方向有何不可？另一些人持不同意见，认为应当禁止它们转包、租赁农民承包的土地，理由是：它们不仅会排挤农民中愿意扩大生产规模的种植能手、种植大户，而且由于它们背景复杂，业务涉及面广，一旦它们在其他方面经营亏损，把所转包、租赁的土地又转手让给他人，会对农村的经济社会的稳定不利。还有第三种意见，认为既不能无条件地放开让工商业企业进入土地流转过程，又不能绝对禁止工商业企业投资于农业，而应当设置进入农村土地流转过程的工商业企业的资格审查制度。通过资格审查，即对申请者的过去的投资经历、资本状况、股权状况、业绩和农业技术力量进行审查，才作出决定：容许进入还是不容许进入。

在分析了上述三种观点后所作出的判断是：第一种和第二种意见都不利于农业的发展，而第三种意见有较大的可行性。问题在于资格审查的标准是什么？什么样的资格才能被认为够格，缺少什么就会被认为是不够格的？以下三项标准是可以被大多数人接受的：

一是：有一定的涉农业务经历，有一定的业绩，被业界承认是有经验的农业企业；

二是：有较好的社会信誉，有足够的经营管理力量和专业技术力量，有从事农业开发的能力的企业；

三是：对土地流转后得到的承包地如何开发利用，要有近期和中期的科学发展规划，并经过论证。

（三）土地确权后承包地、宅基地和宅基地上农民自建的房屋能否用于抵押？土地流转过程中能否把已用于抵押的承包地、宅基地或房屋再转包或租赁给他人？

土地确权以后，承包地经营权、宅基地使用权以及宅基地上自建房屋的产权都已明确，并且农民获得了相关的权证，这就符合了农民以此为抵押物，向金融机构进行抵押贷款的条件。不应在此基础上再附加条件。要知道，农民一直感到贷款难，这一方面是由于基层的金融机构少，另一方面是由于农民作为贷款申请者缺少抵押物。在土地确权以前，农民没有可能利用承包土地取得抵押贷款。这种情况直到土地确权以后才发生变化，即农民可以在对土地承包经营权、宅基地使用权和宅基地上农民自建房屋的产权登记颁证的基础上，以抵押贷款方式取得贷款。剩下的问题就是增设基层金融机构了。在浙江省杭州、嘉兴、湖州三市土地确权以后的农村进行调研时发现，这三个市的农村抵押贷款已有较好的条件，抵押贷款工作推行得比较顺利，贷款风险并未表现出来，申请贷款的居民和基层金融机构都比较满意。

需要进一步探讨的一个问题是：土地确权以后，农民在土地流转过程中能否把已用于抵押的承包地、宅基地或房屋再转包或租赁给他人？比如说，农民为了进城务工、经商或开办作坊，事先把土地和房屋作为抵押物，从银行取得贷款，作为创业的资本，然后又把土地和房屋出租给他人，自己携带妻子儿女迁进城市。这种情况是较常见的。为了避免今后土地流转供求双方可能发生的纠纷，应当在供求双方签订土地流转合同时，说明这块土地已经抵押给银行的实情，不能隐瞒而不通知对方。至于抵押权则明显地属于产权证持有一方，偿还抵押贷款也只能由产权证持有一方负责。

（四）农村承包地的确权和流转要不要尊重历史？如果尊重历史的话，那么究竟以什么为起点？是以 1980 年前后为起点，还是再往前追溯？

在已经进行土地确权和土地流转的一些省市进行调研时发现，农村承包地的确权和流转一定要尊重历史，不能抹杀历史事实而重新开始。但究竟以什么为起点？绝大多数受访者认为，还是以 1980 年前后推广农村家庭承包经营制时为起点，而不能再往前追溯。

理由是：自从 20 世纪 50 年代初期土地改革以来，已很长时间，当初许多乡村的土地改革时的原始记录已经不存在了。经过这么多年，当时亲历其境的当事人，大多数已经去世，即使有些人还在，也已经上了年纪，记忆力衰退，也说明不了当时的情况。何况经过历次制度变迁，包括农业合作化、人民公社化，到"三级所有，以队为主"，再到撤社建乡、农户承包等等，所以无论是追溯到农业合作化以前还是追溯到土改以前，都是不现实的，只能给土地确权工作添乱，而不能促进土地确权工作的开展。

在这方面，必须有一个明确的决断：一律以农村家庭承包制开始时为起点，否则就有可能陷入无穷无尽的家族与家族之间的纠纷、村与村之间的纠纷、乡与乡之间的纠纷之中。当然，这里还需要解决最近 30 年农村家庭承包制开始以来出现的历史问题。比如说，有的家庭没有儿子，只有几个女儿，女儿一个个全嫁走了，但承包地全留在家里，一分地也不减少；另外一个家庭，没有女儿，全是儿子，儿子长大了，都成家了，但家里的承包地还是原样，一分地也没有增加。后面这一户就有意见。那怎么解决？如果给后面这一家增加承包地，地从哪儿来？如果同后面这一家庭类似的还有若干户，他们也要求多拨一些承包地，又该怎么办？这些都是土地确权时会遇到的实际问题。不可能有统一的解决方案。只能根据本村的情况作出协调方案。如果不能达成谅解，只好暂时搁置不议。当初有些地方在承包地分配时曾有一条政策规定，即"增人不增地，减人不减地"，已实行很多年了。在没有新的政策规定时，也只能按照已有的办法执行，留待以后解决。这也是"对历史的尊重"。

我们只有相信"下一代人比我们聪明"，他们一定会有大智慧来进行协调。

第三节　中国股份制改革的回顾和资本市场的发展

一、中国双重转型中最重要的问题是重新构造微观经济基础

在农业社会向工业社会转型过程中，大型工业企业陆续建立，然而在计划经济体制下，建立的都是国有工业企业。因此可以认为，在由计划经济体制向市场经济体制转型过程中，中国经济的最大特征是缺乏真正的市场主体。已经存在的工业企业和新建的工业企业是国有企业，这些国有企业不过是政府的附属，依靠政府部门的指令进行生产，没有自主经营权。

中国在改革开放之后，必须进行双重转型，即一方面进行从农业社会向工业社会的转型，另一方面进行从计划经济体制向市场经济体制的转型。这两种转型是重叠的。当时，在中国主张改革的学者中有两种不同的基本思路。居主流地位的是主张以放开价格为主的改革思路；另一种基本思路，即主张进行以所有制改革为主的改革思路，当时不受重视，甚至一度被视为异端。两派之间的争论是激烈的。

以所有制改革为主的改革思路的论点是：为了实现工业化，为了转入市场经济体制，最重要的问题是重新构造社会主义的微观经济基础。政企分开，政资分开，界定产权，明确投资主体，投资主体走向多元化，使国

有企业和集体所有制企业转变为产权清晰、产权细化到投资主体的股份制企业，这就是重新构造社会主义微观经济基础的必由之路。

中国的股份制改革终于在20世纪80年代后期启动了，但这是在学术界的争议中启动的。当时，主要的争论在以下五个方面：

（1）最大的争论是：股份制改革是不是私有化？主张推进股份制改革的人认为，中国的股份制改革，无论是对国有企业进行改革，还是对集体所有制企业进行改革，都不是简单地把企业卖给私人的行为，而且采取存量和增量分别处置的做法。国有企业资产的存量先折成股份，但暂不流通；国有企业资产的增量即新发行的股份，可以流通。这样，股份制改革就可以启动。存量不动，增量先行，国有企业就改造为国家控股（包括绝对控股和相对控股）的企业，这怎么是私有化呢？

（2）争论还在于：某些亏损的国有企业、小型国有企业、并非国民经济中的关键部门的国有企业，能否卖掉？主张推进股份制的观点认为：出售这样一些国有企业是可以的，因为出售国有企业无非是国有资产形态的改变，即由国有资产的实物形态转为国有资产的货币形态，国有资产的货币形态可以用于新的投资，这不等于国有资产的流失。

（3）另一个争论在于：有人说，效益好的国有企业不宜推行股份制改革，效益差的国有企业可以先行。这就是当时流行的"靓女不能先嫁"的说法。主张推进股份制的人认为，无论效益好的还是效益差的企业都可以改为股份制。如果不让效益好的企业改革，试问在市场竞争如此激烈的情况下，效益好的企业机制不转变，还能维持多久？难道非要等到它们维持不下去时再进行改制吗？

（4）再有一种争议，就是认为国有企业的社会负担太重，"企业办社会"已经实行许多年了，一旦改制为股份制企业，需要把非经营性资产剥离出去，可能引起社会不安。主张推进股份制的人认为，"企业办社会"这种状况迟早是要解决的，拖的时间越久，企业肩上的包袱越大，解决时遇到的困难也越多。不如借股份制推行之际一并解决，企业反倒能够轻装前进。剥离企业的非经营性资产，应当由政府和企业共同解决，因为当初实行"企业办社会"时，企业代政府履行了本应由政府承担的责任，而且企业的利润是上缴政府的，政府现在不应当回避这一问题。

（5）最后，还需要提到当时一些人的看法，即认为中国国有企业面临的最大的问题是管理没有到位，效率低，所以当前的重点是"抓管理"，"管理上去了，企业的问题解决了一大半"。主张推进股份制的人认为，管理是重要的，但管理代替不了产权改革；管理是永恒的任务，任何时候都要重视管理，产权改革和企业建立了股份制条件下的法人治理结构，是企业提高管理水平的前提。另外，企业管理难以提高水平的最大障碍，是政企不分体制的存在，而股份制改革正是促进政企分开的做法。

中国的股份制改革在激烈争论中终于启动。

二、股权分置改革：中国股份制的第二次改革

中国的股份制改革启动时，实际上实行的是双轨制，即存量和增量分别计算，存量是非流通股，增量是流通股，增量改革先行，存量改革后行。这显然是临时性措施，但却是必要的，它符合中国双重转型期间的国情，因为这大大减少了股份制改革启动时的困难。尽管这被认为是不符合国际惯例的，但中国终于迈出了股份制改革的第一步。不要责怪当时中国股份制改革的设计者，如果那时想一步到位，所有的股份全流通，股份制可能长期停留在议论的阶段。

经验是缓慢积累的，人才是逐渐培养和引进的。有了经验，有了人才，股份制就有了进一步改革的可能。

大约在股份制改革启动之后的十多年间，股份制企业（包括上市公司）数目越来越多，融资也越来越多，但企业运行机制却没有重大改变，问题主要在于股份结构不合理。由于国有企业改制为股份制企业时，资本存量不动，它们是非流通股，而且非流通股占的比重大，一般高达70%以上，

有的企业股份总额中竟有80%甚至90%是国有的非流通股。这样，股东大会根本无法召开，小股东从来不参加股东大会。董事会的董事清一色地由国有企业派出的人担任，实际上董事们起不了什么作用。于是从21世纪初开始，企业界、证券界和学术界都呼吁需要第二次股份制改革，对流通股和非流通股的分置进行改革，也就是把股份制的双轨并成单轨。

在讨论股权分置改革时，有一个问题引起了争论，这就是：某一种股票，在把非流通股改为流通股时，要不要给目前持有流通股的人以一定的补偿？不主张给补偿的人认为，凭什么要给补偿，如果给以补偿，那就是国有资产的流失，是损害了国家利益。主张给补偿的人则认为，应当给该种股票（流通股）的持有人以一定的补偿，理由是当年该种股票上市时，企业是发布招股说明书的，招股说明书上写得清清楚楚：国有股（非流通股）暂不上市。正因为有了这一说明，股票溢价才那么高，否则投资人是不会争购新发行的股票的。今天，股权分置改革了，国有股（非流通股）要上市了，岂不是企业违背了招股说明书上的承诺？根据《中华人民共和国合同法》的规定，凡违背合同的一方给另一方造成损失，应适当地给予赔偿，也就是补偿。所以给流通股持有人以补偿，是有依据的。至于究竟给流通股持有人多少补偿，则应当由市场决定，即经过协商，或者"十送四"、"十送三"，或者"十送二"。中国的股权分置改革，终于比较平稳地、妥善地推进了，国有的非流通股分期分批地成为流通股了。

在回顾中国股份制的改革历程时，特别需要一提的是1992年召开的中共第十四次全国代表大会和1997年召开的中共第十五次全国代表大会。

在1992年召开的中共第十四次全国代表大会上，肯定了社会主义市场经济体制的建立是改革的方向。这就为产权改革和股份制的推进提供了前提。

在1997年召开的中共第十五次全国代表大会上，明确了股份制是现代企业的一种资本组织形式，有利于所有权和经营权的分离，有利于提高企业和资本的运作效率。会议还指出，资本主义可以用股份制形式，社会主义也可以用股份制形式，不能笼统地说股份制是公有的还是私有的，关键看控股权掌握在谁手中。

因此，中国股份制改革自 1997 年后进展很快，国有大企业，包括国有商业银行，先后都走上了股份制之路。中国股份制的第二次改革，即股权分置改革正是在 21 世纪初展开的。

三、民间资本的积极性被调动：资本市场作用的初步显示

在中国改革开放后，股份制作为一种资本组织形式，最早被乡镇企业所采用。20 世纪 80 年代初，在中国一些省市，兴建了一批股份制乡镇企业和城市集体所有制企业，它们采取群众入股集资的方式。股票的特点是入股后不能退股，只能转让，但股份的转让需要有场所，有流通的渠道，有交易平台。当时根本没有可供投资人转让所持有的乡镇企业股票的场所，所以在一些农贸市场内有摊位是买卖乡镇企业股票的，还有在街头摆地摊买卖乡镇企业股票的。尽管这种交易无法可依，但作为当时的一种临时措施却也持续了一段时间。

由于不规范的证券交易有各种弊病，特别是会造成行骗和非法集资等现象，投资人的权益也无法保护，所以后来逐步被取缔。但这段历程说明了民间对股份制企业的热情和投资人对股票买卖活动的积极性。

这些情况促进了《证券法》的起草和出台。《证券法》于 1992 年开始起草，并于 1998 年获全国人大常委会高票通过。从此，中国的股份制和证券市场走上了有法可依的轨道。

到了 21 世纪初，尽管股权分置改革已陆续推行并取得了重大进展，但调动民间资本积极性的工作只不过是刚刚启动。民营企业的进一步发展仍受到不少限制。阻碍民间资本进入各行各业的最大障碍依旧是行业准入问题，即领域准入的门槛很高，使民间资本的持有人望而止步。"非公经济 36 条"和"非公经济新 36 条"先后出台了，但并没有如最初设想的那样大大

鼓舞民间资本的热情,因为"玻璃门"、"弹簧门"等现象并没有消失,种种变相的领域准入门槛仍在,甚至有些门槛反而又提高了。这一方面是由于行业垄断始终没有消失,既得利益者不愿意放弃已经得到的特权和好处;另一方面可能与"非公经济新36条"的实施细则迟迟未能出台,或者仍不具体,或者遗漏了某些问题,或者未作明细规定有关。

上述这种情况依然有待于改善,实施细则中不完备的地方需要继续讨论、补充、修改,以求完备。同时,资本市场在调动民间资本的积极性方面的作用,也需要进一步发挥。

在邓小平南方谈话之后的20年中,随着中国股份制改革的推进和资本市场的发展,资本市场在促进结构优化方面的作用已经初步显现。还可以从以下三方面作一些说明。

资本市场在结构优化中的第一个作用,近年来反映于增量调整上。增量调整是指:鼓励符合条件的新兴产业企业上市,鼓励符合条件的产能短缺产业企业上市,或者使已经上市的这两类企业扩股增资。

第二个作用反映于存量调整上。存量调整是指,通过企业并购或重组,改造产能落后的企业,支持通过技术进步而有较大市场潜力的企业上市或与已经上市的同类企业合并。

第三个作用反映于发挥退市机制的功能。例如,迫使一些已经上市的落后企业或产能严重过剩的上市企业退出市场,从而迫使那些仍有希望在较短时间内致力于自主创新和产业升级的上市公司改善经营。

资本市场在优化结构中的上述作用是明显的,这已被中国资本市场的实践所证实。

然而我们也不能否认,迄今为止资本市场在结构优化方面仍然未能充分发挥作用。主要原因何在?应当认真总结。大体上有下述四个原因:

(1) 中国需要有一个完整的资本市场体系。完整的资本市场体系通常包括主板市场、中小企业板市场、创业板市场和第三板市场等。通过近些年的努力,主板市场相对较为完善,中小企业板市场和创业板市场还在初创阶段，而第三板市场则仍在积极筹组过程中，有些试点也刚刚开始，因此尚未适应资本市场的发展需求。同资本市场在结构优化方面作用的充分发挥还有相当长的距离。

（2）对资本市场体系中任何一个板块来说，都有一个共同的问题，即如何增加信息披露，如何促使上市公司公开化、透明化。这同投资人对资本市场信任度的提高有密切关系。

（3）证券监管部门的工作需要到位。批准企业上市（不管哪个板块）的机构，一定要严格把关，不能忽视上市标准，否则不仅使投资者失望，而且会败坏中国资本市场的声誉。

（4）投机行为虽说是资本市场上难以避免的，但前一阶段在中国资本市场有些板块上投机过度，股价大涨大跌，减少了一般投资者的信心。

对于资本市场上之所以会形成资产泡沫，除了信息披露不足、上市公司缺少透明度、证券监管部门工作不到位等原因而外，还在一定程度上由于民间资本因行业垄断存在、领域进入门槛过高而没有出路，以致民间资本纷纷涌入股市。在这种情况下，要减少资本市场上的投机炒作行为，有必要让民间资本有更宽的出路，例如降低领域准入的门槛，减少政府审批，包括简化准入程度。让更多的民间资本有实现投资于实体经济的可能，是可以挤掉一部分资产泡沫的。

四、中国的技术突破依赖于资本市场作用的进一步发挥

什么是新经济？新经济就是技术创新加上资本市场，而且技术创新和资本市场是结合在一起的，二者不能分开。

但正如前面已经指出的，在现阶段，要让资本市场进一步发挥作用，一个重要的问题是恢复广大投资者对中国资本市场的信心。如果投资者信心不足，更不必说投资者对中国的资本市场失去信心了，这都会导致投资者纷纷撤离资本市场，民间资本闲置了，转移到国外去，那才是最令人担心的。

前面曾指出，造成投资者缺乏信心的原因之一是资本市场本身的不完善和金融监管工作的不到位。所以要在这方面采取必要的措施，使资本市场走向规范化、法制化。除此之外，另一个原因是宏观经济调控切忌大紧大松，造成经济大起大落，使投资者把进入资本市场视为畏途。要知道，经济运行是有惯性的，体制也是有惯性的，这在制度经济学中被称作"路径依赖"。它意味着人们往往有"从众"、"从上"、"从旧"的依赖心理，所以一旦形成了某种趋势，要扭转这种趋势非常困难。

通常所说的"刹车容易启动难"，反映的是只要政府实行了紧缩政策，而且一旦紧缩过度，要让经济恢复正常运行是不易实现的。为什么说"刹车容易"？这是因为"刹车"的主动权掌握在政府手中。如果政府要转向紧缩，财政闸门一关，信贷闸门一关，很快就奏效，就好比行动中的汽车一下子就被刹住了。为什么说"启动难"？这是因为，市场的启动，主动权不掌握在政府手中，而掌握在民间广大消费者和投资者手中，无论政府如何加大油门，市场这辆汽车还是发动不起来，只要广大消费者不购买，政府有什么有效的对策？只要广大投资者不投资，政府又有什么有效的对策？简单地说，政府只好等待，要等到广大消费者恢复了市场信心，消费才会渐渐恢复原状，要等到广大投资者恢复了对投资前景的信心，投资也才会渐渐恢复。由此可见，要让中国资本市场再次获得人们的信任，不仅需要资本市场自身的健全和完善，而且需要政府的宏观经济调控政策更多地放在微调、预调上，一定要有分寸，松紧有度。除非在紧急状况下可采取大松大紧措施外，不要造成资本市场的大震荡、大波动，以便让广大投资者恢复对资本市场的信心和信任。

从微观层面来考察，上市公司的质量实际上也涉及人们对中国资本市场的信心和信任问题。上市公司是公众公司，上市公司业绩好，透明度大，竞争力强，才能获得公众的信任。上市公司质量下降，无论政府采取什么样的救市措施都无济于事，因为上市公司质量是资本市场赖以生存和兴旺的基础。

从这里可以看出，人们对资本市场的信心和信任，从上市公司质量的角度看，是建立在上市公司总体质量的基础之上的。如果多数上市公司质量下降，只要如实告诉投资者，虽然这对他们不是利好消息，但不会酿成大的风波；反之，如果向公众隐瞒真相，那就会导致资本市场大动荡的来临。何况，公众对资本市场和上市公司失去信心、信任容易，而要让公众对资本市场和上市公司重建信心、信任，则要困难得多。信心和信任要长期积累才能见效。

下面，再对中国资本市场进一步发挥结构优化、资源配置效率提高和技术创新等作用问题做一些补充。为了发挥资本市场的上述作用，除了已经谈过的内容外，还应当补充一点：包括广大投资者、证券业从业人员、证券监管机构的工作人员、政府工作人员在内，对资本市场的力量要重新认识，经济学家、金融学家、管理学家也不例外。即使改革开放以来一直参与资本市场建立和发展的专家们，当前也需要重新认识资本市场的力量，因为在这一领域内，最近十多年变化太大了，过去熟悉资本市场的人几乎都为资本市场变化之快感到震惊。

这是观念的更新，而观念的更新是金融创新的伴生物。20年前，谁能预料到这些年来出现了这么多、这么有影响的新金融产品？实践，跟不上观念的变化，甚至理论家也跟不上客观经济形势的变化了。大家都为此惊呼，为此感到有压力。什么压力？跟不上形势的压力。

资本市场的力量主要体现于它能把原来闲置于国内各地的民间资本动员起来，汇入资本市场，作为投资所用，而新兴产业的美好前景，技术创新的巨大能量，以及集资、筹资、融资的灵活性和盈利前景则不断地吸引民间资本的投入，这些都是前所未有的。

不妨举几个例子。

一是投资银行业务的迅速开展。在世界上，投资银行最初是从事投资的，但后来发展为大规模的收购和兼并，投资银行收购和兼并需要资金，靠发行债券来支撑。最近几年，投资银行开始脱离实体经济，专门从事金融服务，客户需要什么，投资银行就推出某种金融服务项目来满足客户的要求。尽管投资银行业务量越大，风险也越大，以致在国际金融环境下负债和亏损累累，但这种"以钱炒钱"的做法却也表明了资本市场的巨大力量——"成也投资银行，败也投资银行。"近些年，中国的投资银行发展很快，路径是向国外的投资银行学习、模仿。总的说来，中国投资银行无非有三大业务：一是参与收购、兼并、重组；二是帮助企业到国外去融资；三是作为企业的战略投资者，帮助企业进一步技术创新，进一步开拓市场。但它们同国外的投资者相似之处越来越多（即同实体经济渐渐脱离），风险也就越来越大，这样下去，出问题的可能性也会越来越大，一旦出了大问题，对中国社会的危害性将会相当大。这是必须警惕的。

第二个例子是风险投资迅速走向专业化。风险投资同样先盛行于国外，中国的风险投资也是从国外引进的。在国际上，风险投资随着高科技创新活动的开展而推广。甚至有人说，没有高科技创新活动的开展，就不会有风险投资，而有了风险投资，高科技创新就更快了，更多了。今天，许多发展成巨大规模的高科技公司，当初都有风险投资的介入，风险投资介入后大大加快了高科技公司的发展。中国的风险投资大约开始于邓小平南方谈话以后，距今大约20年，起步虽晚，但发展速度很快，这主要取决于三点：一是中国风险投资的机会多；二是中国从事风险投资行业的人善于向国外风险投资行业学习，并不断总结和汲取国外同行的经验教训；三是中国风险投资者较早地走向了专业化。专业化是重要的，从事风险投资的人准备投资哪一个行业，必须是该行业的专家或者熟悉该行业的专家，还必须对经营该行业的某个企业的过去、现在和未来有所了解，进而对该行业和该企业的盈利前景、市场扩展前景和企业内部情况比较熟悉。因此通常认为，风险投资所看中的不是现阶段的盈利率，而是长期的盈利率；不是今天的行业或企业的规模，而是今后若干年的行业规模和企业规模。

但无论中国还是国外，风险投资的利润总是和风险并行，并且二者之间始终保持着这样一种关系：利润越高，风险越大；风险越小，利润越少。

不过，风险投资这一行业的特殊之处是：有些投资可能完全赚不到钱，反而会大大赔钱，原因在于投资对象选错了，或者参与风险投资的投资者过多，或者介入的时机不恰当：或太早介入，或过晚才介入。还有政策变化，这一因素是影响风险投资成功还是失败的极其重要的一个因素。举个例子，某种新产品本来是被看好的，后来由于种种原因，政策变了，变得对该行业和该产品不利了，比如，先是政府扶植，后来变为政府限制它的发展和增产，等等。所以从事风险投资的人对此必须有心理准备。

五、中国迫切需要新型企业家

19世纪晚期到20世纪初期，中国曾经涌现了一批企业家，他们是近代工商业的开拓者，其中有具有新思想和新观念的官员，也有一些以振兴实业为目的的、来自民间的创业者。新中国成立后，中国很快地转入社会主义计划经济体制后，就谈不上"计划经济时代的企业家"了。既然企业都是国有的，它们都是政府部门的附属物，一切听命于政府的指令，没有自主经营权，所以只可能产生企业官员而不可能出现真正意义上的企业家。

转变发生于1979年改革开放以后。新中国的企业家就是从这时起开始出现的。但当时他们都出自体制外，主要是插队回城的青年、从生产建设兵团或农垦农场回城的青年、从农村走出来的一些能人和巧匠，还有平反冤假错案后释放出来的人。他们赶上了改革开放的大好机遇，闯荡市场，其中有些人发迹了。

自1992年邓小平南方谈话发表后，中国经济发生了重大的转折，并改变了中国当代历史的进程。以市场经济作为前进方向的改革大潮已经涌动，民间创业的积极性已经被调动起来。在中国的大地上，出现了一批新型的企业家。后来，他们被称为"九二派"。

"九二派"是在邓小平南方谈话的鼓舞下成长起来的一批企业家。他们中间许多人那时还很年轻，有专业知识，有开阔的眼界，有新的管理理念和经营思维,有世界视野,懂得股份制改革的意义,了解资本市场在现代经济中的力量和能够发挥的作用。特别重要的是,他们不仅为了个人事业的成就,更满怀着振兴中华的热情有志于体制创新、技术创新和经营管理创新,有志于使中国经济在国际上名列前茅。他们同20世纪80年代前期那些改革开放后兴起的体制外企业家最大的区别是:他们不是体制外形成的,而是先在体制内成长起来,再从体制内转到体制外的。

这里所说的"体制"是指原有的计划经济体制,说得更确切些,是指已经有所松动的计划经济体制。这是因为在刚性的计划经济体制下是不允许从体制内转移到体制外的。但1992年以后,社会主义市场经济体制开始形成,所以这批移出计划经济体制的人,转入了已开始形成的社会主义市场经济体制。"体制内"和"体制外"正是从这个角度来观察的。要知道,任何一个人,作为社会的人,是不可能脱离任何一种体制而进入"无体制状态"的,除非他是孤岛上的鲁滨逊。

"九二派"企业家是反映中国改革进程的一个重要群体。他们先在体制内成长,再转到体制外。因此,他们既了解体制内经济运行的实际,又懂得体制外的种种酸甜苦辣。他们善于借鉴发达国家的成熟经验,把它们引入中国市场的空白领域,成为某个行业特别是某个高新技术行业的开拓者或佼佼者,而这一切往往是在新旧体制转换时期和市场运行的灰色中完成的,所以他们堪称为"新型企业家"。无疑,这批"九二派"企业家在邓小平南方谈话以来的20年内起了不可替代的作用。

今天,"九二派"多数已经是50岁上下的人了。他们在这20年内已经贡献出不少精力和才智,而且目前仍在市场上拼搏,继续发挥作用。但在他们之后,一批又一批比他们年轻得多的企业家,说得更准确些,一批又一批有志在中国改革和技术创新领域中试水、探路的未来企业家已显露头角。2013年初,中国证监会研究中心主任祁斌在北京大学光华管理学院"中国资本市场实务系列讲座"上,作了题为《未来十年:中国经济的转型与突破》的学术报告,报告中讲了这么一段话:

第一章　产权界定的重要性

2011年9月27日,美国《华盛顿邮报》发表了一篇文章,它有一个非常吸引眼球的标题:《美国人应该真正害怕中国什么》。文章说,中国真正的优势在于她的下一代。他们从中国的顶尖学府毕业,正在走出校门,走向市场,开始创业,他们已经成为或者即将成为企业家。

祁斌引用《华盛顿邮报》那篇文章中的一段话:该报记者走访了北京中关村科技园旁边海淀街上的一家咖啡馆,内有几十张桌子,每一张桌上都是几个年轻人为创业而聚谈,因为现在创新很方便,很多人都在互联网上做事情。《华盛顿邮报》的记者敏锐地发现,在美国,30多年前,年轻的比尔·盖茨和乔布斯也和今天中国的这些年轻人一样,刚刚走出校园,走向市场,开始创业;在今天的中国,很多草根的创业者将成为推动中国经济转型的重要力量。

中国年轻的企业家或创业者的聚会,何止北京海淀这一家小小的咖啡馆?中国的科技园区又何止北京中关村这一处?资本市场支持着这些年轻的创新者、创业者,使他们茁壮成长。这就是中国的希望。

第二章
国有企业和民营企业的协调发展

第一节　国有资本体制改革

一、国有资本配置体制改革和国有企业管理体制改革

国有资本体制分为两个层次：一是国有资本配置体制，这是第一层次的体制；二是国有企业管理体制，这是第二层次的体制。两个不同层次的体制及其改革，不可混为一谈。

改革开放以来的许多年内，我们所着手的有关国有资本体制的改革，基本上集中于国有企业管理体制的改革，即属于第二层次的改革。国有资本配置体制的改革，即属于第一层次的改革，实际上并没有推进。国资委的主要任务放在对国有企业的管

理和监督方面。甚至可以这样认为：国有资本配置体制改革被忽略了。

因此，在现阶段谈到中国国有资本体制改革时，必须两个层次的改革一起进行，而且着重点应当放在第一层次的改革（国有资本配置体制的改革）方面。

不应否认，这么多年以来，第二层次的改革，即国有企业管理体制改革取得了较大的成绩。归结起来，有三个成绩应当被承认：

第一，国有企业基本上已改制为股份制企业，不少还已改制为上市公司，它们程度不等地参与市场竞争，适应市场环境，并接受市场竞争的检验。

第二，这些年来，国有企业通过兼并重组，生产要素重新组合，以及撤出一些领域，终于实现了产业结构的初步调整，效益提高了，产值增长了，为社会和经济发展做出了较多的贡献。

第三，在一些关系到国民经济重大问题的领域，国有企业作为行业的骨干企业，在保证经济平稳发展和保证中国经济自主性、独立性方面发挥了重要作用。在20世纪90年代后期的亚洲金融风暴期间，在21世纪最初10年后期的美国次贷危机和欧债危机期间，中国国有企业的总体表现可以充分反映这一点。

然而与此同时，我们也不应当忽略国有企业管理体制至今还存在着若干有待于深化改革之处。从现行国有企业管理体制上说，国有企业的弊病或问题可以归纳为下述几点：

（1）政府部门干预多，国有企业至今并未成为名副其实的市场经营主体，至多只能说是"不完全的市场经营主体"。

（2）机制不灵活。这是政府部门干预多所造成的后果。在开始发现市场有上下波动的迹象时，国有企业无法适应情况的变化，必须经过烦琐的申请与有待上级批准的过程，等到获得批准时，已时过境迁，错过了最佳机会。

（3）法人治理结构不健全。这一方面是由于国有股份制企业国家控股比例高，股东会无法召开或召开了也不起作用，董事会不起作用，独立董事起不了作用；另一方面还可能由于管理制度上仍存在过去一直遵循的做法，有的党委书记作为第一把手扮演着独断独行的角色。相应的，监事会也不能发挥自己应有的作用。

（4）创新动力不足和创新能力弱。造成这种状况的最重要原因仍是国有企业因受体制和机制的束缚，不愿意自行决定从事较大的技术创新活动，也无权自行决定从事体制创新或管理创新的试验，一些企业高层认为无论是技术创新、体制创新还是管理创新都存在风险，他们怕承担责任，而且利益和责任通常是不对称的。这同私人投资者经营的民营企业不一样。加之，在依然存在行业垄断的条件下，国有企业认为没有必要那么着急地进行创新，这也是一个重要原因。

由此看来，如果国有资本体制的改革仅仅停留于第二层次，而没有进而对第一层次，即国有资本配置体制进行认真改革，国有企业体制的改革很难有重要的突破，国有企业体制现存的弊病或问题还会继续存在。

二、国有资本配置体制改革的迫切性

在中国特色社会主义市场经济中，为什么保存国有资本及其投资领域？一个根本性理由是：国有资本及其投资能够发挥比私人资本及其投资更大的作用，国有资本相应地也承担了更大的社会责任。

国有资本和私人资本或民间资本之间的一个重要区别在于：为了国家发展战略的实现，国家为了吸引私人资本进行有关领域的投资，应当制定一定的政策来吸引私人资本的进入，私人资本有选择性，它们将根据政策所给予的优惠来作出决策。然而对国有资本来说，首先要考虑的不是政策上有多少优惠，而是国有资本的社会责任问题。即使投资回报期很长，投资回报率很低，国有资本也应根据国家的需要进行投资。同时，为了适应国家投资战略的要求，有些投资可能社会收益很大，但投资者本身的收益却比较小，在这种情况下，私人投资者会经过多方考虑才选择进行投资，而国有资本则为了国家的总体利益，从更多地承担社会责任的角度出发，承担了投资任务。这就是国有资本与私人资本或民间资本最大的不同之处。

国有资本的特殊性质决定了国有资本配置体制改革的方向和实际做法。可以从四方面来论述：

第一，重在提高国有资本的配置效率。

在经济学中，长期以来着重的是生产效率的变化。生产效率是从投入与产出之比来分析的。在一定的投入与产出之比的前提下，多投入必定有多产出，少投入则少产出。如果投入不变，产出增加了，表明生产效率提高了；或者，产出不变，投入减少了，也表明生产效率提高了。可见，对任何一类投资者而言，关注生产效率的提高都是重要的。

资源配置效率则是另一种意义上的效率。假定投入是既定的，但可能存在若干种不同的资源配置方式。如果采取 A 方式配置资源，在一定的技术水平条件下，可以有 N 的产出；而采取 B 方式配置资源，同样的技术水平之下，会有 N+1 的产出，就表明资源配置效率提升了；反之，如果采取 C 方式配置资源，同样的技术水平之下，则会有 N−1 的产出，这就表明资源配置效率降低了。由此看来，资源配置效率和生产效率是同等重要的。仅仅关注生产效率的变化而不关注资源配置效率的变化，不符合资本运用的原则。

国有资本配置体制的改革之所以重要，应当是十分清楚的。但由于在前一阶段的国有资本体制改革中，把时间和精力主要用在国有企业管理体制这一层次的改革方面，而没有考虑（或主要没有考虑）国有资本配置体制的改革问题，从而大大影响了国有资本配置效率的提高。

第二，便于调动国有企业的积极性。

前面讨论国有企业在管理体制方面至今依然存在的弊病和问题时已经指出，最突出的弊病或问题就在于政府部门干预多，国有企业并未成为真正的市场经营主体。这在很大程度上同国资委没有把工作的重点放在提高资源配置效率方面，而对本来可以由国有企业作为一个市场经营主体自己决定的事情，通过烦琐的申请与批准的程序，集中由国资委作出决策有关。这样，不仅容易错过机会，而且还挫伤了国有企业的积极性。在某些场合还会使一些国有企业养成事事依赖国资委的习惯。假定通过国有资本体制改革，国有资本配置体制由国资委直接管理，那么国有企业就可以成为真正的市场经营主体，它们的主动性、积极性也就可以调动起来。

第三，紧接着，国有企业将致力于健全法人治理结构。国有企业既然成为市场经营主体，就应当健全企业的管理体制，建立完善的股东会、董事会、总经理和监事会制度。这样，国有股不一定占绝对多数，在非国有股股权分散的情况下，国有股可以占相对多数。这实际上是让更少的国有股份取得对企业的控制权。在不止一个国有投资单位参股某个国有企业时，可能形成不止一个相对大股东，这也有利于改变董事会的结构，便于董事决策的合理化、民主化。

第四，伴随国有企业市场经营主体地位的确立、国有企业积极性的调动以及国有企业法人治理结构的健全，国有企业的另一个弊病和问题——创新动力不足和创新能力弱——也将发生变化。造成国有企业不敢自主创新的障碍主要有三个：一是国有企业受政府部门的干预过多，使它们没有主动性和积极性；二是怕吃力不讨好，风险责任大，而利益和责任则是不对称的；三是部分国有企业总是对现实生活中存在的行业垄断现象有依赖性，以为自己可以在行业垄断的保护下，不必搞什么自主创新也能取得巨额利润。通过国有资本体制两个层次的改革，情况将会发生变化，上述不利于国有企业自主创新的三个障碍将会逐步消失，从而将会出现国有企业自主创新、技术突破、产业升级的热潮。

三、国有资本配置体制改革的设想

国有资本配置体制改革的目标是强化国资委对国有资本的配置权，而不再主管一个个国有企业。初步设想如下：

（1）国资委只管国有资本的配置，负责国有资本的保值增值，也就是负责国有资本的配置效率的提高。

具体地说，国资委可设置若干个按一个行业或几个行业划分的国家投资基金公司，把现有的国有股划给某一个国家投资基金公司持有，作为该国家投资基金公司投入企业的国有资本，并根据该国有企业的股权结构派出董事会成员。如果某个国有企业是由不止一个国有投资主体投资组成的，则根据股权结构状况，由几家国家投资基金公司各自派出董事会成员。

这样就可以形成如下体制：

国资委——国家投资基金公司——国有企业

在这种新体制之下，国资委是国家投资基金公司的主管，国家投资基金公司是国有企业的出资方。国有企业同其他股份公司一样，都是市场经营主体，企业与企业之间是公平竞争关系、合作伙伴关系。企业与企业之间的所有制歧视、身份歧视不再存在。

（2）国资委之下的各个国家投资基金公司，在把国有企业的国有股份纳入自己的资本总额的同时，对国有企业资产负债状况进行清理、核实，对国有企业的经营状况也进行清理、核实。经过一段时间之后，就转入对国有企业的资本运营的考核工作。考核工作是经常性的。主要考核的是该国有企业的生产效率和资源配置效率状况。

考核之后，有可能出现三种选择：一是维持国有股在企业股权结构中的现状不变；二是逐步撤走国有资本的一部分，甚至全部；三是增加国有资本的投入。第二种选择和第三种选择都会涉及具体运作的细节，都将由国家投资基金公司同该国有企业的董事会讨论。选择第二种情况的理由是：认为该国有企业的经营状况不佳，国有资本为了提高资源配置效率必须转移到其他国有企业，或用作新建国有企业的资本。选择第三种情况的理由是：认为该国有企业尚有发展潜力和发展空间，为了提高国有资本的配置效率，因此需要增资入股，或者国有资本投入是为了新建某个分厂等。

国有资本从某个国有企业撤出，或增投到某个国有企业中，是从提高国有资本的总体资源配置效率的角度来考虑的。这还起到两方面的作用：

一是一般说来，某个国有企业经营状况不佳的主要原因在于管理混乱、效率低下、设备未能充分利用等，因此国家投资基金公司以提高国有资本配置效率为理由的撤资可以起到警告作用，即以一定期间为限，如果在这段时间内国有企业不进行整改，经营状况不佳的情况未变，国有资本撤资的决定就会兑现。

二是国家投资基金公司从结构调整的角度考虑，可以把国有资本用到最需要发展、扩充的某些领域中，为此就需要撤出一些投资领域，让民间资本进入。或者，有些产能短缺的行业急需增加投资，国家投资基金也可以从促进结构调整的角度把国有资本从某些行业撤出，进入急需增加投资的领域。

无论是第一种做法还是第二种做法，都符合国家投资基金公司的目标：让国有资本有较高的配置效率，发挥国有资本的作用。

（3）国家投资基金公司在必要时，经过一定程序，经主管部门批准后，可以发行国家投资基金公司债券。这是国家投资基金公司为提高国有资本配置效率而需要新增国有资本时所筹集的。它们还本付息由发行债券的该国家投资基金公司负责。

某个具体的国有企业在需要筹资时也可以发行本企业的债券，但这同某个国家投资基金公司发行的债券不是一回事。某个国有企业发行的债券的用途、还本付息由该企业负责，它同一般企业发行的企业债券是没有差别的。

（4）为什么国有资本配置效率的提高需要进行国有资本配置体制的上述改革，而私人资本、民间资本的配置效率的提高无需单独组成一个提高私人资本、民间资本配置效率的机构？这是因为，国有资本和私人资本、民间资本的所有权是不同的。国有资本的所有权属于国家，私人资本、民间资本的所有权属于私人投资者。国有企业中的国有资本并非来自该国有企业自身，经过国有资本配置体制的改革以后，国有企业中的国有资本已具体化到国有股的份额，它们来自国家投资基金公司对该国有股的持有。国有企业中的国有股的减持或增持、撤出或新投资，不取决于国有企业自身，而取决于持有该企业股权份额的各方投资者，包括持有国有股的某一个或某几个国家投资基金公司，也包括其他方面的投资者。因此，国有股减持、撤出、增持或新投入的决策权在国有资本的投资方，而不在于国有企业自身。

私人资本、民间资本的投资者是私人或民营企业。他们不需要有一套如此复杂的减持、撤出、增持或新投入的程序。既然国有企业已经是股份制企业、上市公司，它们完全可以借助于证券市场来实现自己的投资意图。通过证券市场的交易，它们可以实现调整自身投资结构的目标。它们自己就是提高自身资源配置效率的决策者。这样，也就无需另设资源配置效率提高的机构，只要完善和健全证券市场就行了。

四、两个层次的国有资本体制各自的社会责任

经过国有资本体制两个层次的改革，国家投资基金公司和一般的国有企业的目标和社会责任都已明确。国家投资基金公司的目标是管好国有资本的配置，提高国有资本的配置效率，让国有资本保值增值，在国民经济发展中发挥更大更好的作用。国家投资基金公司考虑得更多的是国有资本配置效率问题，也是经济结构的合理化问题。经济结构的合理化是没有止境的，国有资本配置效率的提高也是没有尽头的。所以国家投资基金公司要始终如一地把国有资本的保值增值和提高国有资本配置效率作为工作的重点。

至于一般的国有企业，它的社会责任同其他各种类型的企业一样，都应把为社会提供优质的产品、优质的服务、出人才、出经验作为首先需要履行的社会责任，也是企业为社会做出的最大贡献。扼要地说，企业提供

了优质的产品和服务，就能增加产品和服务的市场竞争力，就能不断开拓市场，增加盈利，同时也能使客户得到满足。如果企业能提高员工的素质，包括他们的技术水平的上升和管理能力、营销能力的提高，企业今后的进一步发展就有了保证。如果企业能够出经验，这个经验能够为其他企业所用，大家共同发展，这也是企业对社会的一大贡献。

那么，国有企业（包括国家绝对控股或相对控股的企业）在履行社会责任方面，是不是具有不同于其他企业（非国有企业）之处呢？对于这个问题，可以从两方面来分析。

一方面，国有企业作为市场经营主体，在法人治理结构健全的条件下，应当为全体投资者负责，如果仅仅为了国有股的持有者的利益着想而不考虑其他投资者的利益，这是违背股份制企业的原则的。从这个角度来看，国有企业必须按股东会、董事会的决议去做，否则会造成企业内部的不稳定。因此，在履行企业社会责任问题上，国有股份持有者和其他投资者之间是完全可以达成一致的，即都同意做到提供优质产品和优质服务，增加企业竞争力，多出人才，多出经验。同样的道理，在履行企业社会责任的同时，使企业的盈利增加是全体投资者的共同心愿，企业是可以做到的。

另一方面，如果国有股处于绝对控股或相对控股的位置，这样的企业理应更加自觉地承担符合国家发展战略的任务，即使近期利益较小但长期利益较大，即使企业利益较少而社会收益较多，企业仍应当积极参与。前面已经谈到，如果不是如此，那为什么要有国有资本控股的企业呢？然而，即使国有企业作出这种投资决策，依然需要通过一定的程序，说明这样做的意义和长远的部署，以征求方方面面的投资者的意见。股份制企业毕竟有一套程序，如果不符合决策规则，迟早会引起内部的不和，对企业今后的发展肯定有消极影响。

至于国有企业靠什么来实现国家发展战略，要按市场经济的规则，要靠合同来实现，有些可以依靠长期合同实现。

当然，合同，包括长期合同，都应当在公平竞争的条件下签订。

总之，通过国家投资基金公司的建立和发挥作用，国有企业的国有股的持有者不再是国有企业自身，而是国家投资基金公司。这样，国有企业作为一家股份制企业、上市公司，在运行过程中同其他股份制企业和上市公司就一样了。企业之间的公平竞争格局也就形成了。

在讨论两个层次的国有资本体制各自的社会责任时，有一点是两个层次的国有资本体制中的国家投资基金公司和国有企业共有的，即必须注意环境安全问题，也就是必须重视经济增长的质量。

今天，在中国以及世界上其他国家和地区，都已察觉到经济增长质量的重要性，而经济增长质量中最主要的是使资源消耗率不断下降，使环境质量不断改善。要知道，资源滥采、滥伐、滥用，后代子孙显然会因资源枯竭而生活陷入困境，甚至我们这一代人也会因为资源消耗过度而难以正常生活。同样的道理，如果这一代人在工业化进程和城市化进程中，对环境有严重的破坏，废水流入江河湖泊或海湾，使水源受到污染，废气使空气污浊，废渣到处堆放……人们会因此患上不治之症，难以健康生活。这样，经济增长得越快，人们的生活环境越受到破坏，不要说后代子孙难以存活，就连这一代人也将濒临绝境。这样的环境，经济高速增长又有什么意义呢？

所以，无论第一层次还是第二层次的国有资本体制的改革，都必须把资源的节约使用、环境的清洁和治理视为重要的社会责任，对此不能有丝毫放松。但在国有资本配置层次上履行上述意义的社会责任和在国有企业层次上履行上述意义的社会责任的做法是不一样的。

对国家投资基金公司来说，既然它们的任务是提高国有资本配置效率，让既定的国有资本有更为合理的配置，从而达到优化投资结构的目的，所以国家投资基金公司唯有考虑全局，才能落实优化投资结构的任务，既保证新兴产业的发展状况，又保证经济增长质量的提高，既节约资源，又治理环境，实现经济社会的可持续发展。那种单纯为了提高国有资本投入的收益率而以此作为国有资本重新配置的首要任务，是不符合当初进行国有资本配置体制改革的初衷的。

至于经过国有资本体制改革而形成的国有企业，则同一般企业一样，处于公平竞争的地位，一律遵守国家规定的环境保护和环境治理工作的法律、法规和规章制度。而且国有企业作为国家控股的市场经济主体，有义务带头遵守这些规则，尽到应有的社会责任。在同一行业中，其他企业往往把目光盯在国有企业身上，它们认为国有企业在遵守有关节能减排和消除环境污染方面应当起表率作用。这是对国有企业的一种鞭策，也是一种期望。希望国有企业在履行自己的社会责任方面不要让众多企业失望。

五、国有资本体制改革后，国有企业和民营企业有广阔的合作前景

近几年，社会上流行着"国进民退"的说法，这主要指在 2008 年美国次贷危机和此后的欧债危机期间，不少以出口欧美为主要业务的民营企业停产了，歇业了，在它们经济困难的时候，由于货币政策趋紧，很难得到银行贷款，相形之下，国有企业却有较大的融资能力，银行纷纷找上门来，愿意贷款给国有企业。这正是社会上流行的"国进民退"说法的真相。我们这几年在广东、浙江、江苏等省的几个大中城市调研后，感到这是事实，不能否认。

加之，在这些年内，我们在对一些地方的调研中还发现一个事实，这就是在项目招标时，民营企业往往被排斥在外，或者是因为消息封锁，非知情人不能得到信息，或者不公正地对待每一位参加者，从而民营企业颇有怨气。这也是社会上流行的"国进民退"说法的依据之一。

尽管"国进民退"的说法近几年在社会上流行，而且民营企业受到不公正待遇的情况也时有发生，但应当指出，无论是"国进民退"还是"国退民进"都不是政府的政策目标。在中国特色的社会主义市场经济体制下，国有企业和民营企业都应该得到政策的支持，公平竞争，共同发展。国有企业和民营企业有竞争，有合作。竞争实际上是一种竞赛，谁能在自主创

第二章　国有企业和民营企业的协调发展

新、技术突破和产业升级中走在前面，扩大市场份额，谁就是竞争中的胜利者。竞争或竞赛之中会有失利者，甚至会被淘汰出局，但只要是公平竞争的结果，那也不能不被看成是市场经济中的正常现象。企业破产也是正常的。何况，企业破产只不过是生产要素重新组合的开始。市场经济正是在生产要素不断重新组合的过程中发展起来的。

双赢、共赢，是国有企业和民营企业共同的目标。商场就是战场，这句话有一定的道理，因为双方都依靠实力，依靠智慧，甚至依靠运气。但商场又不等同于战场。在战场上，以一方吃掉另一方为胜利，即使对方屈服了，这一方依然吃掉了另一方，只不过以和平方式解决问题。商场却并非如此，双方不一定非要打倒或吃掉另一方来结束竞争，而更为常见的是双赢、共赢的结局。在市场竞争中，国有企业和民营企业也是如此，目标也是双赢、共赢。

通过国有资本体制改革，作为市场经营主体的国有企业同非国有企业处于平等位置，所有制歧视不再存在，在法律面前一律平等。走到国外的企业，不管是国有的还是民营的，都是中国人的企业，不管是国有企业创造的品牌，还是民营企业创造的品牌，都是民族品牌。大家都在为中国经济的发展竭尽自己的力量去拼搏，都在为中国的繁荣与进步贡献自己的聪明才智，所以所有制歧视是毫无理由的。假定这是社会上形成的一种习惯，而且是多年养成的，那么应当明确地指出，这种过时的看法或想法是封建社会遗留的"官商大于民商"的旧观念，或者是计划经济时代的"国有国营高于一切"的观念。现在，如果通过两个层次的国有资本体制的改革，第一层次成立国家投资基金公司，负责国有资本的配置和再配置，在国有资本保值增值的前提下，以提高国有资本配置效率为目标，可以调整某个国有企业中的国有股的数量以及国有股在该企业股份总额中的比例，或减持，或增持，或全部撤出，或另建新企业，这样，在第二层次上，国有企业（包括国家绝对控股的或相对控股的企业）就成为真正的市场经营主体了，它们就能与其他企业处于平等地位，既有竞争，也有合作。

国有企业和民营企业的竞争是长期存在的,这符合市场经济规律。没有竞争,就不会有创新,不会有新的市场份额。而国有企业和民营企业之间的合作,同样会长期存在,这也符合市场经济规律。民营企业在许多方面是国有企业的合作伙伴,是零配件、部件的配套合作单位。一条产业链有许多环节,可能包括了众多的供货或加工单位。其中既有国有企业,也有民营企业,国有企业离不开自己的协作者民营企业,民营企业也离不开自己的协作者国有企业。

归根到底,通过两个层次国有资本体制的改革,对国有企业而言,最大的改革成果就是真正成为市场经营主体,同其他股份制企业、上市公司一样,建立了完善的、健全的法人治理结构,由股东会、董事会发挥作用,作出决策,不再受政府部门的直接干预,国有企业有了更大的自主权参与市场活动,包括同民营企业进行广泛的合作。

这就是可以预见到的前景。

第二节 民营企业的产权保护和体制转型

一、当前民营企业面临的困难

最近几年来,中国民营企业面临着不少困难。据十一届全国政协经济委员会在包括东、中、西部在内的若干省(市、自治区)的调查,大体上有以下八方面的困难。

第一,成本上升,特别是用工成本上升,原因主要是生活费用上升了,使得工资随之上升。在某些地方还同时出现招工难的现象。为什么会感到招工难?据调研了解,西南几省的农民认为去沿海务工,工资同前几年相比上升不多,而且路途太遥远,那里物价又较高,所以不如就近务工,生活困难会相对小一些。有些地方，工资虽然也提高了，但务工地点的房价、生活费以及随之外出的子女的抚养费用和受教育费用都以更快的速度上涨，往返探亲的路费等等也在增加。在用工成本上升和招工难的压力下，民营企业一般感到经营不易。

第二，受到国际经济动荡的影响，经营出口业务的民营企业普遍感到订单大幅减少，生意越来越难做，而且西欧市场由于某些西欧国家主权债务危机的继续扩散，对中国出口的消极影响仍然存在，所以经营出口业务的民营企业短时期内难以复苏。

第三，人民币汇率升值的步伐一直未停，这又是对经营出口业务的民营企业的打击，它们的困难加重了。

第四，融资难的问题迄今未能缓解。民营企业纷纷反映，它们同过去一样，无法从金融机构顺利贷款，只好转向非正式的民间贷款。而且，越是难以从金融机构那里贷款，民间借贷利率就越高。但即使民间借贷利率很高，民营企业除此以外别无办法，只好忍痛承受。

第五，税费负担仍旧沉重。比如说，增值税率高，营业税率也高，但费更高，所谓"税有岸，费无边"几乎是民营企业的共识。在这种情况下，民营企业反映：如果继续如此，简直活不下去了。

第六，相互拖欠问题使正常的市场秩序被破坏。这是因为企业在业务上存在着千丝万缕的联系，只要资金链、产业链还通畅，即使企业经营遇到困难，市场秩序也不至于大乱，企业的经济运行依旧可以维系。然而由于融资难和融资成本太大，有些民营企业陷入了资金链断裂的困境之中，而资金链的断裂，迟早又会导致产业链的断裂，这样一来，相互拖欠贷款、各种劳务费、工程款等问题就会产生，市场的正常秩序遭到破坏，其影响面会越来越大，以致难以收拾。有些企业只得再次依赖民间借贷渡过难关，但这无法使问题缓解，利息负担反而越来越重，终于把企业拖垮。还有的民营企业老板采取"跑路"的做法，即或躲起来，或跑到境外躲避债主，使相互拖欠问题更难解决。

第七，迄今为止，尽管"非公经济36条"出台已经8年了，但民营企业应当受到公平待遇的原则仍未落实。例如，领域准入的限制仍或明或暗被保留下来，"非禁即入"只不过是一句空话；又如，政府采购招标，民营企业仍受歧视，等等。这些对民营企业的不公平待遇，不仅挫伤了民营企业经营的积极性，挫伤了民间资本持有人投资的积极性，而且更阻碍了民营企业的正常经营和进一步发展。

第八，民营企业的扩建和新建工程，审批比几年前更烦琐和更严格了，要盖的公章更多了。这是不少地方所反映的实际状况。这被认为是行政干预过度、把民营企业限制得过死的做法，使民营企业对经营前景更加失去信心。

以上所分析的这些困难造成的一个严重的结果就是民间资本逐渐撤出了实体经济领域。民间资本持有人担心，如果继续留在实体经济领域内，出现多生产多亏损，最终落入"陷阱"，那时，想撤都撤不出来了。但撤出实体经济领域后，民间资本又投向何处呢？无非是三个去向：

一是向境外转移，包括东南亚一些用工成本较低的国家，于是他们在那里设厂，或兼并当地的企业；或者，他们转移到美国、加拿大、澳大利亚等国，等待机会，重新创业。

二是在国内转入虚拟经济领域，从事炒作，什么热就炒什么。

三是干脆"见好就收"，宁肯让资本闲置，或放贷，做个"食利者"。

这一切都是不利于中国经济发展的，对民营经济本身也十分不利。

二、从产权保护方面来分析民营企业的困难

以上所分析的是民营企业在经营过程中遇到的种种困难，下面从产权保护的角度讨论民营企业的困难。这可能是民营企业家更感到信心不足的原因，而且这个问题对民营经济的消极影响可能更为严重。

根据调查，在一些地方大体上有以下四种情况。

第一，某些地方的政府部门在对待民营企业的投资和生产时不讲诚信，

不履行承诺，使民营企业遭受巨大损失。例如，当初为了吸引外地的民间资本前来本地投资，地方政府部门作出不少承诺，甚至还签了协议。但一旦民间资本进入了，工程建设开始了，或建成后投产了，原来的地方政府部门负责人已调走，新任的地方政府部门负责人以种种理由不承认前任地方政府部门负责人的承诺或已签订的协议。一切需要从头开始。民营企业家对此无可奈何，想撤资，已经太晚了。地方政府部门及其负责人不讲诚信的行为，使民营企业投资者叫苦不已。

第二，地方政府部门以公共服务设施建设、公益事业的开展或文化教育卫生事业的设施建设为由，让民营企业解囊相助，甚至有些是硬指标；否则就会借各种各样的名目来刁难民营企业，甚至采取传讯、拘捕和没收私人财产等做法。这是一种变相的敲诈勒索，根本置法律于不顾。民营企业在这种情况下不得不"捐赠"。

第三，借口民营企业若干年前筹组过程中，有些不合程序，手续不齐全，或少报了某些资料，尽管当时有当时的规定、当时的惯例，但仍翻开旧账，予以清理，并作出处置。结果，民营企业被扣上侵占国家或集体资产的帽子，财产全部或部分充公。

第四，地方政府部门有时还以"涉黑"、勾结黑社会头子、行贿等罪名，先威吓民营企业家，如不老实就范，就以上述罪名拘捕，并处没收个人财产。这种情况一旦发生，申诉也没有用处。

上述四种情况在国内某些地方发生过。它们给民营企业和民营企业家个人所带来的损害，不知道要比民营企业在经营过程中所遇到的种种损失大多少倍。

三、怎样化解民营企业面临的上述困难

（一）产权保护问题

要化解民营企业所遇到的上述困难，不能仅靠民营企业自身，政府应

当正视自己的责任,应当有针对性地采取相关的措施。特别是对于民营企业的产权保护,政府一定要根据法律法规,端正自己在市场经济中的位置,而不能凌驾于法律法规之上,不能置法律法规于不顾。这是发展民营经济、增强民营企业家和民间资本持有人的投资信心、经营信心的最重要手段。

有法必依,违法必究。政府一定要依法治国,无论哪一级政府官员都必须遵守法律法规,不能以言代法,以权代法,不能出现"权比法大"的现象。这是调动民营企业和民营企业家积极性的保证。

人人都要讲诚信,各级政府无一例外,各级官员也无一例外。新任地方政府负责人没有理由片面地撕毁前任地方政府负责人同民营企业签订的合同。合同是有法律保障的。如果新任地方政府负责人认为前任地方政府负责人同民营企业签订的合同确有不妥之处,损害了国家利益,甚至有行贿受贿行为,那也应当通过一定的程序,通过法院来解决,而不能由新任地方政府负责人一个人说了算。司法应当是公正的。这样,才能服众。

至于对待企业若干年前的产权界定和产权纠纷,也应当以当时的有关规定和当时的惯例为依据,要合情合理,不能动不动就以侵占国家资产和集体资产的名义来处理,一切都应实事求是。如果当初的做法确有不合理之处,也应既不夸大,也不缩小,该补缴款项的补缴款项,该处罚的处罚,该赔偿的赔偿,该属于企业的属于企业。这样才能维护地方政府的威信,妥善地解决遗留问题。

总之,关于民营企业的产权保护,应当作为一个关系到今后民营企业能否健康发展的首要问题来对待。如果随意剥夺民营企业产权的事件不依法处理,那么其危害性是不可忽视的。这将迫使民营企业"见好就收",即不再信任政府,一有机会就撤出投资,转移境外,或资本闲置,持有资本的民营企业家向"食利者"转化。

(二)政府职能转变

民营企业在经济运行中所遇到的困难有不少与政府坚持过去的做法不

变有关。按理说，在社会主义市场经济体制下，要认识到政府职能在于做好政府应当管的事情，即政府只做市场做不好或市场做不到的事情，如维护市场秩序和维护公平竞争原则。但实际上，政府这只"看得见的手"不断表现为"闲不住的手"，政府的干预到处存在，许多不该由政府插手的事情，政府也从不放过。审批太多，造成了政府管得太死。比如说，民营资本想进入某个领域进行投资，或者根据市场情形，准备扩大生产规模，新建项目，申请手续十分烦琐，一道一道报批。在一次座谈会上，有的民营企业家抱怨说："多一道审批，多盖一个公章，就会多一份'好处'。"这种"好处"就是办事机构及其工作人员的利益。所以取消或简化审批，就是损害某些既得利益者的利益，阻力当然很大。

真正需要政府认真去做的，是维持市场秩序所必要的监管工作。"少一些审批，多一些监管"，这是座谈会上不少民营企业家的呼吁。如果政府该做的做到了，民营企业和民营企业家们一定会拍手叫好。

（三）关于行业垄断

从"非公经济36条"公布后，行业垄断现象一直受到人们关注，但"玻璃门"、"弹簧门"之类的批评声音也一直存在，这说明行业垄断现象并未消失。问题未能解决的关键究竟在哪里？在进行调查时听到了下述三种说法：

一是，细则还未出台。稍后，"非公经济新36条"也出台了，但民营企业家仍呼吁细则应尽快出台。有些细则虽然公布了，但相关行业的民营企业家认为，细则仍旧笼统、含糊，没有解决实际上的领域准入问题。

二是，认为领域准入问题之所以难解决，主要同地方保护主义有关。具体地说，在某些地方，由于地方政府为了保护本地的企业尤其是国有企业，担心它们被新加入同行业的民营企业打垮，因为民营企业有较强的竞争能力，从而不准许外地的民营企业家到本地设新厂。这种地方保护主义倾向根本置国务院公布的"非公经济36条"和"非公经济新36条"于不顾，依然我行我素，把民营企业拒之门外。

三是，行业垄断以提高准入门槛作为借口，对外说，某某行业从不限制有资格的民营企业进入，只是它们的资格不够，所以才不准它们进入，因为"降低资格审查标准"是不符合国家利益的。反对民营企业进入的部门甚至提出：行业垄断现象实际上是不存在的，存在的只不过是进入的资格审查，申请加入该行业的民营企业只要等到资格审查这一关通过了，就可以进入了。

三种说法振振有词，结果，都成为回避"行业垄断"问题的人的挡箭牌。事实上，迄今为止，行业垄断现象在现阶段的中国仍继续存在。遮遮掩掩的回避行业垄断存在的说法，抹杀不了真相。究竟怎样解决这个难题？关键仍然在于政府的改革决心和改革措施。要选择好突破口，突破口就在能源、铁路、金融等重点领域。民营企业对此应有信心。

（四）减税

民营企业在经营中遇到的困难之一是税费过重。这个问题的化解方法同样在于政府税制改革的决心和措施。

我们在一些省市同民营企业家座谈时询问："税费负担重和融资难这两个困难相比，你们认为哪个应当先解决？"得到几乎众口同声的回答是：首先应当减少税费。他们解释道："融资当然困难，但经营亏损并不是单靠融资比较方便这一项措施就能解决的。如果税费负担还是那么沉重，融资有什么用？税负重，税外有费，更是雪上加霜，迟早我们会关门大吉。"这些话反映了事实真相和民营企业家的失望情绪。

据调查，按紧急程度来排顺序，排在第一位的是产权安全，这是民营企业家们认为最重要的问题。在他们看来，产权得不到确认，得不到保护，甚至一夕之间就会被侵占，难道还有比这更迫切需要解决的问题吗？排在第二位的是减少税费负担。民营企业家们认为，税费负担过重，企业无利可赚，甚至赔本生产、赔本经营，多生产多赔钱，长此下去，还有什么积极性可言？再往下排顺序，才是融资难、要素成本上升、政府管得太多太死、领域准入等问题。不仅一个城市有这种排序，这可能是比较普遍的问题。

（五）融资难

融资难是一个老问题了。企业界、学术界以及基层政府部门为民营企业、中型企业、小微企业的融资难问题呼吁了多年，但至今没有得到有效解决。仔细分析，这里既有企业本身的问题（如摊子铺得太大，资金使用效率低下，经营管理不完善，缺少合适的抵押物等），也有金融机构方面的问题（如金融业务重心上移，基层没有较大的金融机构，认为给较小的企业贷款成本高，担心抵押贷款不偿还时金融机构无法处理房屋和土地等抵押物，以及负责贷款的金融机构工作人员讲人情、收受礼物和现金等）。但无论如何，政府对此同样应该承担一定的责任，这主要反映在有关政府部门议而不决，没有扎实的金融改革措施，以致企业界和学术界呼吁了多年的融资难问题未能通过金融改革来解决。民营企业反映：政府只要狠下决心，民营企业融资问题不是不能解决的。但为什么有关政府部门未能提出一个让民营企业和金融机构双方都满意的金融改革方案呢？这个问题相当复杂，确实需要统筹安排，不能顾此失彼，即既不能造成信贷膨胀，使宏观经济失衡，也不能使坏账率上升，影响金融安全。

归根到底，根本原因仍在于缺乏顶层设计，从而不可能使完善市场经济体制下的金融改革方案早日出台。正如产权保护、打破行业垄断、企业减轻税负同样需要有顶层设计一样，任何临时性的补救措施始终解决不了根本性的问题。

四、民营企业的体制转型

上一节着重讨论了政府应当如何帮助民营企业克服当前面临的问题。

我们相信，只要政府下决心，根据顶层设计的安排，并且一步一步落实，民营企业不仅可以克服眼前的各种困难，而且可以大大增强信心，为今后民营企业的大发展创造条件。

那么，从民营企业本身的角度来看，民营企业应当怎样自我调整、自我完善来适应变化中的新形势呢？难道民营企业停步不前，仍按照原来的发展方式走下去，就能适应新形势吗？肯定是不行的。于是，必然出现民营企业的体制转型问题。

民营企业体制转型已刻不容缓。然而据了解，不少民营企业目前还没有认识到体制转型的必要性。简要地说，当前民营企业急需体制转型，也就是说急需转变发展方式。无论是国有企业还是民营企业，在民营企业中无论是已经在主板市场、中小企业板市场、创业板市场上市的上市公司，还是依然保留着传统形式的家族企业，都要转变发展方式，实现体制转型。

企业发展方式的转变是同宏观经济发展方式的转变一致的，也是相互配合的。从宏观经济层面说，要把追求 GDP 数量变为追求 GDP 的质量即经济增长质量，要把数量型的增长变为效益型的增长，要从结构失调状态转向结构优化，这已经是宏观经济发展的规律，企业必须随之转变发展方式。如果企业依然停留于原来的发展方式上，重产值，重扩大规模，而不追求质量，不重视成本与收益之比，不注重生态保护和环境治理，不在自主创新和产业升级方面做出成绩，困难会越来越多，最终一定会被淘汰出局。市场是无情的，企业不致力于转变发展方式，融资再多有什么用？领域准入再怎么放宽，又有什么用？这种坚持传统发展方式的企业，等待它的只有停产、破产、被兼并重组的命运。要知道，这一切都应以民营企业体制转型，即转变发展方式为前提。如果民营企业转型成功，能够融资方便、融资多，将更利于企业的发展。同样的道理，如果民营企业发展方式的转变顺利，领域准入放宽了就会加快企业的发展，这是不言而喻的。

为什么民营企业转变发展方式就是体制转型呢？可以从两方面来分析。

一方面，转变企业发展方式以及企业发展方式转变以后的大发展，都同产权清晰和产权明确界定有直接的关系。从民营企业出现的产权纠纷或产权受侵害的角度来看，造成这方面的困难固然有政府的责任（如政府撕毁原有的合同，政府部门新负责人不承认过去的承诺等），但也有企业自身的问题，如从建立民营企业之时起，产权就是不清晰的，也从未清晰地界定过，是一笔糊涂账。即使后来上市了，但并未厘清从前的老问题。这样，后来就发生了这样或那样的产权纷争。这是阻碍民营企业今后发展的因素，甚至会使民营企业落入"产权陷阱"中，长久无法脱身。

因此，民营企业体制转型的一项重要工作就是产权界定，使民营企业的产权清晰，投资主体明确。上市公司一定要符合上市的标准，股权结构要公开透明。未上市的家族企业也应当使产权清晰，以免成为以后发展的障碍。有些家族企业的产权模糊，可能今天不会有纠纷，有冲突，但谁能保证今后永远不会发生麻烦？产权清晰越早越好，这已被许多事实所证明。

另一方面，转变企业发展方式以及企业发展方式转变以后的大发展，也同企业决策民主化、科学化直接有关。民营企业中的上市公司，一定要建立完善的法人治理结构，有规范的决策程序，对企业中的重大事件作出决定。如果法人治理结构至今不完善，或形同虚设，那么一定要改革，这就是体制转型。如果是民营企业中的家族企业，并未改组为上市公司，仍由"家长"说了算，那么决策可能是传统式的。即使"家长"是位能人，有经验，但经验可能是财富，也可能是包袱，会给企业经营带来困难。所以家族企业也应当走民主决策、科学决策的道路。另外，股权和管理权不是天生合二为一的，二者可合可分，而且分是常态。股权和管理权的合一是有条件的，包括家族成员在内，任何人进入管理层都是有条件的，要符合家族企业的议事规则，否则未来在企业经营过程中会发生纠纷，甚至导致家族企业分裂。经理制已经被越来越多的家族企业采用，经理可以是外聘的，也可以从家族成员中产生。如果从家族成员中产生经理，同样需要符合程序。

以上两个方面告诉我们，民营企业要转变发展方式，其中就包括了产权界定、产权清晰化，也包括企业决策的民主化、科学化。只有这样，企业才符合现代企业的要求。庆幸的是，现在不少家族企业已经认同这种看法。它们愿意保留家族企业的形式：或者改为家族控股的上市公司，或者暂不上市，但产权走向清晰化，企业经营决策也走向民主化、科学化，已经成为共识。

五、从小业主意识到现代企业家理念

中国改革开放以来，涌现了不少来自民间的企业家，他们通常被称作"草根企业家"。"草根"就是民间底层的意思。

这些"草根企业家"大体上已经历过两次观念上的更新。起初他们具有浓厚的小农意识，特征是眼界不宽，常常以温饱为目标，行为偏于保守，坚持"肥水不流外人田"的信念。即使他们创办了小企业，但以此为满足，似乎人生到此就可以止步。这是改革开放初期常见的现象。

市场是教育人、培养人的地方。这些当初带有小农意识的"草根企业家"在市场拼搏、滚打中成长起来了，他们有了市场观念，逐渐具备了小商人意识、小业主意识。这是他们经历的第一次观念更新，即由小农意识过渡到小商人意识、小业主意识。这两种意识的主要区别在于：小商人意识、小业主意识对市场的认识加深了，拓宽了。"草根企业家"不再像小农那样有浓厚的宿命思想，认为命运安排全在老天爷手中，只能靠天吃饭，只能听命，从而小富即安，留恋故土，自给自足就行了。他们有了小商人意识、小业主意识后，一个最显著的变化就是懂得了在市场中拼搏、滚打是可以改变自己的命运的，市场是自己改变命运的场所。正因为如此，所以"草根企业家"对前景有了信心。在逆境中，知道只要依靠自己艰苦奋斗，同时向同行们学习，靠朋友们帮助，并抓住机遇，就能逐步做大，逐步取得事业上的成功。因此那些来自民间底层的"草根企业家"都是依靠自己和家庭成员的刻苦而发家致富的。他们有了初步的积累，并不满足，总想继续扩大规模，走出家乡，到更广阔的市场中闯荡。

但小商人意识、小业主意识同现代企业家理念还有很大的差距。不少"草根企业家"在小商人意识、小业主意识的引导下走过一段路之后，又常常会停留在这一阶段。尽管对他们来说，已经今非昔比，但他们又开始迷茫，不知道下一步怎么办？于是产生了"适可而止"的念头。当初创业时的抱负在几经市场动荡后，或者自己受到了挫折，或者看到同行们相继受到挫折，开始有些消沉，有了"见好就收"的念头。

然而，其中有些"草根企业家"依然在市场中继续拼搏，他们的目标是成为新的创业者，朝着现代企业的目标前进。他们正在经历又一次观念更新，这就是由小商人意识、小业主意识向现代企业家理念转变。

究竟什么是现代企业家理念？归结起来大体上有四个特点。这四个特点也就是现代企业家理念同小商人意识、小业主意识的深刻区别。

第一，产权意识。

小农、小商人、小业主不能说没有产权意识。"草根企业家"在经历从小农意识向小商人意识、小业主意识转变时，也不缺少产权意识。他们知道哪些财产是自己的，哪些财产不是自己的。如果自己的财产被别人侵占了，他们会力争力保。但他们通常只是从传统财产观念的角度看待这一切。他们缺少现代企业经营中的产权意识。比如说，企业的兼并和资产重组是生产要素重新组合的开始，这不能被简单地看成是产权的损失；如果说产权有损失的话，那么在兼并和重组之前就已存在了，而生产要素的重新组合恰恰是产权重新发挥作用的起点。又如，企业破产无疑是产权的损失，但恰恰是企业破产才能尽可能地防止产权继续损失。再如，企业转制为上市公司，便于界定现有产权，为下一步扩大产值和使产权带来更多利益准备条件。可见，在现代企业经营中，对产权作用的重新认识有助于企业的发展壮大。

第二，风险意识。

现代企业家不仅要善于估算投资的风险、经营的风险，更要善于冒风险，开创事业。任何投资、任何经营总是难免风险的。难道一遇到有风险的投资项目，就不敢冒险？就退缩？就止步？那样的话，什么事情都干不成。现代企业家要敢于投资，敢于创新，也就是敢于冒风险。对风险当然要仔细评估，但评估也有不符合实际之处，何况任何创新的利润率是多少，事后才知道，因为这是前人没有做过的事情。缺少风险意识，不可能成为现代企业家。

第三，创新意识。

在经济学中，企业家和创新者是同义语。创新，能获得潜在利润；创新者必须有眼光（发现潜在利润之所在）、有胆量（敢于冒风险）、有组织能力（组合生产要素并产生高效率的能力），这也就是成为企业家的必备条件。现代企业家同小商人、小业主的区别在于：现代企业家既懂得创新的必要性、迫切性，又从事创新，敢于创新，靠创新立业和靠创新建立品牌，靠不断创新来扩大自己在市场中的份额。

第四，团队意识。

团队，是指两种意义上的集体。一是本企业内部的科技研发人员、管理人员、经营人员和广大工人，他们构成了企业团队。二是同行业的其他企业，构成了同业团队。如果是"走出去"的企业，那么就构成中国企业团队，不分国有企业还是民营企业。团队依靠的是认同感，有了认同就有了凝聚力，依靠凝聚力就形成了竞争力。无论哪种意义上的团队和团队意识，都是必要的。从这个意义上说，一个成功的现代企业家，绝不是孤身一人在拼搏。企业家个人再聪明、再能干、再刻苦耐劳，也成不了大事；他必须依靠团队，他也懂得如何组建团队，使团队发挥应有的作用。

常言说得好："小富靠勤奋，中富靠机遇，大富靠智慧。"这并不意味着勤奋、机遇对大富就不重要了，只是说，大富固然也靠勤奋，也靠机遇，但更重要的是靠智慧，靠大智慧。大智慧体现于何处？正是体现于现代企业家必备的产权意识、风险意识、创新意识和团队意识之中。

第三节 金融改革的深化

中国自1979年改革开放以来，已经过了30多年。通过改革和开放，从社会主义计划经济体制向社会主义市场经济体制的转型取得了很大成绩，市场机制已初步形成，但市场体制下的经济运行自我调节的机制还不健全，仍过多地依靠行政干预和宏观经济调控发生作用。

金融就是一个明显的例子。比如说，在转型期间，正因为市场体制下经济运行的机制不完善，经济总是呈现较大的波动，于是长期存在"投资冲动怪圈"现象，盲目扩大投资，增加信贷额，从而造成了货币流通量过多，导致投资拉动的通货膨胀，物价不断上涨。为此，中央政府不得不转而采取紧缩措施，压缩投资，压缩信贷，货币流通量减少了，物价上涨的趋向终于被抑制住了。但这样一来，又出现了另一种情况，即经济增长率下降了，失业率上升了（尽管在现阶段，中国只有城镇登记失业率，因为假设承包土地的农民是充分就业的，所以城镇登记失业率中不包括已离开土地或失去土地的务工农民、进城农民的失业和无业），中央和地方的财政收入减少了，中央政府不得不再次放松银根，刺激经济，增加信贷，增加货币流通量。于是又回到了紧缩以前的宽松状态，预示着通货膨胀又会来临。如此周而复始，大起大落，大升大降，"投资冲动怪圈"现象始终没有消失。这表明中国体制转型期间内生机制因不完善而未能充分发动调节作用，只有靠行政干预和宏观经济调控手段才能维持经济的运行。

这就是对深化金融改革必要性的应有的认识。

一、金融改革的目标

金融改革需要深化，关于这个问题，前面已经谈了。接着，我们应当明确的是：中国金融改革的目标究竟是什么？我们怎样才能逐步实现这一目标？实现这一目标的主要阻力何在？

从中国金融的现实情况和社会主义市场经济体制下金融机构作用的角度来考察，深化金融改革的目标应当从总体目标、金融机构目标、金融结构目标三个方面来确定。这是因为，这三个目标分别是宏观的目标、微观的目标和结构的目标，它们构成了一个完善的体系，把改革的任务具体化了。三个目标的结合，才反映出未来中国金融的全貌和总的走向。

在宏观目标方面，又可以概括地说，中国金融体制应当成为以市场调节为第一次调节，即基础性调节的体制，市场调节覆盖全社会。中国金融体制同样应当成为以政府调节为第二次调节，即高层次调节的体制，政府调节也是覆盖全社会的。市场的基础性调节和政府的高层次调节之间的关系，在《非均衡的中国经济》一书中已经作了阐述，这里只重述要点。社会主义市场经济体制下市场的基础性调节和政府的高层次调节的关系是：凡是市场能够做的，就让市场去做；市场做不了的，或市场做不好的，才由政府去做。换言之，政府的高层次调节尽管也是覆盖全社会的，但市场能做的都由市场去做，政府只做市场做不了和市场做不好的事。具体地说，像有关金融的法律、法规和规章制度的制定，金融监管，货币政策的制定和执行，货币发行，外汇管理，金融市场秩序的维护，有关金融的总体规划，政策性银行的建立和经营方针，这类工作就只能由政府去做，因为市场调节是做不了的，力所不及的。

在微观目标方面，主要是界定各商业性金融机构的目标及其任务。商业性金融机构的目标及其任务，总的说来就是争取达到最佳效益。效益分为两类：一是企业效益，为投资者获得尽可能好的企业效益，促使企业发展壮大；二是社会效益，包括为国民经济和客户提供优质的金融服务，提供新的金融产品，促进国民经济稳定和增长。此外，金融机构的社会效益还包括帮助贫困地区和贫困人群的脱贫致富。企业效益和社会效益之间可能有些冲突，商业性金融机构必须善于协调，并能通过努力，做到二者兼顾。以商业银行对中小企业、微型企业和农户的贷款为例,这类贷款往往成本较高,企业效益较少,但由于贷款帮助了中小企业、微型企业和农户的生存与发展,社会效益很好,这同样是商业性金融机构的一大业绩。如果商业性金融机构能够努力降低成本,扩大服务领域,是可以兼顾企业效益和社会效益的。

在结构目标方面,主要的问题在于:金融体系中结构不协调相当突出。以银行业为例,国家控股的大型商业银行强大,政策性银行和中型股份制商业银行偏弱,而在基层,更缺少能在小城镇和农村开展业务的小型商业银行,以致越向最基层走,银行越少,许多业务没有开展,银行对基层经济发展的支持很小。又如,以银行的服务对象分类,银行对实体经济领域内的企业关注不够,而对虚拟经济领域内的企业的关注相比之下要多得多,以致信贷资金大量流向虚拟经济领域。实体经济领域,尤其是制造业,资金不足问题一直没有得到解决。再如,现阶段中国经济中有一个值得注意的现象,即民间资本相当充裕,但没有正常途径使它们从地下金融转为正式金融。如果地下金融的资金更多地转为地上金融的资金,肯定对中国经济发展有利,但这一转变至今未能实现。这些都是金融结构中急需解决的难题。

进一步分析,金融结构改革或金融结构调整中还有许多问题有待探讨和解决。仍以银行业为例,可以列出一些待探讨和解决的项目。

比如说,如今的银行体系是否适应于双重转型的要求,是不是需要在现有金融机构的基础上,采取企业重组和结构调整相结合的方式,进行合并或拆分,以效率提高为目标,展开重组?但这种合并或拆分的重组,一定要由企业自愿参加,企业必须有自由选择权和决定权,而切不能由政府策划和主持,更不能由政府强制推行,那种"拉郎配"方式的恶果已有前鉴,切不可再犯这样的错误。

又如,如何确定农村商业银行和村镇银行的地位,界定它们的主要服务范围?这也是当前在扩大农村信贷、支持家庭农场和农民专业合作社进一步发展中的金融机构分工的问题。一种建议是：二者的任务可以有所重叠，有竞争更好，但总的说来，村镇银行以小额贷款为主。

再如，有没有必要在城镇化推进过程中成立政策性的城镇建设银行？建立这样一家政策性的城镇建设银行，是为了实现特定的城镇化目标，为一定的城镇提供中长期贷款，以及为城镇化建设中的公共服务设施提供融资，以促进廉租房建设和环境治理等项目的完成。这与城镇化过程中的商业贷款是不矛盾的。城镇建设银行是一家政策性银行，其性质与其他政策性银行相同。新建这样的银行是金融结构改革的一项重要举措。

二、关于利率市场化

根据前面已经谈到的，中国金融改革应当循着市场调节为基础性调节、政府调节为高层次调节的道路前进，所以利率市场化将成为改革的大势所趋。

利率市场化不等于利率自由化（或称对利率的自由放任）。应当取消对利率的管制，但这不等于对利率的波动不管不问，听其自然。利率市场化是有利有弊的，改革过程中一定要稳步推进，不能希望速战速决，更不能打算"毕其功于一役"，必须统筹安排，通盘考虑。利率市场化对中国银行业的震动以及由此带来的近期利弊和中长期利弊仍然有待于探讨和权衡，并且需要有较为细致的对策。

就近期来说，利率市场化有助于调动民间资本进入金融市场的积极性，从而可以扩大金融业规模；有助于调动金融机构加强经营管理的积极性，从而可以提高金融机构的效率，使资金得到更有效的使用；同时，有助于抑制地下金融活动，抑制高利贷行为。然而从近期来说，利率市场化的一个最大的弊端在于它会给中小型银行，特别是社会底层的金融活动，即所谓"草根金融"带来程度不等的冲击，使它们一时难以适应市场环境的变化，有些实力单薄的金融机构甚至会因此陷入困境。当然，这种压力对中小型银行和"草根金融"也有一种提升自己的市场竞争力的作用，迫使它们进行改革，发奋图强，可谓"置之死地而后生"。所以这就很难判断利率市场化对它们究竟是好事还是坏事了。机遇是相等的，事在人为。

从中长期来说，利率市场化的好处有三点：一是使中国银行业同国际银行业接轨，提升中国银行业在国际市场的竞争力，并加速中国银行业与国际同行的合作，从而提升中国银行业在国际市场中的地位；二是使中国银行业的资源配置效率提高，资金可以得到充分的、有效的利用，这对于中国经济的进一步发展是有积极意义的；三是对中国银行业整体来说，抗风险能力增强了。大中小银行由于长期躺在国家身上，靠固定的存贷款利率之差有利可得，从而放松了对经营管理的关注和对风险的防范，实际上成为靠利率管制而生存的、麻木的金融机构，这对于今后银行业的成长是极其不利的。因此利率市场化势在必行，从中长期看，利率市场化的好处尤其显著。

那么，从中长期看，利率市场化有什么弊端吗？弊端仍是有的，最重要的是利率市场化之后国内经济的波动会加大，受国际金融风暴的影响也会比过去大得多。这是因为，政府对国内利率的管制和对存贷款之差的限制，可以减少国内经济的波动或降低国内经济波动的幅度；而利率市场化后，国内经济无论受到自身因素的影响，还是受到国外因素的影响，都会发生较大的波动。这究竟对中国经济是一件坏事还是好事，还不能轻易作出判断。中国经济的深化改革并不是仅有金融改革这一项，更不是仅有利率市场化这一项。减少国内经济波动和减轻国际金融风暴对中国经济波动的影响，有待于国内经济其他改革的配合和改革成果发挥作用，而不能把利率市场化看做产生影响的唯一因素。加之，即使利率市场化在这方面有影响，也应当根据实际情况，从中汲取经验教训，使利率市场化更加完善。实践为利率市场化的完善提供了条件。从这个意义上说，对利率市场化的所谓弊端，又该重新认识了。

这还涉及对利率市场化的总体评价问题。利率市场化并不是金融改革深化中唯一的一项改革。利率市场化本身也涉及许多方面的配套措施，例如前面已经提出的加强银行的风险管理工作，提升中小型银行的经营管理水平和抗风险的能力，以及所有的银行都不能再依赖利率管制条件下靠存贷利差稳收利润的做法，等等，这才能对利率市场化作出正确的总体评价。

不应忽略的是，前面已经提到，利率市场化绝不等同于利率自由化，不等于政府对利率不管不问。政府调节作为一种高层次的调节，应当做市场做不了的事情。如果金融市场波动过于剧烈，引起的经济震荡已经不是市场自行调节就能化解的，那么政府的宏观经济调控依然是必要的，尤其是在紧急状态下政府是可以使用行政手段来处理的。美国和西欧发达国家在这方面都有过先例。

在讨论利率市场化改革时，还需要补充两点，这就是利率市场化不宜某一地区先试点，以及货币调控时，松紧的调节应当是对称的，否则将对利率市场化的推行不利。现将这两点阐释如下：

1. 为什么利率市场化不宜某一地区先试点，其他地区等试点有成绩后再推广实行？

这个问题同价格改革一样，都不宜在某一地区先试点，然后再推广实行。理由是：商品和资金一样，流动性都很大，流动渠道只要通畅，就难以封锁市场，禁止商品流动或资金流动。物价和利率都不是只局限在某一特定地区，除非采取封锁的措施。但那样一来，对经济的危害性就不可忽视。比如说，某一城市、某一省份先进行价格改革，放开价格，其他城市、其他省份的大大小小的商人就会通过不同渠道把商品运送到那里去出售，市场的正常秩序就被打乱了。下一步价格改革怎么推进？某一城市、某一省份先进行利率市场化试点，同样会发生类似的情况。其他城市、其他地区的资金也会不规则地流动，或者导致资本流向试点的城市和地区，或者吸引资本来到某一非试点地区，资金市场的正常市场秩序不就被破坏了吗？

2. 为什么货币政策调控的松紧不对称会不利于利率市场化的推进？

先要说明货币政策调控的松紧不对称性。这是指：当中央银行采取货币政策调控时，货币政策趋向紧缩和货币政策趋向宽松时相比，效应往往是不对称的。也就是说，当货币政策趋向紧缩时，无论存款准备金率还是基准利率都会上调；而当货币政策趋向宽松时，无论存款准备金率还是基准利率都会下调——这都是正常的。但在中国现阶段，近年来我们所看到的往往是：当货币政策由宽松转向紧缩时，存款准备金率和基准利率由低转高是容易实现的，调整的速度较快，但货币政策由紧缩转向宽松时，存款准备金率和基准利率由高转低则要困难得多，而且调整的速度要慢得多。这就是货币政策调控的松紧不对称性的表现之一。这种不对称性是妨碍利率市场化推行的。原因在于：利率市场化应以市场对利率的灵活性为实行的前提，即利率应随市场的变动而有相应的升降。由紧缩向宽松的转变较难，以及调整速度缓慢，表明利率不够灵活，利率对市场状况的不灵敏，从而会降低人们对市场和利率的信任度，也会由此认为宏观经济调控对市场的控制过多，进而对利率市场化效果的真实性产生怀疑。至于货币政策调控时为什么会松紧不对称，可能是由于中央银行作为货币政策制定和操作者，在指导思想上更看重货币的稳定，所以宁肯偏于紧缩，而没有把经济增长和就业问题放在与货币稳定同等重要的位置。

货币政策调控时松紧不对称的另一表现是：货币政策宽松时，大中小企业都受惠，只不过大型企业受惠更多；而货币政策紧缩时，国有大型企业，尤其是特大型企业仍然受惠，民营中小企业，尤其是小微企业很难得到银行关照，它们成了受害者，于是连续亏损、停产、破产倒闭等现象主要发生在中、小、微企业中。在这种不对称的情况下，利率市场化的推行也会受到消极影响。这主要因为，人们原先认为利率市场化有助于金融领域内公平竞争环境的形成，然而货币政策调控时松紧的不对称却使得国有特大型和大型企业受惠，而民营的中、小、微企业则受歧视、受损害，这难道是公平竞争的环境吗？人们对利率市场化的信心下降了。

三、关于"草根金融"的发展

前面在谈到中国的金融结构和金融结构调整时,曾提及位于中国金融体系最底层的是民间底层金融,即通常被称做"草根金融"的那部分金融。实际上,如果再细分,"草根金融"又可以分为两类:一类是地上的,即公开的、阳光下运作的、正式的"草根金融";另一类是地下的,即隐蔽的、暗箱运作的、非正式的"草根金融"。后一类还可以再分为两类:一类是普通民间的地下金融,另一类则是与黑社会有牵连的、由黑社会分子操纵的地下金融。全国政协经济委员会几年前到广东一些城镇调查中小民营企业融资状况时了解到,有些民间底层高利贷就是黑社会分子操纵的,利率高得惊人,有的短期贷款月息高达10%以上。甚至还有以断手指或绑架债务人的妻子儿女来威逼债务人偿还本息的事件发生。即使是普通民间的地下借款活动,多数仍属于高利贷性质,年利率也高达40%~50%。

关于地下"草根金融"在后面的章节中再谈。这里先讨论地上的"草根金融",如何把它们纳入金融改革的范围,使它们能稳定地、健康地发展,更好地为中、小、微企业和农户服务。

为什么"草根金融"有生存和发展的空间?因为民间有融资的需求。比如说,中、小、微企业和农户在生产经营过程中,有投资和短期流动资金的需要,银行通常没有这方面的信贷业务,或者银行贷款指标已用完,有资金需求的企业和农户告贷无门,只有找"草根金融"解决燃眉之急。一般城乡居民有时也急需资金,如婚嫁、殡葬、家有重病人、子女升学、出国打工或留学、家庭受灾,或家人遭遇意外等,急需钱用,到哪里去筹资呢?只好求救于"草根金融"。照理说,农民家里有地有房的,但地是承包地、宅基地,无法抵押;家中有房,没有房产证,也无法抵押,更不必说转让了。除了找"草根金融",还有什么办法?在农村常说这句话:"借钱方帮了我们家一个大忙",所以"利息多一些,有什么关系呢?"

"草根金融"的地上部分，是有机构的。我们在山东临沂市所辖几个区县调研发现，"草根金融"的正式机构大体上有四种，即村镇银行、小额贷款公司、资金互助社和小额担保公司。有的地方还有正式挂牌的典当行。在贵州一些城镇调研发现，当地除了有上述几种"草根金融"机构而外，农村信用社也正在深入民间底层，发展"草根金融"业务，而且成绩显著。这表明"草根金融"近些年发展迅速，服务面越来越延伸，机构越来越多。

在今后深化金融改革的过程中，不少专家都建议把促进"草根金融"作为重要任务之一。理由是充分的，因为这是同城镇化的推进、中小微企业的新建和成长、家庭农场的扩大经营、农民专业合作社的发展等等密切相关的。在提高中低收入家庭的收入、农村扶贫开发、增加就业等方面有重要作用。但目前"草根金融"机构太少了，不少地方还没有村镇银行这样的机构。许多大中型银行还没有深入到县城以下的广大基层民众之中，开展为基层民众所需的小额贷款业务，这是需要尽快补上的。

但更重要的改革任务在于从政策上对"草根金融"机构进行帮扶。

一是适度放宽"草根金融"的准入门槛，让更多的民间资本进入民间底层，建立小型、微型的金融机构，包括组建村镇银行、小额贷款公司、资金互助社、小额担保公司、正式的典当行等。适当地对这些"草根金融"机构给予资金上的支持，设法让这些"草根金融"机构在经营中有适当的盈利而不至于亏损。

二是成立专门为"草根金融"经营状况担保的保险公司，以防止"草根金融"机构在经营不善时债权人损失过大，同时也能使"草根金融"机构开展业务时有较大的信心。

三是加强对"草根金融"机构业务的指导和监管工作。考虑在地方金融监管部门设立专门的对"草根金融"机构进行监督的办公室，根据"草根金融"的实际情况进行业务指导和监督。

四是帮助"草根金融"从自己的资金和能力出发，开辟新的金融服务项目，如存货单和库存单的质押业务、房产权抵押业务、小额信用贷款业务等。

五是在已建立的中小企业板市场上和今后将建立的第三板市场上，允许有一定规模而且业绩好、信誉好的"草根金融"机构上市。

六是以城市为单位，组织市内"草根金融"的专业协会，促进这些"草根金融"机构之间的互助合作和自律。

对于地下的"草根金融"，应当区别情况，分类采取对策。

对于民间一般的"草根金融"，如果依然处于地下的、隐蔽的状态，要设法解除它们的顾虑，引导它们转入地上，登记成立正式的"草根金融"机构，公开开展信贷业务。如果它们的顾虑尚未消除，或者它们不愿公开自己的身份，所以不愿转到地上，那就要有耐心；只要它们不做违法的生意，不进行超过规定的高利率贷款，那就不必予以取缔。民间只要有需求，地下的"草根金融"就会有生意可做。何况，不仅债权人不愿公开自己的身份，借款人有时也不愿公开自己的身份，因为各有隐私。

至于同黑社会分子有牵连的地下金融，如带有敲诈勒索性质的债务关系，以断手指、绑架人质之类的违法手段逼还本息，必须依法取缔，依法严惩。

四、大中型股份制商业银行参与小额贷款业务的经验

这部分将讨论与大中型股份制商业银行介入"草根金融"活动有关的问题。

民间底层需要融资，中型企业，尤其是小微企业，还有农户、农民专业合作社，都有融资需求。谁来向它们提供贷款？仅靠"草根金融"机构是无法满足它们的融资需求的。即使增设了"草根金融"机构也满足不了它们的需求。这是因为供给与需求是互动的：资金供给满足了融资需求之后，经济活跃起来，经济增长了，于是民间底层又提出了更大的融资需求，再次呼唤着资金供给的增加。所以在增设"草根金融"机构之外，大中型股份制商业银行无论是从振兴次发达地区经济、增加就业、提升中小微企

业的活力和成长、加大扶贫开发力度的角度考虑，还是从扩大本企业的业务和提高企业效益的角度考虑，都有必要进入民间底层，开展"草根金融"业务。

前面已经谈到，"草根金融"领域的贷款工作一直存在两大难题，一是风险大，二是成本高。所以大中型股份制商业银行要介入"草根金融"活动，一定要妥善解决上述两大难题，即如何减少风险，如何降低成本。

在全国政协经济委员会的多次研讨会上，招商银行、民生银行和北京银行的负责人曾经介绍他们的做法，包括在开展"草根金融"业务中，在减少风险和降低成本方面积累的经验。他们的经验如下：

一是批量化。这里所说的批量化，是指贷款业务按贷款的性质进行有效分类，在此基础上对于同类、标准的业务尽可能采取批量化、规模化业务处理模式，以降低业务成本。为了便于操作，具体做法是采取银行与政府合作的"银政联动"方式，使银行同社区、集贸市场、商城建立合作关系，银行以小额贷款扶植小微企业、个体商户、家庭农场等草根经济单位，进而也为银行培育了一大批可靠的客户，而贷款成本和风险都降低了。

二是专业化。这里所说的专业化，是指在对客户认真调查的基础上，了解客户的融资需求，按专业分类，银行提供专项融资服务。这种业务还需结合银行分支机构所在地区的经济特色，"量身定做"服务项目。如对茶商有适合茶商需求的融资服务，对陶瓷商有适合陶瓷商需求的融资服务，等等。这样，既减少了贷款的风险，也降低了贷款成本。

三是投资联动，支持科技创新型小企业成长。具体做法是：银行选出成长性良好的科技创新型小企业，由私募股权基金甄别后，投入资本，然后银行配合贷款，科技部门给予贴息；银行还提供顾问服务，帮助其上市和避险保值等，从而初步搭建起商业银行、科技创新型小企业、私募股权投资基金之间的合作平台。

四是强化中间业务，调整银行的盈利结构。这是在银行之间竞争加剧和纷纷介入民间底层贷款业务后，为防止盈利率下降而必须及早实行的战略性调整。银行的中间业务包括代客理财、保险业务、证券业务等高附加值的业务。即使在传统的存贷款业务中，也应强化经营特色，做好客户定位和市场细分，形成多元化的盈利模式。

总之，在越来越多的大中型股份制商业银行参与"草根金融"活动后，为了防范风险，降低成本，增加盈利，上述四项基本经验不仅可供参考，而且很有推广价值。

第三章
经济发展方式的转变

第一节 论实体经济的回归

一、实体经济回归的含义

实体经济回归（有的文章中用"回归实体经济"的说法），通常与企业空心化联系在一起。或者说，由于出现了企业空心化，才引起实体经济回归（或回归实体经济）的呼唤，即要求货币资金回归到实体经济中来。

企业空心化是指货币资金纷纷撤离实体经济而转入虚拟经济领域，也就是指实体经济空心化。其表现是：资金从企业撤离了，企业成了一个空壳。在中国，这种情况的发生大约开始于2008年美国金融风暴以后，2009—2010年欧债危机的爆发对中国经济的冲击使问题加剧了，引起政府、企业界、经济学界和新闻媒体的注意。导火线是带有偶然性的。可能是由于浙江一带从事出口业务的一些民营企业因受到国际市场萧条的影响，资金周转不灵，欠债到期不能偿还，业主们干脆一走了之，这种情况被称做"跑路"。人一走，牵连到与之有借贷关系的、供货销货关系的一连串企业和业主，最终使一些地方陷入经济秩序混乱状态。

在这段时间内，许多制造业企业一直呼吁贷款难、融资难，尤其是制造业的中小企业、微型企业，它们呼吁银行不要"嫌贫爱富"，不要置民营企业于不顾。在全国政协经济委员会举行的几次经济形势分析会上，委员们都反映实体经济融资难问题的解决已刻不容缓，如果听之任之，不采取有效的对策，中国经济的基础就会动摇，因为实体经济才是中国经济可靠的、坚实的基础。

于是，实体经济的回归成为政府、企业界、经济学家、新闻界的共识。

二、为什么资金会退出实体经济领域

关于"为什么资金会退出实体经济领域"这个问题，可以从三个方面进行分析。

（一）利润率的诱惑

这主要同近年来中国实体经济领域企业盈利状况有关。

20世纪80年代内，由于当时虚拟经济在中国刚刚出现，还没有引起投资者的注意，而改革开放已经开始，实体经济各行各业都赶上了好时机，所以资金进入实体经济领域是正常的。从20世纪90年代后期起，中国经济转入高速增长阶段，各种产品的产量大增，市场竞争越来越激烈。企业盈利已不那么容易了。进入21世纪以后，产量继续增长，市场竞争更趋激烈，制造业企业日益感到利润空间收窄，如果想继续保持原来的市场份额，必须走自主创新之路，而自主创新绝不是那么容易实现的，需要人才，需要资金，还需要时间。于是企业就逐渐把一部分资金转入虚拟经济领域，认为这样钱赚得快，赚得多。这在制造业企业中有示范效应。在利润率的诱惑下，资金就源源不断地流向虚拟经济领域。

据我们在某些省市的调查，有的地方的有些制造业大型企业，感到成本上升，竞争激化，盈利偏少，决定不如保留制造业大型企业这个平台，以便容易得到银行大笔贷款，然后利用贷款投入房地产炒卖，以便赚更多的钱。

（二）领域进入的难易比较

一个投资者要进入什么行业，既要靠他本人的选择，也要靠他的亲戚朋友的建议。我曾率领全国政协经济委员会调研组在珠江三角洲一些城市调查，据工商界人士的反映，新投资者进入实体经济领域比进入虚拟经济领域要困难得多。具体地说，进入实体经济领域某个制造行业投资建厂的困难是：入该行的门槛高，起始时投资数额较大，在当地需要有较好的人际关系，本人在这个领域内应有一定的从业经验和专门技艺，有一些自己熟悉的骨干职工能为企业的创建和经营出力，而且登记注册的手续烦琐，此外还要有融资渠道，否则资金链易于断裂。相形之下，投资进入虚拟经济领域则要容易得多。比如说，炒股，只要有一笔资金可以动用，头脑灵活些，运气好些，就可以赚一笔钱；又如，放债给熟人，或熟人的熟人，只要自己对借钱人信得过就行了。当然，炒股和放债都是有风险的，但投资于实体经济领域，不一样有风险吗？广东工商界人士在座谈会上的上述发言，是有些道理的。

关于投资于实体经济领域与投资于虚拟经济领域的风险大小的比较，更需要从退出机制和退出难易程度的比较来判断。让我们转入下一个问题的论述。

（三）退出投资领域难易程度的比较

投资实体经济领域，进入要难于投资虚拟经济领域，这一点，前面已经讨论了。现在再就退出的难易程度进行分析。

关于投资实体经济领域的风险大小与投资虚拟经济领域的风险大小的比较,主要不是针对经营过程中的风险。因为在经营过程中,从事实体经济活动与从事虚拟经济活动都会遇到各种新的情况,客观经济条件会发生变化,国际上也会发生预料不到的大变化。从这个角度来看,投资于实体经济领域与投资于虚拟经济领域相比,风险程度几乎差不多,全凭投资者本人在经营过程中所采取的预防风险的措施得当与否,以及对经济形势走向的判断正确与否。

真正的风险与退出机制有关,或者说,与退出正在从事的经营活动的难易程度有关。投资者蒙受损失的大小,往往取决于退出正在从事的经营活动的难易。这恰似一个人已经预感到正在从事的经营活动将会给自己带来巨大损失,想及早退出,但从实体经济领域中退出却比从虚拟经济领域中退出要困难得多。退出越难,蒙受的损失就越大,这是不言而喻的。

为什么实体经济领域的投资者难以退出呢?主要是在经济形势严峻时,制造业企业前景不佳,出让工厂,很难找到买家;而在经济形势趋向繁荣时,制造业前景看好,想投资于制造业,想购买一个现成的工厂,却又找不到卖家。

既然现存的工厂难以转卖出去,只好申请破产,但破产的申请要有一定的程序,手续烦琐,再加上清理债权债务关系、遣散职工、处理善后工作等,同样花费时间、精力和资金,所以使投资者继续蒙受损失。

相形之下,一个在虚拟经济领域从事投资和经营活动的人,在预感到经济形势的变化对自己不利时,想退出这一领域,却要容易得多。这实际上意味着,从规避风险的角度看,投资于虚拟经济领域比投资于实体经济领域要容易应付时局的变化,因为投资人在退出时没有那么多遗留问题需要处理。

在这里还可以作一些补充。前面已经提到,实体经济领域对新投资者来说是进入难,而一旦进入以后,在经济形势恶化时,退出也难。以后,一旦经济形势好转了,投资者退出后再想进入,那就更难了。因为在制造业领域,特别是在同一个领域,即投资者本人比较熟悉的那个领域,会在同行中受到种种误解,声誉不如以前,业务也不容易开展。

综上所述,这三种情况导致资金宁愿进入虚拟经济领域也不愿进入实体经济领域的局面。

三、资金从实体经济领域转入虚拟经济领域的严重后果

实体经济是一个工业强国赖以生存和发展的经济基础。基础越扎实、越巩固,今后发展的前景就越广阔。如果资金撤离实体经济领域的趋势不能被遏制,资金撤走的数量越来越大,造成一再提到的企业空心化现象,那么将会对国民经济产生严重的后果。

大体上说,以下三个严重后果是明显的。

(一)实体经济领域资本供给严重不足

实体经济领域和虚拟经济领域之间资本流动频繁,既有从实体经济领域流入虚拟经济领域的,也有从虚拟经济领域流入实体经济领域的,各有流进流出,这是正常状态,不会对整个国民经济的运行发生重大影响。

但如果较长时间内实体经济领域的资金不断地流出而进入虚拟经济领域,那就不正常了。新闻媒体说,这等于一步步掏空实体经济,最终使实体经济空心化,正是这个意思。

实体经济领域资本供给不足的严重后果之一是研究开发和自主创新遇到困难。研究开发和自主创新都是需要钱的。企业必须为此筹措经费,但由于资本供给不足以及由此导致的融资成本上升,使想要进行研究开发和自主创新的企业感到左右为难。民间流行着这样两句话:"不创新,等死;要创新,早死。"意思是说:一个企业如果不从事研究开发,不准备实现自主创新,那么迟早有一天会被市场淘汰出局,这就叫做"不创新,等死。"

一个企业如果决定从事研究开发，准备实现自主创新，于是到处筹集经费，但却因融资成本太大，结果还没有等到研发有成果，没有等到创新实现那一天，企业却因负债过重而被压垮了，这就叫做"要创新，早死"。

实体经济领域资本供给不足的另一个严重后果是使不少企业难以维持资金链的正常通畅，从而又影响产业链能否正常通畅。这是前几年沿海省份的一些外向型企业曾经遇到过的问题。那时，我正率领全国政协经济委员会民营企业调研组在辽宁、广东两省考察，先后在大连、鞍山、沈阳、广州、佛山、中山、深圳等城市召开了民营企业座谈会。我们听到的反映是：最早受影响的是从事出口业务的民营企业，它们由于订单减少，商品积压，资金周转不灵，不得不靠借高利贷维持。后来，债款和利息越压越多，再也支撑不住了，不得不停业，资金链断裂了，一下子牵扯到许多民营企业；紧接着，产业链也断裂了，过去上下相衔接的供货销货渠道无法维持下去，一些地方的市场甚至接近瘫痪。最终靠政府资金和政府通过银行发放贷款才稍稍"解套"。这个教训足以汲取，然而损失已经造成了。

（二）虚拟经济领域泡沫滋长可能导致资产价格非正常上涨，而一旦泡沫破裂，又会导致种种后遗症的涌现

当实体经济领域因资金撤离而发生资本供给不足时，虚拟经济领域因为过多资金的涌入而引起资产价格非正常增长。

一个确凿的例证就是从21世纪第一个10年的中期起，大城市的房价就以惊人的速度上涨，北京、上海、杭州、深圳等大城市的房价达到了过去从未有过的高度。哪里来的购房者？一部分是出于正常生活需求的购房户，他们可能因原来人均住房面积太小，想改善家庭生活而购房，包括新婚夫妇或准备结婚的人购买，也包括家长为即将大学毕业、将在大城市工作的子女购买等等；另一部分则是所谓的囤房户、炒房户。两部分人相互影响。越来越多的人想购房，房价当然就上升了。房价越是上涨，想购买的人就越多。早囤房的、早炒房的，都赚了；即使买到手的住宅、别墅暂时空闲在那里，也是赚了，因为需求依然旺盛，房价仍在攀高。那些抢购房屋的囤房户、炒房户的钱是从哪里来的？其中有些是从实体经济领域中转移出来的，也有些是从各种不同渠道、从银行借来的。如果是从银行借来的，岂不是减少了向实体经济领域投放贷款的数额，使实体经济领域的资本供给更加不足？

问题并未止于这一步。一旦虚拟经济畸形膨胀，泡沫滋长，吸引了更多的新投资人进入这一领域，越是如此，就越是意味着泡沫破灭的时机快要来临了。危险积聚着，就等待某一个界限的来到。泡沫一旦破灭，必定产生连锁反应，首先是资金链断裂了，债务链形成了，虚拟经济领域出现的债务危机不可避免地会影响实体经济领域，因为在实体经济领域成本上升，市场竞争激烈，盈利率下降甚至亏损增多，有些制造业企业已经转而投资于虚拟经济领域，也有的制造业企业利用自己的平台，从银行贷到款项，转战于虚拟经济领域，或设立子公司经营，或转借资金给合作伙伴，分享暴利。一旦虚拟经济领域内泡沫破灭，实体经济领域内的相关企业受连累，是难免的。这种情况在前几年也发生过。

（三）虚拟经济领域内泡沫破灭而导致的债务危机和对实体经济领域的牵连，不可避免地导致宏观经济调控政策的调整，结果给国民经济带来了更大的不确定性

对政府来说，实体经济的空心化和虚拟经济的畸形膨胀都是不利于国民经济的健康发展的，政府不能不密切关注事态的进一步变化。而一旦发生虚拟经济领域泡沫破灭，债务危机由虚拟经济领域延伸到实体经济领域，资金链处处断裂而演变为债务链，使整个市场秩序陷入混乱之中，政府决心采取强有力的宏观经济调控手段来消除债务链，最常用的办法就是"注资解套"。债务链又称三角债、多角债，"注资解套"是指：政府或政府通过银行，给债务链上某个企业注入资金，让它用以偿还债务，于是一环紧扣一环，一些企业的债务解套了，就便于更多的企业的债务得以解套。

但这种"注资解套"的做法只能解一时之急，既不能改变实体经济空心化的趋向，又无助于抑制虚拟经济领域内泡沫的再度滋生。

如果在虚拟经济领域内发生泡沫破灭，债务链形成，从而在市场秩序混乱之际，政府采取了不恰当的宏观调控政策，反而会给经济添乱，以后再进行治理会更加困难。

比如说，大量资金从实体经济领域流入虚拟经济领域，炒作各种资产，造成资产价格上升时，政府转而采取紧缩的货币政策，以制止资产价格继续上升。其实，这是一种不恰当的调控政策。因为资产价格上升在这种情况下并非由于市场上的货币太多了，而是因为实体经济领域的盈利率低，资金流出实体经济领域而转入了虚拟经济领域，所以资产被热炒，资产价格才会接连上升。政府这时实行紧缩的货币政策，受害最大的反而是因资金流出而深感资本供给不足的实体经济领域，那里本来已是盈利率下降，再逢货币紧缩，日子不就更困难了吗？

因此，必须认真研究促成实体经济回归的正确对策究竟是什么，怎样才能使实体经济领域得以复苏并继续成长壮大。

下面，我们转入回归实体经济的基本对策的讨论。

四、回归实体经济的基本对策

要让资金流入实体经济领域，必须让资金流入实体经济领域以后有利可得；否则，无论是新投资者还是原有投资者都不会留恋实体经济领域：新投资者不愿进入，原有投资者不愿意继续在这里投资扩建。

因此，这方面实际上存在着两个关键性的问题需要切实解决，这就是：第一，如何让实体经济领域成为有利可得的投资领域？包括如何吸引新投资者使其愿意进入实体经济领域，以及如何使得实体经济领域的投资者不仅不撤离实体经济领域反而愿意增加投资，扩大生产规模？第二，如何解决实体经济领域的企业面临的融资难问题？现分别论述如下。

（一）让实体经济领域成为有利可得的投资领域

根据全国政协经济委员会调研组最近几年在山东、重庆、陕西、辽宁等四省市进行的民营经济调查结果，可以得出初步的看法：民营企业家之所以不愿意投资实体经济领域，主要由于：税费负担重，用工成本上升，土地价格和房价上升，地方政府行为不规范。结果，盈利率过低，甚至较长时间无利可得。新投资者望而止步，老投资者骑虎难下，恨不得早日把这个大包袱甩掉，即把工厂转让出去。

在工商界人士和民营企业家座谈会上，我们听到与会者对上述问题的评论。他们说：

税费负担中尤以费的负担重。因为税还有个"底"，费可能是"无底洞"，除了规定的费以外，还有一些临时性的费，如"赞助费"、"公益性善款"等，这些都列入企业成本之内。

用工成本上升是近几年内有增无减的现象，而且不限于某一城市。企业反映，职工队伍不稳，骨干工人往往留不住，他们要求企业早日解决家属住房问题，企业通常力不从心。

土地价格和房价上升是近几年各地常见的现象。企业普遍认为，这种情况十分不利于扩厂扩建。即使本来有这种打算，也被迫停下来了。

在座谈会上，听到与会者反映最为强烈的是地方政府行为不规范。比如说，前任市县政府领导同某个企业筹备人谈妥条件，在市县境内某处建立一个工厂。建厂工作随即开始，但市县领导更换了，新任领导不承认当时的协议，要增加某些收费，企业筹备人无奈只好同意，否则工程只能中止。又如，市县政府部门某个负责人时常递个条子或打个电话，要推荐某些人到企业中任职，企业只好答允，否则今后会产生彼此之间的不愉快，等等。这些事情，企业认为不能因小失大，所以通常都忍着。久而久之，这些也都成了企业不愿在这里继续扩大业务的理由之一。

由此看来，要让实体经济领域成为有利可得的投资领域，首要的任务是创造良好的市场环境，有法必依，执法必严，违法必究，政府工作人员和企业工作人员一律按法律、法规和规章制度办事，减少政府部门的随意性。

政府部门的随意性最容易导致企业预期紊乱，因为企业不知道在政府部门决策和办事随意性的条件下会有什么后果，从而不知道怎样规划，怎样制定对策。紊乱的预期使企业难以把某一地区、某一行业、某一种产品的生产视为长久不变的预定目标，一切都依形势变化为转移，这才是不变的原则。

至于要素成本上升之类的问题，有些并不是政府部门所能解决的。企业通过自己的经验也懂得这一点。如果政府真的能够管制住价格，不让它上涨，政府就必须恢复计划体制下的种种做法，难道企业希望政府又回到过去那种"政府无所不能"的状态？何况，商品价格实际上是互为成本的，政府单独控制某些商品的价格，也只可能短期有效，时间长了，又会产生其他后果。工资成本，政府更难硬性控制了，在市场经济条件下，冻结工资通常是无效的，这已经为近几十年的各国经济的实践所证实。因此，企业并不指望政府真的把价格管死，把工资冻结住。企业只希望政府理顺价格和理顺工资，不要让某些利益集团为了一己私利而使市场规则遭到破坏。

面对要素成本的上升，企业最好的应对办法是致力于研究开发，自主创新，产业升级，走出一条新路。但这依赖于融资条件的改善。下面，再分析如何解决企业融资难的问题。

（二）让实体经济领域成为可以通过多种渠道顺利得到融资的投资领域

实体经济领域内的投资者，无论是为了扩大生产规模还是为了平时有充足的流动资金，尤其是为了研究开发、自主创新、产业升级、开拓市场、增加自己的市场份额，无不需要良好的融资条件。这是现有投资者安心在实体经济领域内长期经营的保证，也是新投资者准备在实体经济领域内开创事业的信心的依托。

因此，回归实体经济的另一基本对策，就是及早解决实体经济领域的企业面临的融资难问题。

首先要弄清楚一个问题：银行贷款时一是要看贷款方的资产状况和经营业绩，二是要看贷款方的信用记录是否良好，三是要看贷款用途以及该项用途的风险大小。从一般情况看，从事实体经济领域内的企业的上述三个条件都应当比虚拟经济领域内的企业好，前者更有可能得到贷款。然而在实际生活中却往往看到另一种结果，即某些金融机构更乐意对从事虚拟经济的企业（尤其是国有企业的子公司）进行贷款业务。

这是什么缘故呢？这里把个人的因素撇开不谈，包括接受贷款的虚拟经济领域内的企业有关人员同某个金融机构的有关人员有友谊，有个人交往，等等，而只谈近年来客观经济情况的变化。这种变化大体上分为两类：

一类变化是：实体经济受国际市场的影响大，国际市场一有变化，会迅速影响中国制造业的进出口，从而增加了实体经济领域内投资与经营的风险，进而增加了金融机构的疑虑，它们宁肯谨慎些，以免受到牵连。

另一类变化是：实体经济受国内宏观经济调控政策的影响大，宏观经济调控政策一有大的调整，会迅速影响中国制造业企业的订单、价格和库存数量的变化，从而也会增加实体经济领域内投资与经营的风险，进而增加金融机构的疑虑，决定小心行事。

那么，人们不禁要问，国际市场的变化和国内宏观经济调控政策的变化，既会影响实体经济领域的运行，也会影响虚拟经济领域的运行，为什么金融机构在发放贷款时宁肯偏袒虚拟经济领域，而使实体经济领域受到冷遇呢？这在一定程度上同本节前面说过的投资者进入实体经济领域比较困难和退出实体经济领域也比较困难有关。正如前面已经指出的，在虚拟经济领域内，无论是企业还是个人，在看准了投资机会后比较容易进入，预料要发生较大波动后也比较容易撤出。金融机构对于有意在虚拟经济领域内从事投资活动的企业或个人之所以愿意放款，正是考虑到他们进出该领域比较灵活，通常会"见好就收"，所以也就比较放心，给予支持。这样，涉足于虚拟经济领域的企业和个人就容易获得贷款，进行炒作。相形之下，在实体经济领域内从事投资和经营活动的企业或个人，由于缺乏类似的灵活性，在经济形势即将发生较大变化或开始出现较大波动时，往往处于被动状态，也无法撤出投资，损失往往是难免的。

加之，在实体经济领域内，从事投资和经营的不少是国有大企业，它们到底家大业大，实力雄厚，同大银行之间关系密切，它们一般不会有撤出的打算，所以在它们资金紧张时，银行会设法给予贷款支持。至于实体经济领域内的民营企业，尤其是中小企业，在这种情况下是很难从大银行甚至中小银行那里得到贷款的，通常，求助于高利贷是救急的手段。

还应当注意到，在虚拟经济领域内从事投资活动的，有一些是国有企业，它们或者是专门从事这一领域的国有企业，或者是在实体经济领域内从事制造业的国有企业的子公司，进入虚拟经济领域后就从事虚拟经济方面的投资和经营了。由于它们是国有企业，特别是制造业大型国有企业的子公司，所以融资渠道是比较多的。这些都是民营企业自叹不如而又愤愤不平的客观事实。

由此看来，要让实体经济领域成为可以通过多种渠道顺利得到融资的投资领域，必须重视深化金融体制改革，还必须开辟新的直接融资的渠道。

关于深化金融体制改革问题，以及开辟企业直接融资新渠道问题，在本书第二章第三节中已经予以论述。在本节快结束时，将就实体经济的回归和转型再谈一点看法。

（三）实体经济的回归和实体经济的转型应当统一考虑

在现阶段中国，回归实体经济已经成为当务之急。虚拟经济无疑也需要进一步发展，进一步规范化。但必须清醒地认识到，中国这样的大国，国民经济必须建立在扎扎实实的实体经济基础之上。避免实体经济空心化即企业空心化，应当引起人们的关注。

然而，仅仅回归实体经济是远远不够的。技术在进步，实体经济领域内的企业如果不能抓紧改变生产方式，走自主创新和产业升级的道路，迟早都会在市场竞争中失利，最终被淘汰出局。实体经济转型的重要性正在于此。

自2008年金融风暴以后，即便是经济发达的美国、日本、法国、德国和英国的企业也都认识到实体经济转型的必要。它们一致认为，未来市场的控制权取决于谁能引领技术进步的新潮流，谁占领着世界科学技术的制高点。这一认识同世界经济的大趋势是一致的。

在中国，实际上许多在实体经济领域内从事投资和经营的、有眼光的民营企业也已经认清了市场的未来走向，它们不仅坚守在实体经济领域，而且还致力于创新、转型。在它们中间流行着这样的时尚说法：中国在今后较长的一段时间里，不但要继续做世界制造中心，还要争取成为世界创造中心，同时还要做世界的营销中心。企业家愿意为实现这样的目标而贡献自己的力量。

这是可喜的。可喜之处在于：包括这些企业家在内，越来越多的有识之士有了这种认识。中国被称为世界制造中心，这绝不是贬义词。作为一个从农业社会过渡到工业社会的发展转型国家，中国通过多年努力终于成为世界制造中心，这表明了中国的成就。但既然成为世界制造中心，就要保住这个位置而不应丢掉它，更要赋予它新的含义，丰富它的技术内涵。中国正在争取成为世界创造中心，要认识到现阶段距离这一目标的实现还有相当长的距离。但目标既然已经明确，就应当不再犹豫、彷徨，而应当一鼓作气朝前走。"气可鼓而不可泄"，这句话千真万确。

在争取成为世界创造中心的同时，还应当争取成为世界营销中心。通过营销，才能把价值链圆满地完成，才能使附加值得以实现。这将是发展转型与体制转型相结合的重要成就。

第二节 消费需求的创造：扩大内需的核心问题

一、扩大民间消费的迫切性

自 2008 年国际金融风暴在美国和西欧主要国家发生后，中国的出口订单大幅度减少。从此以后，国内经济学界为了防止经济滑坡，扩大民间消费需求的呼声日益高涨，相关的政策建议越来越多。大体上，政策建议者的主张包括：按照宏观经济学家的分析，要拉动经济增长，无非要靠"三驾马车"，即投资、消费和出口；现在，出口订单减少，外销市场疲软，看来近期内很难靠出口来拉动经济增长了，能让出口维持以前那样的速度运行，已经很不容易，要让出口在经济增长中做出更大贡献，那就更加困难。至于投资拉动经济增长的作用，也不易维持下去，理由是：国内当前急需的是结构调整、结构优化、提高经济增长质量。如果大量投资而顾不上细致地审查项目，又会像过去那样重复建设，结果，短时间内可能拉动经济增长，然而却又会导致结构失调的加剧，某些产能过剩的行业又会重蹈覆辙，将来留下巨大的后遗症，使结构调整更加困难。同时，重复建设，而且是低水平的重复建设，不仅会加剧结构失调，还会导致资源的浪费，使资源短缺现象更严重了。加之，大量投资会伴随着信贷的扩张，导致货币流通量增长过快，其后果必定又是投资需求过大引发的通货膨胀，迫使政府不得不转而采取宏观紧缩政策，使经济大热大冷，大起大落，大升大降，对经济增长非常不利。因此，一定要认真汲取过去那些年的经验教训，投资需求拉动经济增长的做法必须适度，适可而止，切不可患上"投资依赖症"，否则就会引发"投资冲动怪圈"的重复出现。

剩下的就是消费需求拉动经济增长这一条路了。消费需求可以分为两类。一类是政府消费需求，另一类是民间消费需求。通常情况下，政府消费的扩大要受到政府预算的限制，所以扩大政府消费并不是随意性的。这里所说的通过扩大消费来促进经济增长，是指扩大民间消费，也就是扩大民间消费在经济增长中的作用。在中国现阶段，民间消费怎样才能扩大呢？这是一个值得深思的问题，因为民间消费扩大的根源在于人们收入的增长、民间购买力的增长、人们购买意愿的增强，以及人们消费倾向的上升，即人们消费支出在收入中的比率上升。

因此，要扩大民间消费，必须根据中国现阶段的实际情况，对上述问题作出回答。

二、收入分配制度改革和社会保障制度改革对民间消费的影响

不可否认，收入分配制度改革和社会保障制度改革对民间消费扩大的影响是明显的。这是影响民间消费能否扩大的两个基本因素。

首先分析收入分配制度改革对民间消费的影响。

正在进行的中国收入分配制度的改革，旨在促进中低收入家庭的收入在现有水平上逐步提升，同时要着手缩小社会收入分配差距，使贫富之间的收入差距不断缩小，最终由金字塔形的收入分配格局，转变为鸡蛋形或橄榄形的收入分配格局。

为此，要认识到现阶段中国低收入家庭之所以贫困和缺少购买力，有不同的原因。对农村居民来说，最大的问题在于他们没有产权，没有财产性收入，仅靠在承包地上种植粮食或饲养少数家禽家畜出售为生。在农村居民中，不少人外出务工，虽然他们有可能得到一些工资收入，但工资仍是很低的。虽然最近几年工资有所增加，但生活费用也增加了，而工资的调整通常是滞后的。他们怎么不穷困？

对城市居民来说，他们最怕失业或成年后找不到工作，成为无业者。

穷人家尤其如此。对他们来说，一旦失业了或长期找不到工作，在各种生活支出连年上涨的环境中，除了靠社会保障和亲友接济外，是无法生活下去的。他们有什么购买力可言？

简单地说，让农民有财产性收入，让城市居民中的失业者、无业者有工作可做，有工资可得，或有其他收入（如做小买卖，凭手艺赚钱），是增加低收入家庭收入的基本措施。

城市居民中的务工者和从农村出来进入城镇的务工者，有一个共同的问题，这就是工资偏低。而且同物价相比，总是物价上涨在前，工资调整滞后。原因主要有二：一是，雇用农民工和城市务工者的单位通常是企事业单位，受雇于企事业单位的城乡务工者是单个劳动者，在工资标准议价时，前者是强势一方，后者是弱势一方，在市场中的地位和议价力量是不对称的；二是，无论城市居民还是农村居民，务工者多数人缺少专门的技艺，而只是简单劳动力，他们不可能凭自己的技术专长而得到较多的工资，这也是他们收入偏少的原因。因此，需要政府和工会组织出面，使弱势的单个受雇者得到照顾，并根据实际情况提高最低工资标准，消除拖欠工资现象，以及纠正对受雇者的其他不公平待遇。

在影响农民的收入方面，还应当从农产品销售和采购方面着手保护农民的利益。这是因为，单个农民作为农牧产品的销售方处于弱势地位，而采购农牧产品的企业处于强势地位，双方的地位和议价力量同样是不对称的，在议价时是不平等的。农民出售的农牧产品在价格上通常偏低，这样也就影响了农民销售农牧产品的收入。这也有赖于两方面的措施来补救：一是农民组织起来，建立农牧业合作社，由合作社出面同采购商谈判，以增加农牧产品销售者的议价力量；二是需要政府出面替弱势一方说话，防止农民在销售农牧产品过程中受到不公平的对待。

在社会保障方面，可以进行改革的领域是宽广的。在这里，我们先回顾20世纪30年代资本主义经济危机爆发后西方经济学界发生的一场争论。当时西方经济学的主流经济学派是新古典学派，有两个代表人物，一个是坎南（Edwin Cannan），另一个是罗宾斯（Lionel Robbins）。他们都是英国伦敦经济学院的教授。他们的观点是一致的，认为要解决当时严重的失业问题的主要办法是政府不要干预市场，不要干预企业的行为，只需要企业采取一个人的工作由两个人做，一个人的工资两个人分，一个人的饭两个人吃，就行了。与此同时，当时年轻的瑞典经济学家缪尔达尔和他的同事们向瑞典政府提交了一份研究报告，认为要缓解瑞典的社会失业问题必须先解决老百姓的后顾之忧。具体措施包括：大量修建平价房供出售，大量修建廉租房供出租，使人人有房子住；实行失业救济金制度；教育免费；公费医疗；实行养老金保障制度等。这些政策措施就是瑞典成为福利国家的开始。当时，凯恩斯经济学还没有出台。凯恩斯经济学的代表作《就业、利息和货币通论》是1936年才出版的。

第二次世界大战结束以后，西方经济学家开会讨论20世纪30年代初期的西方经济学界两派有关失业问题对策之争。新古典学派和瑞典学派究竟谁对谁错？经过讨论，大家一致认为，新古典学派是错的，瑞典学派是对的。新古典学派错在什么地方？要知道，一个人的工作两个人做，一个人的工资两个人分，一个人的饭两个人吃，这只不过是一个企业用于解决内部人浮于事的办法，而不可能用来解决社会失业问题，因为社会购买力并未因此增长。

瑞典学派的主张为什么是对的？这是因为，瑞典学派的政策建议及其被瑞典政府采纳后所实施的福利和社会保障政策，解除了中低收入家庭的后顾之忧，生活安定了，人们敢于消费了，于是消费对于经济复苏和失业缓解起了较大的作用。于是在社会经济中形成了这样一个良性循环，即解除了人们后顾之忧以后：消费支出增长——就业增长——人们收入增长——消费支出再增长——就业再增长……

也就是说，就业是靠就业扩大的。一些人就业了，有了收入，用于消费，又增加了就业，收入再花掉，更多的人就业了。

对现阶段的中国而言，改善民生，改革社会保障制度，早日实现城乡社会保障一体化，解除中低收入家庭的后顾之忧，同样是扩大民间消费的重要对策。

三、消费主导型经济增长不是短期内能实现的，需要一个过渡阶段

中国的经济增长过去和现在长时期内都以投资拉动为主。消费拉动为主（又称消费主导型）的经济增长是今后努力的方向，其中需要一个过渡阶段。如果现在就从投资拉动为主转变为消费拉动为主，消费的力量还不够。如果硬要那样做，经济增长一定滑坡，经济增长率有可能降到5%以下，这是不利于中国经济的。所以我们要从投资为主先过渡到投资拉动和消费拉动并重的阶段，再逐渐转变为以消费拉动为主的阶段。

不妨以第二次世界大战结束后西欧国家的经济增长为例。战后，那里的经济百废待兴，需要大规模建设，投资不可避免地占重要地位。同时，从20世纪30年代资本主义经济危机以后，接着又发生了第二次世界大战，个人消费一直是受压抑的。战争结束后，家家要重新盖房子，添家具，买汽车；又碰上新的家用电器普及了。战后，生育率普遍上升，20世纪70年代又赶上了年轻人的结婚潮、育儿潮，消费需求大为扩张。于是转变为投资需求与消费需求并重拉动经济的阶段。这种情形维持了二三十年。之后，随着人均收入不断上升，才转入消费主导型经济增长阶段。由此看来，今后中国在持续扩大民间需求的过程中，应由投资拉动为主先过渡到投资拉动和消费拉动并重，再逐渐过渡到消费拉动为主，才是符合实际的，也是可行的。

再说，扩大民间消费是一个渐进的过程，不能急于求成，更不能靠政府大量发放津贴补助，促成民间消费迅速膨胀，那种做法不仅无益，反而有害。历史上曾经有过两次教训。

一次是在公元前4世纪末年，马其顿国王亚历山大（即后来被称为亚历山大大帝的那位国王）在重新控制希腊全境以后，渡海东征，击败了波斯大军，灭掉了波斯帝国，波斯帝国皇宫中积累多年的金银宝藏全部落入亚

历山大大帝手中。这些金银宝藏是如何花掉的？一部分被分发给跟随亚历山大大帝东征西讨十多年的退役老兵，作为他们的退役金、奖赏和结婚安家费；另一部分给了跟随亚历山大大帝的退休官员和现任官员，作为奖赏和慰问；还有一部分给了希腊境内各个城邦，作为它们帮助亚历山大大帝东征，出人出船出装备的恩赐（斯巴达除外，因为斯巴达拒不服从亚历山大大帝的命令）。结果大量金银流入民间，造成了长达100年的通货膨胀。为什么会这样？因为供给远远跟不上需求。得到亚历山大大帝赏赐的人，想购买的无非是各种手工业品、食物、建筑材料、服饰等等，需求如此之大，供给怎么跟得上？到处都是货币追逐商品，物价持续上涨不可避免。历史上的这次教训，是有记载的。

历史上还有一次教训，发生在西欧一些国家。时间大约是公元16—17世纪，个别国家甚至延续到18世纪初。当初，西班牙占领了拉丁美洲（除巴西由葡萄牙人占领以外），一些地方的金银矿被西班牙殖民者开采了，一些印第安王国被消灭了，印第安人王宫和印第安人城镇、村庄全被洗劫一空，大量金银财宝被运回西班牙，所以至今仍在大西洋底发现那时的沉船，里面载有金银财宝。金银运回西班牙后，便成为王室成员、贵族、官员、军官等家庭的私有财产，主要用于购买消费品。但西班牙工业不发达，供应不了那么多的消费品，于是西班牙人的金银很快就流入附近的英国、法国、荷兰和其他一些西欧国家，大量购买当地的手工业品和食品，引起了西欧市场上的物价大幅度上升，并且持续了200年之久。这就是"价格革命"。这个例子同样告诉人们：购买力突然增大而消费品又严重供给不足，一定会造成严重的、持续的通货膨胀。只有与购买力同步增长的供给，才能稳定地扩大内需。

四、消费品市场的相对稳定性和易变性

一谈到要扩大民间需求，以及让消费拉动经济增长成为今后拉动中国

经济增长的主要因素，就不能不对消费品市场的两个基本特点进行分析。这两个基本特点，一是消费品市场的相对稳定性，二是消费品市场的易变性。

先谈消费品市场的相对稳定性。

第一，民间消费支出不可避免地要受到经常性收入的影响，而经常性收入，无论是现期经常性收入还是今后稍长一段时间的预期经常性收入，都是已知的。人们通常根据已知的收入状况来安排经常性支出，所以消费品市场趋向相对稳定或者相对稳定性增长，一般不会有太大的变化。当然，除经常性收入而外，还可能有偶然性收入，例如中彩票，获大奖，接受遗产和馈赠等等。但偶然性收入并无规律可循，难以预测。而且即使有了偶然性收入，多数也用于偶然性支出，不会影响消费品市场的大波动。消费信贷的推广，可能改变现期的消费支出安排，但总的说来，这不过是把未来收入用于现期消费支出，不会超过预期收入的范围。

第二，民间消费支出不可避免地受到家庭消费品存量的制约。家庭大体上有一个消费品存量调整方案，这一调整方案是以家庭消费品的存量调整和家庭预期经常性收入为依据而实行的。在物价逐渐上升的条件下，为了避免损失，可能改变存量调整方面，如提前更新耐用消费品，或增加非耐用消费品的家庭储备数量，但仍不至于脱离经常性收入这一大框架。

第三，对任何个人来说，消费、储蓄和投资三者是可以相互转化的。三者的目标不一样：消费是为了满足需求；储蓄或者是为了未来的消费支出，或者为了未来的投资，或者只是为了保值、取得利息和备用；投资则是为了取得利润。三者之间可以转化。从这个意义上看，储蓄可以略去不论，主要考虑的是消费和投资二者之间的转化，这种转化更有普遍性。以居民购买住宅为例，买房是为了住，这是消费行为；买房是为了出租或转售，这是投资行为。但只要居民买了住宅，不管以后是不是出租或转售，一开始总是以消费行为展示在市场上。因此，这基本上并不会超出个人现期经常性收入和预期经常性收入的范围，所以仍是相对稳定的。

第四，个人的消费习惯一般相对稳定。这种消费习惯很可能受到祖辈的影响、家族成员的影响或生活圈子的影响，也可以说受到某种文化、习俗的影响，不会轻易改变。其中，生活圈子的影响可能越来越大。一个人由于居住地点的改变、职业的改变、年龄的增长，生活圈子也会相应地变化。但一般说来，一个人的消费习惯既不是轻易养成的，也不是轻易会改变的。由于一个人已养成的消费习惯不容易改变，所以有的研究者把消费习惯的坚持称为"生活的惰性"，这并非没有道理。

再谈消费品市场的易变性。

第一，工业社会与农业社会不一样，现代社会和传统社会不一样。中国正在经历着双重转型，社会变化之大，前所未有。比如说，在城镇化过程中，农民不断迁往城镇，生活环境变了，结识和日常往来的人改换了，消费习惯也会渐渐变化，这就促使消费品市场发生相应的变化。又如，受教育的机会多了，知识和技术水平提高了，这同样会使消费品市场发生变化。

第二，消费者个人年龄的增长也使得消费品市场上消费者所需要的商品种类发生变化。而且这种变化同样与消费者生活环境的变化有关。比如说，农民如果住在乡村，年轻时同中年、老年时所购买的商品种类相差不大，而一旦迁到城市后，年轻时同中年、老年时所购买的商品种类的差别就会大得多。

第三，消费者的购买在相当大的程度上会受到时尚、社会风气、广告宣传、新闻媒体的影响。一个人居住地点越偏僻，收入越低，年龄越大，受教育越少，受时尚等的影响也越小。而当他们由农村迁移到城市后，随着收入增加和交往增多，消费行为或可选择性就会发生变化。

第四，还应当关注商品售前售后的服务对一个人选择商品时的影响。在新商品的营销方式中，包括了新的服务内容。这对于消费者选择商品时的吸引力是很大的。一个明显的例子是旅游消费的服务配套，服务质量越高，对旅客的吸引力越大。

第五，消费观念的变化同样影响着人们的消费行为，进而影响着消费品市场。人们为什么会消费？最基本的消费观念就是满足自己的基本需求或刚性需求。基本需求是指人们对生活必需品（衣、食、住、行）的需求；刚性需求是指购买者认为非买不可的需求，包括上述对生活必需品的需求在内，但范围比这要大一些。例如，与生、老、病、死、婚嫁等有关的消费支出，无论是住在乡村的农民还是住在城市的居民，消费者本人可以量力而行，但却是不可省略的消费支出，这就属于刚性需求。从工业社会以来的消费观念来看，人们消费观念的变化对消费行为的影响始终是不能忽视的。例如，攀比之风使消费观念发生变化，这种风气在乡村中有，在城市中也有。又如，炫耀之风同样使消费观念发生变化，炫耀促使消费者追求华贵，追求卓越，以表现自己不同于常人。

正因为消费观念在逐渐变化之中，所以消费品市场在具有相对稳定性的同时仍具有易变性。

五、消费需求是可以被创造出来的

在扩大民间需求的过程中，应当明白这样一个道理，即经过努力，消费需求可以被创造出来，也就是说，消费品市场是可以创造的。下面分四个问题来阐述。

第一，欲望更替的作用。

需求是指有支付能力的需求，从而需求来自两个方面：一方面，需求来自欲望，有欲望就会有需求；另一方面，需求必须有支付能力，包括现期收入和预期收入。欲望同支付能力相结合，就会使需求得到满足。

支付能力取决于收入水平和收入增长的状况。在收入分配制度改革推进后，由于低收入家庭的收入得以提高，以及由于中等收入家庭的人数及其在全国人口中的比重、中等收入群体的收入在全国城乡居民收入总量中的比重都逐渐增大，所以消费者有支付能力的需求将逐渐增长，这就为扩大消费品市场创造了前提,也为人们欲望更替创造了条件。要知道,人们的欲望更替是多种因素促成的:首先有赖于人们收入的增长,其次有赖于居住地点、居住环境的变化,依赖于个人消费习惯的逐渐变化,依赖于个人生活圈子的变化,等等。这样,新的消费需求就会自然而然创造出来了。

第二,新商品和新服务的供给。

仅靠有支付能力的需求增长和人们欲望的更替,对于消费品市场的扩大还是不够的。还必须有新商品和新服务供给的增长,因为这是对消费者的强大吸引力。可以简单地概括为:有支付能力的需求增长和人们欲望的更替,等于民间消费扩大的一种推力;而新商品和新服务的供给,则等于民间消费扩大的一种拉力。推力和拉力共同起作用,民间消费就扩大了。

新商品和新服务的供给依靠市场的力量、企业的作为。企业之间竞争激烈,企业最了解不同年龄、不同收入状况、不同知识水平的消费者当前渴望买到什么样的商品和服务。式样陈旧或缺乏吸引力的商品和服务,使消费者的购买意愿降低,而只有跟上时尚和迎合消费者爱好的新商品、新服务才能吸引消费者前来购买,他们就成了最早的顾客。于是产生了示范效应,某种新商品和新服务就流行起来了。

为此,企业通过研发,不断进行市场调查,不断推出新商品、新服务项目,扩大销路,促进民间消费的扩大。经常有这样的销售方式,即推出和生产某种新商品(如家用电器)的厂家,以及销售该种新商品的商场,在展示该种新商品时,教导顾客如何安全使用,如何使效率达到最佳状态。这样就为该种新商品进入寻常百姓家创造了条件。这是营销方式的一种改革,是人们欲望更替带动了企业研发和推出新商品,是新商品的推出吸引了消费者,从而扩大了民间消费。

20世纪70年代,美国经济学家加尔布雷思在研究了上述营销方式时,提出了"生产者主权"概念。他认为,以前存在"消费者主权"现象,即消费者想买什么,企业就生产什么,以满足消费者需求。现在情况变了,从"消费者主权"变成了"生产者主权",即企业往往先研发某种新商品,推出该种新商品，通过广告宣传或示范操作，让消费者前来购买。尽管加尔布雷思把这种情况称作"生产者主权"不一定恰当（因为只有在计划经济体制下才是真正的"生产者主权"，即国有企业生产什么产品，消费者就只能购买什么产品），但他毕竟指出了"供给可以创造需求"，即新商品新服务供给增长能够扩大民间消费等新情况。

第三，消费层次的提升。

消费层次由低层、较低层、中层、较高层到高层的逐步提升，是同前面已经提到的各种因素（如收入增长、居住地点和生活环境的改变、生活圈子的变化、消费风气和消费时尚的影响、消费者受教育程度和知识水平的提升等）的影响有关的。这里就不再重复了。但有一点需要作些补充，这就是消费水平是有惯性的，即由低层次的消费提升到中层次的消费，或由中层次的消费提升到高层次的消费，都比较容易些，因为消费者心理上和生活上能够适应这种变化；而由高层次的消费下降到中层次的消费，或由中层次的消费下降到低层次的消费，则比较困难，因为消费者心理上和生活上往往难以适应这种变化。人们一般都有"宜高不宜低"的消费惯性。

消费层次的逐级提升之所以会使人们在心理上和生活上容易适应，同人们收入增长有直接关系。人们会想，既然收入多了，提高消费层次那是很自然的。至于消费层次的下降之所以难以使人们在心理上和生活上适应，最重要的原因是这种下降多数是强迫的、非自愿的。比如说，一个国家长期社会动荡、收入锐减、严重失业、剧烈通货膨胀，都会逼迫人们降低消费层次，否则就难以生存下去。在这种情况下，人们怎能适应呢？有些人或有些家庭想维持原来的消费层次不变，也许靠积蓄还能维持一段时间，终非长久之道。

正因为消费层次的提升是人们可以适应的，而且人们的消费意愿增强了，所以民间消费的扩大也就是很自然的。这也是扩大民间消费的最佳时机。对政府来说，尽可能消除引起社会动荡的源头，避免经济运行中出现严重失业和剧烈的通货膨胀，促成居民收入稳定增长的措施，十分必要。

一般说来，消费行为本身是有规律可循的。了解了消费行为演变的规律，不仅消费需求可以被创造出来，扩大民间消费也就可以稳定实现了。

第四，对奢侈品认识的深化。

不同社会、不同时代，对于奢侈和奢侈品的认识各不相同。这甚至被法律所界定。何谓正常消费，何谓奢侈消费，在不同的时代和群体中也有不同的道德标准，并且与人们的消费观念、消费习惯联系在一起。法律约束和道德约束结合起来，成为对消费行为的约束。

为什么政府常常参与对消费行为的约束，从而用法律对此作出强制性的规定？如不准这样，不准那样，等等。政府也常常从道德规范方面作出规定，要民间遵守。如谴责某种消费行为，表扬某种消费行为，起着消费指导者的作用。大体上有三种考虑：一是考虑国力能否承担得起庞大的民间高档消费，避免有限资源用于高档消费；二是担心社会风气因此败坏，贪图享乐；三是害怕突出社会贫富差距问题，引发社会动乱。此外，在封建集权时代，禁止民间逾越等级限制，也是当权者考虑的因素之一。

抛开最后一点（逾越等级界限）不谈，历代政府对民间奢侈性消费的法律约束和道德约束仍有其可取之处。然而奢侈和奢侈品的界定却是会改变的。举一个我们亲历的例子来说，30多年前，妇女戴一条金项链或珍珠项链，用一种好一点的化妆品，夫妇或带子女到风景区去休闲度假，就被认为是奢侈了，过奢侈生活了。现在变了，戴首饰，用高档化妆品，对新买的住宅进行高档次的装修，饲养宠物，特别是到国外旅游，在国外大商场里购买手提包、名牌衣服等等，很多人都认为这是正常现象。只要不是用公款购买私人物品，几乎没有人认为这种消费行为是应受谴责的。这不正说明奢侈和奢侈品的概念已经发生变化了吗？

值得注意的则是：这些高价的手提包等在国外可以买到，在国内大商店里一样可以买到，为什么出国旅游的游客们一定要到国外去买而不在国内购买呢？据说，一是担心假冒外国品牌的手提包在国内销售，怕上当受骗；二是由于进口关税重，在国内商店中出售的这些进口商品比在国外购买还要昂贵，于是出国者宁愿在国外购买而不愿在国内商店里购买。

随着人们消费观念的改变和对奢侈品认识的深化，为什么不根据实际情况而降低某些消费品的进口关税呢？要知道，人们在国内商店里购买进口商品，扩大的是中国的消费需求，增加的是中国的就业，导致的是中国国内生产总值的增长。而中国人到国外的商店去购买商品，扩大的是外国消费需求，增加的是外国的就业，导致的是外国国内生产总值的增长。既然如此，为什么不降低相关的进口关税，促进国内消费的增长呢？

最后，我们应当记住，民间消费行为是市场调节的对象，但扩大民间消费需求，需要有政府调节的配合，尤其是城乡居民收入分配制度的改革，要由政府来执行。当然，对民间消费行为的法律约束和对消费时尚、消费风气的指导，是不可忽视的。但消费者自身的选择权，政府应当予以尊重，对民间传统的消费陋习，政府应当及时劝阻。在扩大民间消费的过程中，一定要维持市场秩序，一定要保证消费品的安全可靠，这在任何时候都是政府的职责。

第三节　从林权制度改革看生态文明建设

一、"迟到的改革"

在本书导论中已经提到集体林权制度改革。本节将展开论述。

中国的经济改革最早是1978—1982年进行的农村土地承包制改革。这一改革的开始和推广，调动了农民的积极性，促使农业增产，在此基础上，实施多年凭票证供应生活必需品的制度终于取消了。

集体林权制度改革，按照改革的逻辑，本应当同时推出。有些地方先走一步，把集体林地承包给农民。但由于当时改革开放刚开始，不少农民对党的政策不信任，他们根据过去的经验，认为党的政策多变，所以林地承包给自己，就砍树成风，哪怕砍完树再种树都行。否则一旦政策变了，岂不是空欢喜一场。在这种情况下，中央紧急制止了集体林地分户承包的做法。停滞了 20 年才又启动集体林权制度改革。所以集体林权制度改革被称为"迟到的改革"。

2003 年，《中共中央国务院关于加快林业发展的决定》颁布和实施后，集体林权制度改革的试点随即开始。福建、江西、辽宁、云南等省相继进行试验，为集体林权制度的改革探路。在积累试点改革经验的基础上，2008 年 6 月 8 日，中共中央国务院颁布了《关于全面推进集体林权制度改革的意见》，意味着一场意义深远的重大改革已经启动。

尽管相对于农田承包制来说，集体林地的承包晚了 20 多年，但不能不承认集体林地的承包同 1979 年开始的农田承包一样，是关系到国民经济全局的经济体制改革，因为中国集体林地的面积初步估算约有 25 亿～27 亿亩，而且林业资源 90％在山区，贫困人口集中在山区，全国 592 个国家级贫困县中有 496 个分布在山区。仅通过这几组数字就可以了解集体林权制度改革的重要性。

集体林权制度改革是仿照农田承包制而进行的。农田承包制的核心问题是明确承包土地的使用权、经营权和收益权。土地依然是集体所有的，但农民的使用权、经营权和收益权明确了，农民从此可以安心地耕种和收获。收益权的重要性在于明确了在这块承包土地上的农作物的主人是耕种者，他人不得侵占。集体林地承包后同样如此：承包后的林地上的树木归承包者所有，承包户可以经营所承包林地上的树木并获得收益，他人不得侵占。承包户实际上成为家庭林场的经营主体，也就是家庭林场主。

然而，林地的承包毕竟比农田的承包晚实行 20 多年，在推行集体林地承包时，可以充分汲取农田承包制实施过程中的经验教训，所以集体林地的承包制在仿照农田承包制的同时，正如本书导论中所指出的，在三个方面突破了对农田承包的某些限制，即超越了农田承包制。

第一,与农田承包制较短不同,集体林地承包在全国范围推广时一开始就定为承包期70年不变。虽然后来农田承包年限改为"长久不变",但"长久不变"究竟是多少年不变,农田承包户心中依旧没有明确的年限,他们心里仍不踏实。集体林地承包户却明确了"70年不变"的年限,盘算70年不变,第三代都长大了,还有什么可顾虑的呢?于是"爷爷种树,让孙子来砍"成了林区农民的一句口头禅。承包户上山植树造林的积极性大增,爱林护林的热情也大大被激发出来了。

第二,所承包的林地和林地上的树木,可以作为抵押物,用以取得贷款。这样一来,林地承包户的经济就活跃了。这又是一大突破。要知道,在农田承包时,承包的农田和农作物是不能用于抵押的,大约20年以后,在一些改革试验区才实行农田和农作物的抵押制。在其他地区这项限制或禁令尚未取消。而集体林权制度改革开始时,文件中就规定了可以把承包的林地和林地上的树木用于抵押,以取得贷款。这就使金融机构的融资作用在林区得到了发挥。抵押的特点在于,抵押人在林地抵押期间仍可继续经营林地,只有在贷款已到期而抵押人不履行抵押债务时,抵押权人才可以依法处置抵押物。这既可以提高林地经营效率,又可以防范金融风险,林地承包户和金融机构双方都感到满意。

第三,林地承包"一竿子插到底",直接承包到农户。这种做法当初是有争论的。在一些学术讨论会上,有些人认为,在集体林权制度改革中一定要考虑林地的特点。比如说,农业地区人多而农田较少,农田承包给农户个人经营是可行的;而林区则不同,让林农个人承包,俗话说"包山到户",那么一个人承包上千亩山林,至少也有上百亩山林,那不就会使贫富差距扩大了吗?再说,农田一年就可收成,而山地要让幼树长大成材,少说也要十年八年,多则几十年甚至上百年,个人承包,行吗?所以有人主张承包到乡,承包到村,或承包给农民组成的林业合作社。而中央的决定却是同农田承包制一样,落实到户。事实证明,中央的决策是正确的。林地承包到户,林权证发给每个承包集体林地的承包户,大大调动了林业承包户的积极性。林业合作社是承包到户之后由承包户自愿组织起来建立的。这是根据中国的实际情况作出的决定。农民欢迎林地承包的这种做法。

总之，集体林权制度改革给人们最大的启示是：民间蕴藏着极大的创业积极性，通过林地承包，这种积极性被充分调动起来了。也就是说，在计划经济体制下，人力资本尽管一直存在，但人力资本却长期是呆滞的，没有活力，人力资本作用的发挥完全是被动的，从而未能呈现自身的力量。唯有实现集体林权制度改革，建立了适宜于人力资本充分发挥作用的体制机制，人力资本才会产生活力，民间的创业积极性才会迸发出来。不仅如此，林区人力资本的存量也大大增加了。人力资本存量的增加，在林业经济中主要反映在以下三个方面：

一是从事林业劳动和经营的人数增多了。林业成为吸引劳动力的领域。据调查，在2009—2011年间，出现了一些林区外出务工的青壮年劳动力返乡从事林业劳动和经营的现象。由于集体林权制度改革的推进，林地承包户感到家庭劳动力不足，因此纷纷把讯息传递给外出务工的家庭成员或亲戚，要他们辞去务工职务，回乡创业，而且这些务工人员返乡从事林业劳动和经营时，还带来一些同事、朋友，一起返回林区工作。2011年，我们在珠江三角洲一些城镇调研农民工为何出现供给不足现象时发现，集体林权制度的改革居然是附近省份农民工供给减少的一个重要原因。

二是由于农民一心投入创建自己的家庭林场等工作，以及为了开展林副产品经营的业务，他们积极学习林业和林下养殖等知识，学习与林副产品营销相关的知识等等，大大增加了自己的知识、技能和才干。要知道，劳动者、经营者的知识、技能、才干的增长，同样是林区人力资本增加的内容，这将有利于家庭林场的发展和财富的积聚。

三是林地承包户和他们的家庭成员积极性高涨，意味着人力资本的质量提高了。这可以被看做是在既定人力资本存量条件下，人力资本得以发挥更大能量的体现。在贵州省毕节市调研时发现这样一种情况：最近一些年，云南、贵州两省接壤之处春旱严重，春季经常有山火；过去，农民并不急于上山扑灭山火，他们常说"这是村干部的任务"，因为烧的是集体林，除非县乡两级政府组织民兵上山灭火，他们才奉命上山去扑灭火灾。现在，情况大不一样了。农民的资产关切度激增。在毕节市的集体林地上可以看到，农民知道，每一块林地都是乡亲、邻居、熟人所承包的林地，一有山火，村里人发现火情，便呼叫上山救火，家家都上山去灭火，因为烧的或者是自己家里的林木，或者是亲戚家、邻居家的林木，一呼百应，不用县乡政府下令，他们就自动上山灭火了。这是一种自救性的、互助性的灭火行动，根本不需要县乡政府下令后再上山扑灭火灾。从这件事可以了解到，资产关切度的提高，充分反映了集体林权制度改革后林区农民积极性的提高，这是完全符合林区实际的。

二、林下经济的发展

在集体林权制度改革之前，山是集体的山，林是集体的林，农民对林下经济是不关心的。这是因为，农民想到，既然山林归于集体，那与我何干？自己在林下饲养鸡，岂不是占了公家的便宜？自己在林子里发展药材种植业，一旦被集体知道了，岂不是会被指责，会被没收？有些地方，集体山林也办过集体林下养鸡场、集体木耳生产基地等，但多数效率低，不赚钱，农民也不关心它们，所以一段时间后就无声无息了。正是集体林权制度改革以后，林下经济才有了新的生机。关键在于：从这时起，林下经济的经营体制变了，不再是集体养殖场、集体种植场，而成为家庭林场不可分离的一部分，由家庭投资、家庭经营。在许多地方，林区金融机构的贷款（包括信用贷款和抵押贷款）对家庭林下经济的发展给予了不少支持。

家庭林下经济活动的特点是因地制宜，没有既定的模式，都有很大的灵活性，宜则继续发展，规模逐渐扩大；不宜则收缩，甚至停止生产和经营，直到转向适宜的养殖业或种植业。这就是家庭林场灵活机制的作用。在皖南一些县域考察时发现，一些集体林地的承包户，在细心经营家庭林场的过程中，为了适应旅游者的需求，还办起"农家乐"，经营餐饮业和供游客住宿的小旅店；同时，家庭经营的林下养鸡、养鸭、养鹅场，林下蘑菇、木耳种植场，既供应"农家乐"餐饮的需要，还出售自家生产的蘑菇、木耳等土特产。有的承包户经营竹业，有自家生产的鲜笋、笋干供应顾客。

这样，家庭林下经济的发展使农民收入增长了，农民对财富的增加更有信心了。他们越来越重视树林的维护，因为树林的维护是他们财富的源泉。他们懂得，只有增加林地的收益，才能维护好林地；只有发展林下经济，才能确确实实地发家致富。这种情况被称做"绿色致富之路"。"绿色致富"是林区出现的可喜的现象。靠滥砍树木，虽然短时期可能增加一些收入，但决非长久之计，生态破坏了，农民发家致富的通道破坏了，还谈什么可持续发展、可持续财产性收入呢？

林下经济发展实际上扩大了林地的可使用面积。因为所承包的林地面积是固定的，如果大力发展林下经济，如林下养鸡、林下种蘑菇、林下发展中药材生产等等，岂不是等于增加了林地面积？林下是一块未被充分利用的土地，经过家庭林场的经营，林下土地被充分利用了，这不是扩大了林地又是什么？

进一步说，林下经济的发展是经济发展方式转变的重要组成部分。这是因为，传统的经济发展方式将环境保护和经济增长对立起来，似乎二者天生就是不可协调的，即认为要做到保护环境，经济就不可能持续增长，要实现经济的持续增长，环境就必然会遭到破坏，于是就只能是"两利相衡取其重，两害相衡取其轻"。结果往往是：认为一个发展中国家应当把经济增长放在首位，GDP目标比什么都重要，所以只可能循着"先污染，后治理"的发展道路前进。不少发展中国家正是这样走过来的。

实践清楚地告诉人们，传统发展方式带来的损失是严重的。生态的破坏造成了许多不可弥补的损失。要知道，在发展中不顾资源的枯竭和环境的破坏，强调GDP压倒一切，必然是这种后果。

因此，经济增长质量比经济增长速度更重要。经济增长必须同生态文明建设结合起来，二者必须协调，必须兼顾，这就是需要迫切转变经济发展方式的最大理由。不仅如此，近些年来，社会对环境保护的看法已经发生了重大的变化。过去，在人类生存方面，人们关心的重点是生产或生活过程中不能排放有毒的废气、废水和废渣，因为这些排放物会损害人们的健康，会污染环境，甚至会导致人的死亡，所以要清洁生产，清洁环境。现在，环境保护的要点不仅仅是不准许排放有毒的废气、废水和废渣了。比如说，二氧化碳并没有毒，但也不能无限制地排放，因为二氧化碳排放过多，会引发气候变化，从而也会使人类生存环境受到破坏。经济低碳化成为世界各国应当共同遵守的一个排放规则。这对于仍处于发展中国家行列内的中国是一个必须面对的新问题。

具体地说，为了适应国际社会的经济低碳化要求，中国除了应当采取措施关闭一些不符合环境保护要求的工厂、在工艺设计和新产品设计方面有新的突破、抓紧清洁能源和新材料的研究开发等等而外，还必须大力发展环保产业。环保产业有狭义和广义之分。狭义的环保产业主要指环保设备、仪器、各种监测手段以及净化环境的各种物品的制造业，也包括运用环保设备等从事净化环境、恢复受破坏的环境的有关行业。广义的环保产业，则把绿化造林、发展林下经济、土壤改良、治理沙化、治理石漠化、净化江河湖泊和海岸滩涂、资源回收和利用等都包括在内。由此可以清楚地看到集体林权制度改革对生态文明建设的重大意义，因为集体林权制度改革把集体林地的生产关系理顺了，把广大林地承包户的积极性调动起来了，有利于经济低碳化的植树造林、维护林地、发展林下经济等成为农民的自觉行动。

在这里，林业、林下经济和经济低碳化之间还存在一种良性互动关系。森林是重要的碳汇资源。森林质量越好，林下经济发展的基础就越扎实，林下经济的收入也越多。"不砍树也能过上好生活"，这已成为林农们的共识。据了解，林下种植蘑菇需要有良好的植被条件，以帮助蘑菇生长，而由此产生的菌丝既能增加土壤固碳能力，同时也为森林的成长提供更多的养分。林下养鸡也如此。鸡的护林作用在于鸡能帮助树林除草、除虫、松土、施肥，有利于树木生长，树木又为鸡提供适宜的生长环境。这是一种典型的循环经济模式。

目前，集体山林的林下经济活动才刚刚开始，已发展的林下经济所占面积只占集体山林面积的4%左右。林下种植、养殖都还没有实现规模化、科技化和集约化。加之，林区的基础设施比较落后，这是继续扩大林下经济的障碍之一；林农发展林下经济的资金投入不足，是另一个障碍；经营林下经济的劳动者，一般说来还缺少足够的知识、技能和才干，对市场也不熟悉，这是继续扩大林下经济的第三个障碍。如果政府、金融机构和职业技术培训部门能加大对林区的支持和帮助，相信林业（包括林下经济）一定能在"绿色增长"和生态文明建设中发挥更大的作用。

还应当提到，经济低碳化的实现，一方面有赖于各种节能减排措施的积极推行，另一方面还有赖于碳汇总量的增加，而进行林权制度改革和大力造林绿化，则是增加碳汇总量的有效途径，因为林业发展既增加碳汇总量，也为我国在国际碳排放谈判中提供助力。

三、林业合作社的前景

为了更好地发挥林业（包括林下经济）在中国经济增长和生态文明建设中的作用，有必要从林业产业化谈起。

林业产业化就是把林业作为一个产业来经营，将生产、流通、分配和再生产各个环节统筹规划、统一安排。林业产业化的覆盖范围，既包括集体林权制度改革后形成的一个个独立经营的家庭林场，也包括尚未正式铺开国有林权制度改革的一个个国有林场单位。家庭林场和国有林场都是适应于市场的市场经营主体，产权都应当清晰，应通过界定而成为市场的积极参与者。

关于国有林场的体制及其今后的经营方式，下面再进行讨论。这里先讨论集体林权制改革以后的林地经营方式。在实行山林承包到户以后，集体林地上的经营方式大体上有三类：

第一类：家庭林场。

在相当长的时间内，家庭林场将是集体林地上的主要经营单位。它们凭承包林地后所颁发的林权证，放心地经营集体林地，从事所承包的林地上的植树造林，维护森林，开展林下养殖、种植业务，并按规定砍伐可以砍伐的树木。它们靠木材销售和果林、油树的产品（水果、坚果、茶油、橄榄油、棕榈油等）销售而获得收入，再加上自己所经营的林下养殖场和种植场的收入，生活水平将会逐渐提高。由于承包后的林地是可以流转的，所以它们有可能通过租赁、转包等形式把那些打算进城务工、经商的林地承包者的林地接管下来，从而扩大自己的林地经营面积。其中有些家庭经营林场会成为林业承包大户。但林业承包大户依然属于家庭林场的范畴，性质未变。它们有条件进行规模经营、规模生产，提高效率，增加林副产品的产量，从而增加收入。

第二类：林业合作社。

在集体林权制度改革以前，在集体林地上不可能成立真正意义上的林业合作社，即使有的地方成立了"林业合作社"，也不过是集体经济的一种形式，如同农田承包制以前所成立的队办企业、社办企业一样，可能挂上"合作社"的牌子，实际上不具有合作社的性质，因为农民并没有产权，不可能成为合作社的投资者。

集体林权制度改革后，山林由农户承包了，于是就可以依据《农民专业合作社法》建立林业合作社，这样的林业合作社的投资者是集体林地上的承包户，也就是家庭林场主，他们自愿参加林业合作社，而且这样组成的林业合作社是独立的市场经营主体，具有法人资格。在不同地方，新组成的林业合作社往往多种形式并存，有由各个投资者（林地承包者）把自己承包的林地入股组成的，也有各个投资者（林地承包者）所承包的林地并不入股于林业合作社，而是以现金折成股份组建而成的。还有一种，即各个投资者（林地承包者）既把自己承包的林地折成股份投入林业合作社，另外还投资若干现金，折成一定的股份投入林业合作社。这样的林业合作社的总股本是混合型的：既有林地折成的股份，又有现金折成的股份。

不管哪一种形式的林业合作社，都必须按照《农民专业合作社法》组建。股东大会（或称社员大会）是合作社的最高权力机构，由社员大会选举产生的理事会是执行机构，社长等同于经理，受股东大会和理事会的委托，主持林业合作社的日常生产、经营和管理工作。账目公开，理事会到期改选，管理民主，这是必须遵守的规章制度。林业合作社最大的好处是取得了规模效益，有利于投资者收入的增长和合作社业务的发展。

林业合作社的存在和发展同家庭林场的存在和发展并不矛盾，二者之间不仅有合作关系，彼此成为伙伴，也有竞争关系，各自发挥自己在机制方面的优势，开展业务活动。

第三类：林业企业。

通常被称为林业企业的企业，可能有如下四类：

一是以经营林业，包括种树、维护林木、砍树销售为主要业务的企业。例如，有的森林工业企业就兼有这些业务。它们把林地作为自身的林业基地，而主要业务则是木材加工业，生产各种以木材为材料的产品。

二是为林业生产服务的企业，如向林业提供专用机器设备的企业、林地所需要的其他各种生产资料的企业，也包括由林地向外运送砍伐下来的树干和木材的交通运输的企业。

三是为林区居民和林业劳动者提供各种生活资料，包括为林区居民和林业劳动者提供各种生活服务的企业。

四是为林区居民和林业劳动者，以及林区小城镇建设服务的企业，包括建筑业、道路建设、公用设施建设的企业。

这四类企业都有可能在集体林权制度改革以后扩大自己的业务范围，介入林业本身的生产和经营，而以不同形式同家庭林场林业合作社合作。比如说，这些林业企业有可能同家庭林场尤其是林业承包大户合作，以提供资金或提供林业机械等方式进行合作，从而介入林业和林下经济活动。又如，这些林业企业还有可能同林业合作社合作，以参股的形式介入林业和林下经济活动。当然，也不能绝对地说这些林业企业完全没有可能以收购或转租转包等方式取得集体林地的承包权，从事林地的经营，尽管这种收购行为是违背集体林权制度改革规定的。尽管林业企业对家庭林场（包括承包大户）现有承包林地的接管或直接经营受到限制，但这些有可能被本地的林业企业所忽视或有意违规，或突破限制。总的说来，集体林权制度改革以后，还是尽可能保留家庭林场或林业合作社的经营方式，不提倡林业企业转租转包集体林地，更应限制林业企业收购家庭林场或林业合作社的承包林地。

但林业企业（不管哪一类林业企业）依然可以通过多种形式进入集体林区，同家庭林场、承包大户、林业合作社分别建立合作关系，并用合同把这种合作关系巩固下来。"林业企业—家庭林场和承包大户"、"林业企业—林业合作社—家庭林场和承包大户"的合作形式仍是大有作为的。这既可增加家庭林场、承包大户、林业合作社的收入，又有利于林业产业化的推进。

四、国有林场改革的一种探索："一场两制"

迄今为止，国有林权制度改革仍在探索阶段。国有林场究竟如何改制？大体上已有以下几种方式正在试验。比如，森林工业企业承包经营、国家森林公园经营、国有林场改为事业单位编制、"一场两制"等，各有各的适用范围。这些试验都还有待于总结，试点的成果也有待于进一步实践的检验。

从实践来看，"一场两制"可能有较大的适用性。这里所说的"一场两制"是指，在一个国有林场内，两种体制并存，一是国有林场直接经营体制，二是国有林场职工承包经营体制。

国有林场直接经营体制经营的是大片生态林、公益林。它们由国有林场直接管理和经营，包括植树造林、维护林地。同时要严格控制砍伐量，砍伐的宗旨不在于靠此取得收入，而是出于更好地保护林地生态的目的。在国有林场直接经营体制下，经常费用由财政拨付。林下经济同样可以开展，林下经济的发展旨在既有利于维护国有林地，也可以增加一些收入，使国有林场在财政拨付经费之外多一些经费，以及使职工能改善生活，更安心地在国有林场工作。

国有林场职工承包经营体制主要是参照集体林权制度改革的经验而试行的。这种做法的要点是把一部分国有林地分块承包给国有林场的全体职工，由个人承包经营，包括在这部分国有林地上直接工作的职工，以及在国有林场经营体制下的所有在林地上工作的职工，人人有份；否则会造成国有林场职工之间的矛盾、隔阂，并会因收入差距的形成而引发在国有林场经营体制之下工作的职工的不满。

实行"一场两制"后，在国有林场职工承包经营体制下，按林地承包制分配到林地的职工都可以建成家庭林场，他们所承包经营的林地是国有林地，但职工取得了使用权和承包经营权。这样，有可能产生以下三个问题。

一是，这部分林地上的家庭林场的国有林场职工是否继续领取工资？有两种意见。一种意见是：他们仍然是国有林场的职工，照理说，由于身份未变，而且还要完成国有林场职工的一些任务，如植树造林、保护林地生态、采伐树木等工作，所以应照常领取工资；另一种意见是：工资仍照常领取，但由于他们所承包的林地是国有林地，而不像集体林权改革之后农民承包的是集体林地，所以国有林场职工承包者（家庭林场主）仍是国有林场职工，应当向国有林场管理部门缴纳一定的承包费，承包费占他们领取的工资的多大比例，可以协商，但多多少少应缴纳一定的承包费，这是合情合理的。

二是，在国有林场职工承包体制下，职工所承包的林地能不能转包转租？能不能转让？集体林权制度改革后，家庭林场所承包的林地是可以这样做的，但国有林场的土地在承包经营后对此应有所限制。限制是：如果职工需要转包出去或转租出去，应以本国有林场的其他愿意接受转包或转租的职工为对象，而不宜转包转租给非本国有林场的职工，因为那样做的结果就改变了国有林场林地的性质，与现行法律规定不符。至于国有林场职工能否把承包的林地转让出去，应当说，不管转让给谁，都是不妥的。

三是，正如前面已经提到的，实行国有林场职工承包体制之时，全体国有林场职工都有林地承包权。职工承包林地以距离自己的住所较近为宜。如果其中有些林地距住所较远，家属成员年老、年幼或有病，没有足够的劳动力，也可以转包或转租给其他职工，收取转包费或租金。特别是那些仍在国有林场直接经营体制下工作的职工，或由于工作忙碌，或由于家庭劳动力不足，或由于距离住所较远，也可以转包或转租给其他职工，同样有权收取转包费或租金。

总之，国有林场的"一场两制"改革仍需继续试验，以便取得经验。尽管"一场两制"的试验具有较大的适用性，但不能因此否定其他各种改革探索和试验在某种情况下的适用性。不同的试验模式，各有适用范围，实际上表明了各有各的优势。

例如，森林工业企业承包经营方式，可能适用于某些以商品林为主、公益林和生态林为辅的国有林场，某些森林工业企业已在这里有多年的业务实践，它们对这里的情况已经比较熟悉，企业本身的效益也比较好，因此由它们承包经营是可行的。国有林场作为发包方，森林工业企业作为承包方，双方协定的条件都写入承包合同之中。承包有一定年限，到期重新签订合同，如果发包方感到承包方履行合同有不足之处，可以修改合同，或另选承包方。

又如，国家森林公园经营方式，可能适用于某些风景区。风景区虽然只占国家森林公园面积的一小部分，但由于有旅游收入，所以有助于国家森林公园的维护。无论如何，国家森林公园应把生态效益、社会效益放在首位；经济效益也很重要，但不应放在生态效益、社会效益之上。

再如，把国有林场改为事业单位编制的做法，可能适用于国有林地面积较小的一些地级市。从行政管理的角度来看，这是一种比较简便的方式，尽管国有林地面积不大，又比较分散，但由于经费有保证，人员稳定，管理是有效率的。需要注意的问题是：今后如何发展林下经济，这样，既可提高职工的积极性和收入，又可运用集体的力量把国有林地维护得更好。

国有林场的经营方式是多样化的，不可能只有一种方式。一切都要通过实践的检验，而实践的检验往往是滞后的，要有耐心，并且需要时间，现在不必急于下结论。

第四章

宏观经济调控

第一节 当前宏观调控应重在微调

一、宏观经济调控的局限性

宏观经济调控起始时机的掌握是非常重要的。宏观经济调控开始时机可能滞后，宏观经济调控结束时机更可能滞后，这两种滞后都会给国民经济带来损失，甚至会给后续一段时间的经济运行造成困难。

要知道，宏观经济调控原来是以调节总需求为目标的措施，主要适用于短期调节，是针对失业和通货膨胀而采取的。20世纪70年代以后美国经济发生了滞胀，单纯的总需求调节无效，短期调节也不起作用，于是宏观经济调控转向总需求调节与总供给调节并重，总量调节与结构调整并重，短期调节与中期调节并重。因此从那时起，一些国家的宏观经济调控的重点往往把抑制通货膨胀、减少失业和结构调整三者结合起来考虑。

宏观经济调控滞后的最重要原因在于不了解经济的走向。有关部门容易被汇报材料中报喜不报忧的假象所迷惑，除此以外，经济中有些现象并非统计数字所能反映的。两个明显的例子是投资者心理和消费者心理。以投资者心理来说，经理人采购指数只能反映一部分情况，而投资者对前景的估计和对各个行业的盈利前景的预测不一定（至少不是全部）都能通过经理人采购指数反映出来。消费者心理同样如此。通常情况下，消费者对社会保障制度的完善程度的预期就是影响消费者心理的一个重要因素，消费品（主要指耐用消费品）的家庭保有量和消费品的时尚也是影响消费者心理变化的重要因素之一。因此，有关部门对经济走向的分析和判断总会有一定的误差，能够尽量做到的，只是使预测的误差尽可能小一些而已。既然预测的误差难以避免，所以宏观调控的滞后就是难以避免的。这往往是宏观决策部门一种惯见的缺点。

因此，宏观经济调控的大转向，需要慎重。政策要有连续性，不要打乱投资者和消费者的正常预期，以免经济中出现大的波动。除非又发生了急剧的通货膨胀，或发生了严重的失业，或通货膨胀和失业并发，一般说来，宏观经济调控不宜大升大降，大紧大松，大起大落。否则，要么会促成经济中出现众多泡沫，要么经济中的泡沫会突然破裂，对经济运行十分不利。

对宏观决策部门来说，如果发现经济运行中出现了运行不正常的预兆，应当及时采用微调措施。采用微调的前提是：有关部门应当有预见性，并建立预警机制，以便防患于未然。正如山火一有警报，就必须及早采取措施，予以扑灭，等山火扩大了，蔓延开了，就难以迅速扑灭。所以一定要重视微调。

微调措施包括了结构性的调整和细节性的调整。也就是说，为了不至于在宏观经济调控过程中出现过松过紧现象，结构性的调整和细节性的调整有助于避免出现较大的偏差，也有助于防止出现较大的后遗症。在这方面，不应当急于求成。要让经济恢复正常，仍以微调为上。稳中求进要比急于求成好得多。

宏观决策部门应当懂得，经济运行中出现的某些问题，如结构失调、产能过剩、短缺产品供给日趋紧张、技术工人供给不足、某些情况下的物价上涨，甚至环境恶化、生态破坏等等，通常不是依靠宏观经济调控就能解决的，所以不能以为宏观经济调控措施一用就灵。即使是股市、楼市的起落，也不一定靠宏观经济调控就能生效。在这种情形下，动不动就提高或降低存款准备金率，或者调节基准利率，甚至更改预算收入或支出，反而会使存在的问题复杂化。

比如说，如果体制上存在一些障碍，使农村进城务工的人或者找不到工作，或者不安心在原工作单位继续工作，或者想自己经营小微企业而未能如愿，这就不能按一般就业问题的对策来应对，而应当着力解决城乡二元体制中存在的问题或相关改革中出现的问题。只有这样，进城农民的就业困难和创业困难才能缓解。

又比如说，在成本推进型的通货膨胀条件下，要抑制物价的上涨，也不能单纯依靠宏观经济调控方面的紧缩总需求的措施，紧缩总需求的措施是无法解决成本推进型的通货膨胀的。像用工成本上升而引起的一般物价水平上涨，或者因原材料燃料供给不足而引起的生产成本上升，甚至因猪肉、蔬菜供给不足而引起的食品价格上涨等等，采取提高存款准备金率的做法，不仅无效，反而会使供给更加紧张。以往的经验已经证实这一点。

再比如说，商品价格是相互影响的，因为商品价格互为成本。在宏观经济调控中，有时为了控制某种物品的价格上涨，还照旧采取限制价格的传统措施，这同样是没有什么成效的。以资源价格调整为例，对某些物品的价格管制，只会使经济中的结构失调现象更突出、更严重。在其他相关产品的价格可以浮动的同时，某些物品价格被管制死了，那只能使得被管制行业减少产量,供给下降,并给经济运行带来一系列后遗症。

由此得出的经验是:商品价格互为成本的关系不能靠行政手段来打破。宏观经济调控必须尊重市场规律。背离市场规律的宏观经济调控措施,迟早会显露出它的无效性。

问题在于:为什么经常会出台不尊重市场规律的、主要出于长官意志的宏观调控措施?这既不能完全归于宏观经济调控的经验不足,也不能完全归于宏观决策部门分析判断错误,以致仓促拍板,后悔已晚。应当指出,这在很大程度上与宏观决策程序不符合民主化原则和科学化原则有关,而且还与缺少应有的政策纠偏机制有关。这通常是计划经济体制下政府部门容易犯的毛病。

二、稳中求进和结构调整

要了解2011年第四季度以来中国经济增长率下滑的现象,必须对这段时间内的宏观调控过程进行剖析。经济增长率下滑的现象之所以引起社会各界的关注,是因为中国经济被认为经不起经济增长率的下滑。像2008年第四季度和2009年第一季度那样,当经济增长率持续跌至6%左右时,地方的财政收入问题、企业倒闭问题和工人失业问题就成为社会普遍关注的问题。根据经验,中国现阶段的经济增长率应当保持在7%~8%左右,如果跌到7%以下,甚至跌到6%以下,都意味着经济增长已跌破警戒线。

为什么会如此?这与当前中国正处于双重转型阶段有关,城乡二元结构正在发生深刻的变化,大批农民进城务工或搬移城镇生活、工作,就业压力有增无减。加之,在导致通货膨胀的诸因素中,成本推进因素和国际输入因素所起的作用越来越明显,抑制物价上升的传统措施也越来越难以取得理想的效果,而紧缩带来的副作用则越来越突出,使就业问题不易缓解。这正是当前中国必须确保7%~8%的经济增长率的重要理由。

然而，要防止经济增长率下滑和尽可能让经济增长率维持在7%～8%的方式很多，有些措施在短期内的确能促使经济增长率上升，但对国民经济的损害是难以估量的。例如，不顾生态环境，滥采滥伐，新建高污染、高耗能的企业；又如，脱离现实经济的需要，铺开非急需的交通路线的项目建设；再如，不计成本和收益的关系，即使亏损的企业也要扩大生产规模，国家给予补贴也在所不惜，等等，所有这些都是短期行为，由此所拉升的经济增长率，不仅不能持久，而且后患无穷。

在2008年国际金融风暴的冲击下，为了刺激经济增长，曾经采取过猛增投资和猛增信贷的做法，时隔五年左右，不妨冷静地总结一下，这种做法有利也有弊。利在于促使经济回暖，就业压力减轻；弊在于投资需求的急剧扩大使2010年末时的通货膨胀率难以遏制，而投资需求过大正是增加货币流通量的原因之一。值得讨论的是：第一，结构调整没有什么进展，经济实际上是在经济结构基本未变的格局下增长的；第二，企业自主创新和产业升级并未受到足够重视，相当数量的企业没有把自主创新和产业升级作为战略目标来考虑，而仅仅满足于经济形势的改善和处境的好转，忽略了企业长久生存发展之道在于增加自己的市场竞争力。

由此可见，稳增长必须同调结构相结合。"稳中求进"中的"进"，并不是指突破了8%的增长率，似乎经济增长率越高越好，而是指在经济增长率稳定于7%～8%的前提下使结构调整工作取得实质性的进展，使经济增长质量有较大程度的提高。

什么是经济增长质量提高的标志？根据近些年来中国经济发展的经验，这首先反映于结构逐步走向合理，产能过剩现象逐步消除，结构性的短缺问题得以缓解；其次，这反映于环境保护、环境治理取得较大的成效，经济低碳化的目标得以实现，经济和社会都转入可持续发展的轨道；再次，自主创新和产业升级取得新的成绩，企业有致力于自主创新和产业升级的内生动力，并转化为企业的竞争力；最后，经济增长模式由过去沿袭多年的投资拉动为主的经济增长模式，先转变为投资和消费并重的经济增长模式，然后经过一段时间，再转变为以消费拉动为主的经济增长模式。这样，中国经济增长过程中将会出现如下的良性循环：

居民收入增长→中等收入者收入在收入分配中的比重上升→消费倾向提高→市场购买力提高→企业发展和就业率上升→居民收入继续增长……

这一良性循环的出现正是我们所希望的。但稳中求进和结构调整的结合则是不可忽视的前提。也就是说，不努力调整结构，不仅做不到稳中求进，甚至连维持7%～8%的经济增长率都是不容易的，因为在结构失调的情况下，靠增加政府投资来保增长，岂不又回到五年前的老路了？

宏观经济调控重在微调，正是为了实现稳中求进和结构调整相结合的方针。主要经验在于：如果采取大松大紧、大起大落的做法，只可能使得经济摆脱不了时而扩张过度、时而紧缩的不良循环老路，即导致宏观决策部门时时刻刻处于紧张状态，忙于处理应急事件，顾不上考虑如何实现战略性任务。这样，又会导致国民经济因大松大紧、大起大落而发生剧烈动荡，或引发较剧烈的通货膨胀，或造成较高的失业率，居民收入难以提高。

三、经济低碳化同样需要宏观调控以微调为主要措施

如何适应国际社会经济低碳化的要求，又如何保证在经济低碳化过程中实现中国经济的稳定增长，在宏观调控过程中，同样需要以微调为主要措施。这是符合中国国情的。

要知道，当前的中国经济正面临着两难选择：一是要保护生态环境，二是要保持经济持续发展。这是因为，如果只顾经济发展而不顾生态环境，可能本代人都难以生存；而如果只顾生态环境，那么，像我们这样的发展中国家该怎么发展呢？这个问题一直困扰着我们。经过多年探索，我们找

到了一条道路，就是二者兼顾，实现经济的低碳化，实现绿色经济。因此以下两种提法都是正确的：一是，经济发展寓于生态文明建设之中；二是，环境保护寓于经济发展之中。从经济发展和经济低碳化二者兼顾的角度考虑，应有如下的安排：

第一，在工艺设计和新产品开发上要有重大突破。要使我们的新产品实用、安全，这应当被看成是最重要的途径。也就是说，要在工艺产品方面有创新，有突破，如新能源的研究开发、新能源运输车辆、新能源交通工具、新节能设施的推广等等。

为此，一定要抓紧研发新能源、新材料开发中的瓶颈问题。假定新能源能够突破的话，那么它会带动动力供应、交通运输业发展、生活质量提高，这会对经济有强大的推动作用。新材料、新设备既符合环保的标准，又实惠有效。同时，新材料的突破会让我们整个装备制造业完全走上一条新路。这些都是重视生态建设和环境保护的体现。

这里有一个重要问题需要解决，即国有企业和民营企业要合作。国有企业的优势是技术力量强，资本雄厚，实验设备先进；民营企业的优势是机制灵活，自负盈亏，敢于作出技术创新的决策。相形之下，国有企业决策程序有层层障碍，所受到的牵制较多，特别是连续多次失败以后，害怕承担责任。所以，最佳的选择是，在国家统一安排下，国有企业和民营企业双方利用各自的优势，参与国家重大项目，合作从事经济低碳化研究开发和技术推广。

第二，要大力发展环保产业，尤其是资源再生行业。2010年，我们在广西进行调研，那里正在建设有色金属回收的工厂，把原材料用集装箱从国外运来，在广西的场地经过筛选、分类，可以把铜等有色金属分离出来，这样就可以少一点开采和冶炼。为什么国外不自己搞？因为中国有很多优势：有合格的技术工人，而且中国有广大的国内市场，在这里产出后，国内就直接销售了。金属的回收完全符合环保要求，这是一个重要的环保产业。广义的环保产业还包括绿化、园艺、造林、土壤改良以及治理沙漠化、石漠化，治理荒地和沿海滩涂，等等，这些产业将吸收大量的劳动力，既有利于中国的环保建设，又解决了中国所面临的就业难问题。

第三，要建立完善的资本市场体系。政府投入的资金总是有限的，而且不可能直接用于企业更新设备。为实现经济的低碳化，需要依靠资本市场来融资。有自主创新并且在低碳化中做出成绩的、经过市场检验的企业，可以上市，也可以发行企业债券，这就解决了低碳经济中的资本供给问题。在资本市场上一个重要的问题是，一定要两者兼顾：一方面要防止出现欺骗公众的行为，另一方面要扶持那些有条件的、能够上市的好企业。一个国家的实力不以企业总量为代表，仅靠企业总量众多是不行的，而要以优质企业为代表。有了更多的优质企业，我们的经济才会强大。

第四，在税收政策上，应该对低碳经济的企业采取有差别的税率。对低碳化做得好的企业，税负应该减轻；低碳化做得不好的企业，应该加税。另外，对资源回收企业应该有特殊优惠的税收政策，以鼓励其进一步发展。

第五，要妥善解决失业问题。为了减少排放，小煤窑、小钢厂、小化工厂应该关闭。这方面的措施一定得过硬，但是要分批解决。重要的是，在这个过程中要为下岗的工人找到出路。中国第三产业的比重太低，发达国家都在70%以上，中国只占40%，中国的第三产业大有发展的余地。第三产业加快发展可以缓解当前的就业问题。

第六，要寻找经济低碳化过程中新的商业机会。在全球经济低碳化过程中，为了使我们的产品走向国外市场，同时巩固国内市场，有四方面的工作需要认真去做：第一，人无我有。这就是要靠自主创新，外国没有的，中国有。第二，人有我优。外国有同样的产品，但中国制造的比外国制造的好。第三，人优我有新设计、新工艺、新思路。这样就可以自主创新，以"中国创造"立足于国际市场。第四，人优我配套。这是指某行业的产品，可以与国外合作，甚至为外国产品配套，由于中国国内有广大的市场，这同样有发展前景，能给我们带来新的发展机会。

第七，在企业文化中要加上生态文明建设、经济低碳化的内容。过去谈企业文化，主要是企业风格和企业精神，这是对的；现在应该把建设生态文明和实现走低碳经济道路放到企业文化建设中去，这样就可以动员更多的企业职工来监督本企业的生产是否符合环保的标准。这既可引导企业职工懂得低碳化的意义，鼓励大家自觉地从事环境保护工作，也是塑造企业形象的方式。

第八，重视消费文明的建设。经济低碳化的实现，不仅仅是生产领域的问题，同时也是消费领域的问题。家庭中资源浪费现象是存在的，资源节约大有潜力。家庭对废品的回收可以做很多工作。另外，在生活方式上需要建立起新的符合生态文明的习惯，比如说改变传统的不合理、不文明、不卫生的消费习惯等等。这一切要从个人做起，从每个家庭做起，这样，我们的经济低碳化必将有良好的群众基础。

由此看来，要走经济低碳化的道路，一方面要加强行政管理，制定各种符合实际的法律、法规、规章制度，另一方面要采取适当的宏观经济调控手段，使企业、个人调整自己的生产或生活行为。例如，为了节能减排，保护环境，需要关闭一些耗能高、污染重的企业，而这样做的结果可能造成某些工厂的工人失业。对这样的事件，除非是紧急状况或造成突然事件，一般仍应重在微调，制定合理的处置方案，逐步推行，以减少社会震动。又如，为了改变居民的传统消费习惯，不是不可以采用行政手段或宏观经济调控措施，但也宜重在微调，否则会引起公众不理解甚至反感，对改变传统的居民消费习惯反而不利。

四、宏观经济调控应符合中国国情

西方发达市场国家根据凯恩斯经济学需求管理原理，总结出自第二次世界大战结束以来的几十年实行宏观经济调控政策的一些经验，既有一定的成效，也有一些失效之处。但不管怎样，它们是依据各自的国情而采取相应的调控措施的。它们的成功经验或失败的教训，都与各自国情有关。

任何一项脱离本国的具体状况而搬用国外宏观经济调控的做法，没有不失效的。比如，宏观经济调控中的货币政策的调控，通常是总量调控，它的依据就是货币流量分析：货币流量多了，就采取减少货币流量的调控措施；货币流量少了，就采取增加货币流量的调控措施。货币政策中惯用的做法，无非是提高或降低存款准备金率，提高或降低基准利率，增加或减少公开市场业务，有时还直接调控信贷规模，如增加信贷总量或压缩信贷总量。货币政策之所以习惯于运用总量调控手段，因为货币流量分析的依据是：在经济运行过程中，货币流量的多或少，增或减，将直接影响总需求，影响宏观经济全局。

货币政策的总量调控虽然有用，但它的局限性同样不可忽视。货币政策总量调控的局限性主要反映于以下四个方面：

第一，宏观经济的基础是微观经济，而微观单位千差万别，各自的情况很不一样，货币政策的总量调控往往形成"一刀切"的弊病，而"一刀切"所造成的弊病对于正处于经济转型阶段的中国经济来说，后果是严重的。

第二，货币政策总量调控作用于总需求的扩大或压缩，对于总供给的影响不明显，这是因为，对总供给的调控不可避免地会涉及产业结构调整、产品结构调整、地区经济结构调整、技术结构调整、劳动力结构调整和投资结构调整等问题，货币政策总量调控的局限性十分明显。

第三，迄今为止，中国经济依然是非均衡经济。市场还不完善，资源供给有限，资源定价机制还在继续改革和有待于形成，再加上信息的不对称，使得货币政策总量调控不可能像在完全市场化经济中那样发挥作用。

第四，在发达的市场经济国家，有可能通过宏观上的总量调控如货币流量的减少而抑制通货膨胀，或通过货币流量的扩大而刺激总需求，从而减少失业，但一旦遇上了滞胀，即经济停滞、失业率上升与通货膨胀并发，货币政策的总量调控就无能为力了。

加之，货币政策调控建立在货币流量分析的基础上，货币流量分析作为一种总量分析方法，往往会掩盖矛盾，制造假象，使人们对经济形势得出不正确的印象，进而导向错误的判断。一个明显的例子是货币流量分析会导致人们对通货膨胀有不符合实际的预期，而通货膨胀预期会导致通货膨胀的加速来临。这是指：如果社会出现了通货膨胀的预期，一传十，十传百，百传千，大家都说通货膨胀快要来了，于是作为消费者的个人，以及作为供给方和需求方的企业，都会改变自己的消费行为和投资行为。如果每户居民多储存一袋粮食，以防备粮食价格上涨，结果粮食价格真的会涨上去。如果企业预期钢材价格、煤炭价格会上涨，作为供给方，企业产生惜售心理，暂时减少出售，等待时机再出手，钢材、煤炭的市场供应量就少了；作为需求方，企业愿意多储备一些可能涨价的生产资料，于是钢材、煤炭的价格就涨上去了。

再说，即使从货币流量分析的角度看，在计算货币流量的"正常水平"时，通常是以发达市场经济国家的经验为准的，并以充分的市场化和完善的市场环境为前提。要考虑的无非是人口增长率、经济增长率、通货膨胀率、货币流通速度等数据，这种分析方法是不是完全适用于现阶段的中国经济，需要研究。这是因为，中国至今仍处在从计划体制向市场经济体制转型的阶段，城乡二元体制继续存在，某些行业的垄断现象也继续存在，货币流通机制不像市场完善条件下那么灵活、有效，流通渠道的中间环节多，而且往往不顺畅，这些都会增加对货币的需求量。再说，在过去这么多年内，农民在计划经济体制影响下生产和生活，很少涉及市场经济，他们对货币的需求不大，然而在体制转型过程中，农民越来越卷入到市场经济大潮中，对货币的需求量不断增加。因此，搬用发达国家货币流量分析的经验，往往会造成这样的结果：所计算出来的货币流量"正常水平"实际上是偏紧的。换言之，中国经济实际上的货币流量的"正常水平"要高于由此计算所显示的货币流量"正常水平"。中国改革开放30多年的经验说明了这一点。

中国的实践经验还表明，在分析当前中国的通货膨胀时，中国的产业结构分析、所有制结构分析和地区经济结构分析可能比货币流量这个总量指标更能说明问题。要把货币流量回归到"正常水平"，这一分析应当同产业结构、所有制结构和地区经济结构分析结合在一起。这是因为，通过产业结构分析，可以了解产品供求基本平衡的产业、产能严重短缺的产业以及产能大量过剩的产业的各自所占比重状况，而这些不同的产业对货币的需求量是不一样的。无论是存款准备金率的调整还是贷款利率的调整，要因产业结构而异，"一刀切"的做法有可能得到相反的结果，使经济的正常运行和经济社会的协调发展受损。从对所有制结构的分析可以了解到，国有大型企业、民营企业（尤其是民营中小企业）、个体工商户、承包土地的农民，对资本的需求和进行融资的渠道完全不一样，即使可以计算出全国货币流量的正常水平是多少，但很可能使得国有大型企业基本不受影响，而民营中小企业则受到较大的影响，至于个体工商户和承包土地的农民则不得不忍受更高的民间借贷利率的打击。地区经济结构分析的结果可以说明同样的问题。假定一定要按发达国家的货币流量计算方式来确定货币流量的"正常水平"，必然会使东部地区的日子不好过，而中西部地区的经济则更加困难。

要谨防企业资金链的断裂，而企业资金链的断裂又是同产品供应链的断裂连接在一起的。在当前的形势下，在实行货币流量向"正常水平"的回归时，很可能引起产品供应链的断裂和企业资金链的断裂，从而使经济中出现企业停产、倒闭和个人下岗、失业的情况，也可能出现使个体工商户收缩，以及使承包土地的农民收入下降的情况。这是因为，正如前面已说过的，不同的产业、不同的企业、不同的地区，在名为向货币流量"正常水平"回归的政策影响之下，受到不同程度的冲击。有的产业、有的企业、有的地区和有的人群受影响大，于是就会发生产品供应链和企业资金链的断裂。

不仅如此，还应当看到货币流量宽松时，企业无论经济规模大小基本上都能受益，只是大企业可能利益多一些，中小企业可能利益少一些。而当货币流量压缩到"正常水平"或"正常水平"以下时，大中小型企业之间的受损失程度的差别就大得多。大企业还可以活下来，中小企业中不少却活不下去了。这就是货币政策效应的不对称性。

根据以上所谈到的这些情况，我们不能不得出这样的看法：在双重转型阶段的中国，宏观经济调控必须符合中国国情，否则很难收到应有的成效。

第二节 不同的失业类型和不同的对策

一、双重转型期间中国就业问题的特殊性

2008年11月，时值国际金融风暴发生后不久，我正在西欧讲学。一次，一位欧洲的经济学家问道："在西欧发达国家，一般只要年经济增长率保持在2%～3%左右，就业市场基本上就是比较稳定的，不会发生多大的失业问题，为什么中国近年来的经济增长率一定要保持在9%～10%以上才不会出现失业问题严重化的现象？如果经济增长率降到7%以下，失业问题就会相当突出，原因何在？"欧洲经济学家的提问引起了我的思考。

情况的确如此。2008年第四季度和2009年第一季度，中国经济增长率都只有6%稍多一些，果然全国上下一片不安情绪，惊呼农民工下岗了，要回乡了，怎么办？农民工下岗后不愿回乡，或回乡后已无地可耕，留在城市里不走，又该怎么办？所以必须对双重转型的中国经济中的就业问题作细致的分析。

首先要指出，中国和西欧发达国家相比，就业状况是很不一样的。西欧发达国家的工业化大约有200多年了，那里的农民进城打工过程早已结束

了，进城找工作是他们的曾祖父辈、祖父辈的事。现在留在农村中的农民，有自己的家庭农场、小商店或小作坊，又有自己的住宅、庭园、汽车，生活安定，而且不存在城乡二元体制，社会保障制度把城乡都包括在内，他们为什么会涌进城市以打工为生？何况，城市化率已经高达80%甚至更高一些，城市拥挤，交通堵塞，生活质量不如农村，他们搬到城里住，有什么好处？加之，这些西欧发达国家的生育率低，人口增长率接近于零，每年有一批职工退休，新增加的、达到就业年龄的青年人可以填补职位的空缺。如果能有2%～3%的经济增长率，还可以为从北非、西亚、南亚、东欧来的移民安排职业，社会失业问题不就可以缓解了吗？

中国的情况与它们不同。中国至今仍是一个双重转型的发展中国家，城乡二元体制继续存在，城乡社会保障一体化过程尚在进行中，农民进城寻找就业机会仍是他们的选择之一。所以社会就业压力依然很大。正是在这种情况下，中国现阶段必须重视经济增长率。当然，这绝不意味着经济增长率越高越好，因为经济增长率过高会带来一系列问题，如投资过多和信贷扩张，从而导致通货膨胀；此外，如果只追求高经济增长率，将会引起对经济增长质量的忽视，结果导致结构失调加重、环境污染、资源利用率下降等等后遗症。所以，现阶段除了应保持较高的经济增长率（7%～8%）而外，还应当对中国双重转型的失业进行分类，以便有针对性地制定对策。

下面作这样的分类并提出相应对策：

中国目前的第一类失业：总量失业，即由于就业机会不足、岗位不足引起的失业；

中国目前的第二类失业：结构性失业，即有的岗位人浮于事、有的岗位又缺人这两种情况并存下的失业；

中国目前的第三类失业：个人职业选择性失业，即求职人因种种原因而选择工作岗位，如果一时找不到愿意从事的工作岗位，宁肯等待机会。

不同的失业类型有不同的对策，现分别论述如下。

二、总量失业及其对策

总量失业是指在经济中因就业机会不足、岗位不足而引起的失业。在计划经济体制下，由于农民已被人民公社所管辖，有田可种，所以农民被认为已"充分就业"，不在总量失业之列。政府唯一要考虑和安排的，是城市中达到就业年龄的青年人，以及城市中无业的从而没有收入的中年人（也包括一些无业、无收入的青年人）的就业问题。当时有两项重要的措施，一是青年人（当时被笼统地称作"知识青年"，因为他们初中毕业或高中毕业）到农村去插队，或到边疆的生产建设兵团去劳动。尽管这些做法可以安排大批城市青年，但在经济学中却把这种现象称为"隐蔽性失业"，而"隐蔽性失业"是不计入失业人数的。二是给城市中的无业又无收入的中年人和一部分青年人安排做临时工，从事植树造林、修路、清扫垃圾等工作。尽管是临时工，但总算已经就业了。

改革开放以后，中国进入了双重转型阶段，人民公社已解散，农村家庭承包制已在全国推行，知识青年插队的做法也被抛弃，再加上农民自行外出务工或从事小商小贩活动的情况越来越普遍了，但是总量失业状况继续存在，只是有些年份缓和些，有些年份压力大一些，这些全同经济增长率高低有关。

根据中国实际，缓解总量失业的对策主要有以下五项：

第一，经济增长应当维持较高的速度，近期内不要降低到7%以下。这是因为，新就业岗位通常是在经济增长过程中涌现的，经济增长率连续滑坡，总量失业必定会增大，这已被中国双重转型的历程所证实。何况还应当注意到，经济增长率的变动和失业率的变动不仅有时差，而且有不对称性。比如说，当企业订单减少，企业产值下降，从而促使经济增长率滑坡时，就业率并不会因此立刻降低，而是要滞后一段时间，因为企业仍希望订单会恢复原状。假定企业匆忙裁员，一旦订单到了，怎么办？所以企业要先等待一段时间，视订单状况再决定裁员。这表现为裁员滞后于经济增长率下滑。另一方面，当经济转而复苏时，已裁员的企业看到订单开始上升时，一般不会马上招收职工，企业仍处于观望阶段。这时，企业大多采取让现有职工加班加点的做法，以应付生产之急。等到订单确实多了，经济回暖了，才决定招收新职工。这反映新增就业滞后于经济增长率的上升。因此，相对于经济增长而言，就业增加也是滞后的。这也就是经济增长率的变动与失业率的变动所具有的不对称性。

第二，增加中低收入家庭的收入，提升它们的收入水平，改变它们的消费结构，促进服务业的发展。传统服务业无疑可以增加许多工作岗位，更重要的是，现代服务业的发展将会增添更多的工作岗位。服务业的就业潜力很大，这是未来吸引高等院校毕业生就业的重要领域；此外，也能接纳有中等学历的就业人员。

第三，以创业带动就业。在工业化、城镇化、信息化和农业现代化过程中，城市居民和农民都有创业热情。这是因为，政府鼓励城乡居民自行创业的政策措施，大大激发了他们的积极性，如自行创办小微企业，创办养殖场，开发滩涂地、荒地和沙地。农民的家庭农场、家庭牧场和家庭林场实际上就是一个个小微企业，除业主本人和家属在这里从事生产和经营外，还吸收了本地和外地的劳动者前来就业，这就是"以创业带动就业"。

第四，民营企业是当前吸纳新增就业人员最多的领域。这也是政府在制定就业政策时最应当考虑的领域，主要是要保护民营经济投资者的产权，解决民营企业面临的困难，包括领域准入的限制、融资的困难、公平竞争的障碍以及税费负担过重等问题。要对民营企业在吸纳就业方面给予一定的税收优惠。例如，凡是使"零就业家庭"中能有一个人得到就业机会的民营企业，可以得到一定的奖励；凡是使一定数量的"零就业家庭"变成"有就业家庭"的民营企业，可以得到一定比例的税费减免。这样就可以使多吸纳"零就业家庭"成员就业的民营企业得到激励。

第五，政府以实际措施鼓励企业（包括国有企业和民营企业）迁移到失业率较高的地区去。这种做法，既对企业有好处，又有利于所要迁入的地区和缓解当地失业状况，增加地方财政收入，提高本地的经济增长率。关键之处在于地方政府必须讲诚信，遵守承诺，按照地方政府和迁入企业的协议去做。这也是西方市场经济国家惯用的增加地方就业的措施。

三、结构性失业及其对策

结构性失业是指有的岗位缺人而另有的岗位人浮于事。为什么这里多余的劳动力不能去填补那里因人手不足而留下的空位呢？主要是结构不协调所致。结构不协调是多方面的。例如，产业结构不协调，求职者的技能和专长同人手不足的职业空位不协调，或求职者的年龄、性别同需要录用新人的职业空位不协调，或求职者的居住地区因与需要录用新人的企事业单位所在地区相距过远，求职者不愿到相距过远的地方去工作。

结构性失业由于有各种不同的原因而存在，所以缓解结构性失业的对策也应当具体化、明细化。

大体上，以下五项措施可能对缓解结构性失业是有效的：一是加强职业技术培训；二是工资差别适当调整，鼓励准备就业的青年和已经就业的中青年自觉学知识，学技术，提高专业水平；三是知识技术密集型企业、资本密集型企业、劳动密集型企业并重，一定不要忽略继续发展劳动密集型企业；四是贯彻国家产业政策，调整产业结构、产品结构，以及鼓励企业自主创新、向合适地区转移，并在产业转移过程中实现产业升级；五是鼓励城乡居民自行创业，发挥他们的积极性和专长。在这里还需要说明一点，即解决结构性失业的措施往往同解决总量失业的措施是重叠的，即这些措施（如加强职业技术培训；鼓励中青年努力学知识、学技术，提高专业水平；调整产业结构、产品结构，鼓励企业转移；鼓励城乡居民发挥专长，自行创业）既有助于解决总量失业，也有利于解决结构性失业。也就是说，尽管总量失业和结构性失业在产生的原因上有所不同，但同一项措施却能起到有助于两类失业都有所缓解的作用。

进一步说，随着工业化的进展，随着经济增长和科学技术水平的提高，今后的结构性失业会越来越突出，因为工作岗位对准备就业和已经就业的人员的专业要求越来越高了。准备上岗的和已经在岗的人员，不继续学习，就难以胜任岗位的任务，也就有被淘汰出局的可能性。这是一种巨大的压力，值得企业、职工、政府共同关注。而且，继续学习、终身学习对于任何职业的就业者都是必要的，否则在原有的工作岗位上就会从适应到勉强适应，再到不适应。

即使是自行创业的小微企业主和家庭农场主，同样有继续学习、终身学习的需要，要认识到不学习新知识和新技术的后果，绝不只是失去客户和亏损，而是有可能被挤出市场，成为市场的被淘汰者。我们在浙江、山东两省一些小城镇对中、小、微型企业主和个体工商户，以及农业承包户、家庭养殖户进行调查时发现，他们有一个共识，这就是：技术更新速度加快了，不学习就跟不上市场的变化，现在不努力学习将来一定越来越落伍，要追赶也越来越难了。这是一种好现象。技术的更新和市场的变化使这些自行创业者承受的压力增大，未必不是一件好事。

四、个人职业选择性失业及其对策

"个人职业选择性失业"概念在西方经济学中有时被称作"自愿失业"，以区别于想就业而找不到就业岗位的"非自愿失业"。其实，"自愿失业"这种说法是不准确的。比如说，有人想就业，但却找不到自己满意的工作岗位，这就称为"个人职业选择性失业"，以区别于有政府或社会保障制度下所提供的福利（如生活津贴或失业救济金）而不想工作的人，也区别于由家长继续供养而不愿工作的人，即所谓"啃老族"。

个人职业选择性失业产生的原因无非有以下三个：

第一，个人有职业评价标准，认为哪些职业是不体面的、被别人瞧不起的，所以不愿从事。举一个例子，有一次在某个沿海城市召开的就业状况调研会上，听到该市场劳动部门介绍说："在我们这里，从事清扫街道和公共厕所保洁的工人，大多数是来自西南某个中等城市的农民工，而在那个城市从事同样工作的工人又是来自西南另一个省的农民工"。我们询问做保洁工作的农民工："你们那里不是也缺少扫马路和清理公共厕所的保洁工吗？你们为什么不就近在本乡本土从事同样的工作呢？"回答很简单，就一句话："在本乡本土的城镇干这种活，被熟人碰见，多没面子啊！"可见，对职业的评价，确实是使待业者不愿去工作而宁愿继续待业的一个重要原因。

第二，个人的专业知识或技术比较狭窄，很难找到对口的就业岗位，这就大大减少了个人职业选择的范围。于是会继续等待。这在一定程度上是个人职业选择性失业和结构性失业的叠加。

第三，个人的就业观念有变化，在具备某一专业知识和技术之后，由于找专业对口的工作不顺利，产生了不愿意（至少是短期之内不愿意）再找工作的想法，愿意从事"自我就业"。"自我就业"是一种时尚用语，不包括自行创业，如开办小微企业，经营家庭农场、家庭养殖场和家庭林场等在内；而实际上是指没有固定的工作，有时在证券市场炒炒股票，做点期货生意，有时写些散文、小品甚至小说，有时去旁听大学的课程，有时帮朋友、熟人出点主意，等等。生活上，就业与否也由家庭状况而定，或宽裕些，或紧张些，如果家庭富裕，他们宁肯继续寻找合适的工作，而不想"凑合"地找一份工作。还有一些青年人，由于个人就业观念改变了，所以偏爱"非正规就业"，有时"自我就业"，有时受雇于某个单位，找些临时工作做，也可以把他们归入个人职业选择性失业一类。

由此看来，应对个人职业选择性失业的措施，主要同职业评价标准、个人应有"厚基础、宽口径"的知识技术训练以及个人就业观念转变有关。

关于职业评价标准，这不仅是个人如何评价职业的选择问题，而且在很大程度上要受社会、家庭、亲戚、朋友和同学的影响。当社会上流行着种种对某些职业的偏见和歧视的情况下,个人不愿从事某些工作,并不能摆脱或纠正这些职业偏见。这种职业偏见和职业歧视的克服,还有待于社会的共同努力,可能需要较长的时间。

为了适应就业岗位对求职者的要求,大学的专业不要分得过细,对大学生"厚基础、宽口径"的训练对就业是有用的。进入研究生阶段学习时,专业可以分得细一些。实践证明,这对于专业人才的培养有好处。

关于求职者就业观念的改变,不一定苛求。人各有志,有些人愿意等待合适的就业机会的来临,未遇到适合于自己兴趣和志向的就业岗位,就让他等待吧,不必强求。只要生活上还过得去,"自我就业"也不一定不好。只需要有适当的提示"时光不再",就顺其自然吧!需知道,宁肯等待而不愿意就业的人,是有自己选择职业的权利的,政府无法强制他们在某一类工作岗位就业。

五、中国失业问题的长期性

前文分析了中国双重转型过程中三种类型的失业产生的原因,并讨论了各自的对策。由此可以得出一个初步的结论,要缓解中国的失业问题,绝非轻而易举之事。对中国失业现象的长期性应有充分的思想准备。

归根结底,中国在近期内仍应在提高经济增长质量的同时,保持较高的经济增长率(如7%～8%),因为新的工作岗位是在经济增长过程中涌现出来的。

从较长时期看,城乡二元体制改革正在进行之中。城乡二元体制解除了对农民权利的种种限制,促使更多的农村劳动力进入城镇寻找工作。特别是城乡二元体制改革与城镇化建设平行推进,为进入城镇的农民增加不少就业岗位,否则城镇的就业压力只会越来越大。这就是中国就业问题难以解决的一个体制性原因。

又如,前文在谈到总量失业、结构性失业和个人职业选择性失业的对策时，都指出了促进职业技术培训制度的完善和发展的必要性，包括把职业技术教育作为终身教育来对待，不断提升求职者和已经就业者的技术水平，以适应技术的不断更新等。然而，决不能忽略这种对策在实施中的困难。据调查，主要困难有四点：

一是师资力量不足，职业技术教育机构没有这么多有水平、有资质的教师，他们既要有实践经验，又要有足够的专业水平，还要自身能不断跟上新技术进步的速度。这种人才太缺乏了。何况，一些有水平的不愿意到职业技术学院或职业技术学校担任教师。

二是经费不足。政府的教育经费要关注的是义务教育、高中教育、大学和所属研究所的教育等等，不可能有更多的经费用于职业技术教育。而职业技术教育经费的需求则是越来越大，经费的供给难以满足经费的需求。

三是社会对职业技术教育的重视不够，许多家长总希望孩子能考上名牌大学，尤其是顶尖大学，将来再读研究生，出国留学。相形之下，只有成绩较差的或家境较差的学生才愿意报考职业技术学院或学校，以便毕业后易于找到工作。

四是特大型和大型企业都知道职业技术教育的重要性，但按照以往的经验，它们只想在本企业中成立新职工上岗前培训机构和在职职工轮训机构，而不愿自己承担经费开办职业技术学院或学校，因为这些院校的毕业生是流动的，可能毕业后流向其他企业。如果职业技术院校由地方政府创办，那又会遇到师资不足、经费不足等困难。由此可见，中国职业技术制度的完善和发展还需要有一个较长的过程。

再如，最近几年才出现的"绿色增长"、"绿色就业"等概念，它们的推广和被公众所接受还需较长时间，而要实施见效，则需要更长时间。

什么是"绿色增长"？什么是"绿色就业"？这两个概念都是在经济低碳化过程中出现的。"绿色增长"是指：经济增长应当符合经济低碳化的要求；如果经济增长中不能把节能减排放在首先需要考虑的位置上，达不到经济低碳化的要求，那就应当采取措施，该关闭的关闭，该停产的停产。

至于新建的项目，凡达不到经济低碳化要求的，就不予批准建设；已经开工的，甚至准备投产的，也应当停止建设，按经济低碳化的标准进行整顿。"绿色就业"是指：已经就业的人员如果是在不符合经济低碳化标准的企业中工作的，那么随着这些企业的关、停、并、转，也就处于待业的状态；凡是新建成的企业是符合经济低碳化标准的，才准于投产，这里的就业人员才被纳入"绿色就业"之列。当然，经济低碳化是一个过程，要根据中国的实际状况逐步实现。但"绿色增长"和"绿色就业"作为努力的方向，则不会动摇。

如上所述，中国的就业压力很大，就业压力要靠经济以较快速度增长来缓解。"绿色增长"和"绿色就业"概念的提出，以及"绿色增长"和"绿色就业"的实施势必会影响经济增长的速度，因为这要求一些不符合节能减排和环境污染治理标准的现有企业关、停、并、转，以及新建企业未达到经济低碳化标准而停建和暂缓投产，从而既会影响经济增长，又会影响就业。可见，这些又将决定中国失业问题的解决是长期的。

六、关于二元劳工市场

二元劳动市场不仅是国际上普遍存在的现象，而且还是市场经济国家经常受到人们谴责的一种体制和经济学家关注的深层次问题。中国在计划经济体制下，劳工市场二元性问题不突出，一是由于当时的就业由计划经济体制下的政府控制；工作通常不是个人自己寻找的，而是根据就业配额分配到基层的，所以劳工市场二元性不突出；二是由于当时存在着"隐蔽性失业"，而"隐蔽性失业"的存在使劳工市场二元性问题不明显。

中国进入由计划经济体制向社会主义市场经济体制转型阶段之后，二元劳工市场现象逐渐产生，并且终于成为限制社会底层群众收入增长的障碍。

那么，究竟什么是二元劳工市场？可以作一些简明的阐释。在经济理论中，劳工市场可以按职工的"社会等级"来划分，它至少可以分为两类市场，一类称为头等市场，又称为"好职业"劳工市场，另一类称为次等市场，又称为"坏职业"劳工市场。

头等劳工市场的特征在于：这里的职业之所以被称作"好职业"，是因为在这些工作岗位上，基本工资较高，额外的津贴和福利较多，工作条件较好，技术要求较高，在职深造和学习进修的机会较多，被提拔的可能性较大，等等。

次等劳工市场的特征在于：这里的职业之所以被称作"坏职业"，是因为在这些工作岗位上，基本工资较低，额外的津贴和福利较少，工作条件较差，技术要求较低，在职深造和学习进修的机会较少，被提拔的可能性较小，等等。

两类劳工市场的出现虽然不是一种正式的划分，但却是长时期以来社会上的一种习惯的划分。在社会上，人们对于在头等劳工市场的"好职业"中就业的，一般比较尊重，认为他们是"有出息的"、"有前途的"，而对于在次等劳工市场的"坏职业"中就业的，一般不予尊重，并带有"看不起"的看法，认为他们是"没出息的"、"没有前途的"，久而久之，就成为一种歧视、一种偏见。

而在转型阶段的中国，还要增加一种歧视，这就是：中国在计划经济体制下已形成半个世纪以上的两类户口制度（城市户口和农村户口并存），而广大农民是农村户口，他们的权利和就业机会受限制，所以通常只能进入次等劳工市场，在"坏职业"中找到工作，并长期在那里工作，很少有机会转入头等劳工市场，他们也很难在"好职业"中得到工作。

于是在中国，对处于次等劳工市场的已就业者的社会垂直流动渠道是十分狭窄的，甚至是被堵塞的。结果是出现了社会阶层凝固化现象，形成了某种意义上的"职业世袭化"，即父辈在次等劳工市场上就业，儿子也绝大多数在次等劳工市场上就业。

因此，结合中国现阶段缓解就业压力问题来探讨劳工市场二元性的淡化以及打通社会垂直流动渠道的对策，是有现实意义的。下面，将从三个角度来分析：

第一，跨市场流动的可能性。这是最基本的条件，因为这里所说的跨市场流动，专指劳动者从次等劳工市场向头等劳工市场的流动，而不涉及劳动者从头等劳工市场向次等劳工市场的流动。后一种情况比较少见，而且往往有特殊原因：如在经济衰退情况下，有的专业人员、技术人员在企业裁员中被裁减了，想在头等劳工市场中再找份工作，未能如愿，只好在次等劳工市场中找工作。又如，有的专业人员、技术人员因个人犯了错误，被工作单位除名，不得已在次等劳工市场找份工作。这些都属特例，所以不在这里探讨。这里要探讨的，只是劳动者已经在次等劳工市场中就业了，希望有机会转到头等劳工市场中去工作。有什么正规途径可走？唯一可走的正规途径就是自己刻苦学习，钻研技术，通过公平竞争，或通过考试，或被录用单位审核后合格，从而进入头等劳工市场。现实生活中不乏这样的例证。

第二，头等劳工市场中的"好职业"得到社会的关注，得到较快的发展，需要增添员工。

这种机会也是常有的。比如说，现代服务业近年来的成长，增加了不少新工作岗位，需要增加不少专业人员、技术人才，这就给新毕业的求职者较多地进入头等劳工市场中"好职业"的机会，也让原来在次等劳工市场中"坏职业"工作的人有机会通过一定的程序实现跨市场流动。机会总是有的，就看自己有没有相应的能力，能不能抓住机遇。

第三，如上所述，"好职业"和"坏职业"的区别主要在工资和福利方面有差距，工作条件一好一坏，学习机会一多一少，职务提升率一高一低。如果"坏职业"在这些方面都改善了，"坏职业"不像过去同"好职业"之间在这些方面那么悬殊了，岂不是不必急于"跨市场流动"了？从西方发达的市场经济国家近半个多世纪的历程可以了解到，在机械化、自动化逐渐推广后，许多工种的工人已不像当初那么艰苦了。人们在工厂里从事的体力劳动,也不像当初那么累了。而且有了社会福利制度,不同行业从业者之间的福利差别缩小了。人们已注意到这种情况,即要求转换职业的人减少了。

但无论出自什么动机,要求从次等劳工市场转入头等劳工市场的人,首要的问题仍是社会垂直流动渠道应当畅通,就业中的歧视、偏见和各种不正之风,都应当消失,实行公平竞争上岗,这样才能把每个劳动者学习和工作的积极性充分调动起来。

第三节 不同的通货膨胀类型和不同的对策

一、需求拉动型通货膨胀及其对策

经济生活中最早和最经常出现的通货膨胀是需求拉动型的通货膨胀。在当代西方经济学中,最早研究需求拉动型通货膨胀的经济学家是凯恩斯和他的追随者们。

凯恩斯宏观经济学中关于经济政策的基本主张是维持经济稳定。维持经济稳定包括两个方面,一是消除或缓解失业现象,二是抑制或缓解通货膨胀。造成失业的原因在于总需求不足,造成通货膨胀的原因在于出现了过度需求。假定失业严重了,政府应当刺激经济,放宽财政政策,放宽货币政策;只要总需求增加了,失业就会缓解,直到消失。假定通货膨胀严重了,政府应当抑制总需求,实行紧缩的财政政策和紧缩的货币政策;只要需求减少了,通货膨胀就会缓解,直到消失。

第二次世界大战结束以后的大约20～30年内,西方市场经济国家的政府,大体上按照凯恩斯经济理论来维持经济稳定,即运用或松或紧的财政政策和货币政策,时而刺激总需求,时而抑制总需求,以维持经济稳定增长。在当时，这是比较有效的。就治理通货膨胀而言，政策之所以比较有效，因为当时出现的通货膨胀属于需求拉动型通货膨胀。

如果对需求拉动型通货膨胀进行细分，又可分为两类：一类是以投资需求膨胀为主的投资需求拉动型通货膨胀；另一类是以消费需求膨胀为主的消费需求拉动型通货膨胀。在两类需求拉动型通货膨胀中，较常见的是前一种，即投资需求拉动型通货膨胀。

1958年，英国伦敦政治经济学院教授菲利普斯在《经济学报》11月号上发表了《1861—1957年英国失业和货币工资变动率之间的关系》一文，把货币工资的增长率同失业率相比较，得出二者之间存在着一种交替关系，也就是说，高的货币工资增长率总是伴随着低的失业率，低的货币工资增长率总是伴随着高的失业率。菲利普斯是根据经验数据而得出上述结论的，而通货膨胀率通常用物价上涨率来表示，物价上涨又引起货币工资的升高，所以货币工资率的变化可以代表通货膨胀率的变化，货币工资增长率和失业率之间的关系也就可以用此长彼消、此进彼退的交替关系来表述。1960年，萨缪尔森和索洛两位著名经济学家在《美国经济评论》5月号上发表了合著论文《反通货膨胀政策的分析》，文中把菲利普斯提出的曲线称作菲利普斯曲线，从此菲利普斯曲线概念广为传播。在这时，萨缪尔森和索洛二人已对菲利普斯曲线稍做修正，以后学术界和政策制定部门都把菲利普斯曲线解释为通货膨胀率与失业率交替的曲线。

菲利普斯曲线的提出为治理需求拉动型通货膨胀提供了便利。只要根据菲利普斯曲线，就可以方便地提出制定财政政策和货币政策的依据。内容是：先制定通货膨胀率和失业率的"社会可以接受的程度"，然后根据情况，设法把通货膨胀率和失业率都控制在"社会可以接受的程度"界限之内，这时不需要采取政府干预措施。如果通货膨胀率超过了这一界限，政府可以采取紧缩政策，宁肯失业率高一些，也要把通货膨胀压下来；反之，如果失业率超过了这一界限，那么政府就可以采取宽松政策，宁肯通货膨胀率高一些，也要把失业率压下来。这就行了。

从理论上分析，菲利普斯曲线并没有足够的理论依据。即使按凯恩斯经济学原意来说，凯恩斯也没有科学地说明西方市场经济国家中发生通货膨胀和失业的真正原因，需求过度和需求不足依然是两种现象，它们的制度性原因未在凯恩斯考察范围之内。菲利普斯同样如此，他始终没有去探究通货膨胀和失业的深层次原因。难道失业的增多是由于通货膨胀较低、较慢吗？难道失业的减少是由于通货膨胀较高、较快吗？这是很难有说服力的。

果然，到了20世纪70年代初，凯恩斯经济学危机发生了，因为从这时起在美国出现了"滞胀"，也就是出现了通货膨胀与失业并发症，凯恩斯的需求管理学说和菲利普斯曲线的解释，都失灵了。

二、成本推进型通货膨胀及其对策

如上所述，凯恩斯需求管理学说的要点可以归纳为以下两点。一是，通货膨胀原因在于总需求过大，所以要抑制总需求，采取紧缩政策；二是，失业原因在于总需求不足，所以要刺激总需求，采取宽松政策。但这已经无法解释通货膨胀与失业并发症的出现，也无法采取紧缩政策还是宽松政策了。这是因为，总需求过大与总需求不足两种截然相反的情况怎会同时出现呢？又怎能同时采用紧缩的政策和宽松的政策呢？这样人们就会感到凯恩斯的需求管理学说失灵了。

在探讨"滞胀"的原因时，有些经济学家认为，这时的通货膨胀可能不是投资需求拉动或消费需求拉动的通货膨胀，而是另一类型的通货膨胀，又称为成本推进型通货膨胀。在当时，经济学家中不少人称之为"新型通货膨胀"。于是对"新型通货膨胀"的原因和对策展开了讨论，并提出相应对策。

成本推进型通货膨胀被认为是由于工资成本的上升引起的，而工资成本的上升又同物价水平的上升相互推动，二者轮番上涨：工资上升推动物价上升，物价上升又推动工资水平上升，这样，二者的轮番上升就永无止境了。有的经济学家对此作了如下解释：经济生活中，形成了两大垄断势力，即工会和大企业，双方势均力敌，不相上下。工会控制了工资增长率，使工资具有工资刚性，即只容许工资上调，不容许工资下调。大企业控制了价格，使价格也具有价格刚性，即只容许价格上调，不容许价格下调。这就好像两小孩玩"跳背游戏"一样。"跳背游戏"又称"蛤蟆跳"，它是这样的：两个小孩，一个双手放在地上，弯着身体，像青蛙一样，另一个小孩站着，从那个小孩身上跳过去。跳过去的那个小孩，又在前面趴下来，原来趴在地上的小孩站起来之后，又从刚趴下的小孩身上跳过去……如此轮流跳背不已。工资和价格好比两个小孩，轮流从对方身上跳过去。这正如两个小孩玩"跳背游戏"。政府无论怎么"劝说"工会和大企业双方别再跳了，都不管用。

政府究竟该怎么办？既然"劝说"不管用，那就只好来硬的，即采取强制性的"收入政策"。这就是：如果用手按住一个孩子，不让他站起来，那么顶多只能跳一次，"蛤蟆跳"就结束了；如果用两只手按住两个小孩，谁都站不起来，"蛤蟆跳"立刻停下来了。根据这个道理，20世纪70年代美国总统尼克松采纳了一部分美国经济学家的建议，实行工资和价格管制政策，工资水平和价格水平实际上处于冻结状态，全都不能任意上涨。显然，这是完全违背市场规则的，无疑只能短期生效，时间稍长就维持不下去了。

到了20世纪70年代后期，在美国又兴起了一个供给学派。在西方经济学界，供给学派当时被认为是带有保守倾向的经济学说的坚持者。他们主张在听任市场机制充分发挥调节作用的条件下，把增加供给作为解决美国发生的成本推进型通货膨胀和"滞胀"的基本政策。他们认为，只有增加供给，才能抑制要素成本上升的趋势；而只有减税，才能增加供给。供给学派的上述主张，与凯恩斯经济学中需求管理学说是完全不同的。在供给学派看来，对待通货膨胀问题，不能采取紧缩需求的政策，如果这样，供给不足会加剧短缺，而短缺正是通货膨胀发生的原因。"滞胀"中的"滞"不会因紧缩需求而消失，而"滞胀"中的"胀"则会因供给不足而继续存在。

针对凯恩斯经济学关于通货膨胀期间切不可以减税，只应当增税的主张，供给学派经济学家认为，凯恩斯经济学的追随者恰恰把应当采取的政策颠倒了。这是因为，通货膨胀期间增税会压缩供给，供不应求状况的加剧会继续推动通货膨胀。所以供给学派极力主张减税，减税的结果会刺激企业增加生产，从而达到抑制通货膨胀的目标。

供给学派同凯恩斯学派的争论持续进行，双方谁也说服不了谁。那么，到了20世纪80年代中期，美国是如何逐渐减轻了通货膨胀与失业并发症，使"滞胀"现状逐渐消失的呢？这时，美国政府认识到最重要的对策是鼓励企业自主创新，鼓励产业升级，走上大力发展高新技术的新路。很难说美国政府接受了某一个经济学派的学说，而是兼收了各个经济学派的主张。关于凯恩斯学派的需求管理的建议，美国政府继续作为宏观经济调控的依据；关于供给学派关于减税的主张，美国政府采纳了，并且以此作为鼓励和扶植技术创新和大力发展高新技术的措施；关于货币学派主要稳定货币数量增长率的设计，同样成为美国政府的政策依据之一。但更重要的是，美国从世界科技的进步和美国境内不少科技创新企业的成功案例中受到启发，认为这将是今后美国经济的希望所在。

科学技术的突破终于使美国从20世纪80年代中期起，又一次在高新技术产业领域获得了世界领先地位。这比任何一个经济学流派的说教更有说服力。技术创新是应对成本推进型通货膨胀的最佳对策。减轻税负、发展资本市场、推进产权激励制度、发挥科技研发人员的积极性、在高等教育制度方面深化改革等等，也都被认为是发展高新技术产业的有效措施。

历史经验表明，20世纪70年代以来40年内，美国社会各界有关应对成本推进型通货膨胀的对策的讨论，对包括中国在内的其他国家是很有启发的。

三、国际输入型通货膨胀及其对策

国际输入型通货膨胀的历史比较长久，一个很明显的例子就是 16—17 世纪发生于西欧国家的"价格革命"，源头在西班牙。这是因为，当时西班牙王国侵占了除巴西以外的拉丁美洲地区，在所占领的拉丁美洲殖民地上，到处掠夺印第安人、一些国家的王宫和贵族府邸，又到处利用被掳掠来的印第安人开采贵金属矿，并把大量金银财宝从美洲运回西班牙。于是西班牙物价飞涨。西班牙的价格飞涨很快就传递到法国、荷兰、英国等西欧国家，这些国家的商品供给远远不敷需求的扩张，法国、荷兰、英国等国受到西班牙的影响，也都成为"价格革命"的受害者。

因此，经济学界把这种源头本来在国外，后来深刻影响到其他国家的通货膨胀，称为国际输入型通货膨胀。

国际输入型通货膨胀从一个国家输出到另一个国家，主要通过两个渠道，一是商品流动渠道，另一是资本流动渠道，而不论输出通货膨胀的国家是不是通货膨胀的源头国，也不问究竟是第一次输出（指由源头国向外输出通货膨胀），还是第二次或第二次输出以后的多次输出。

通过商品流动渠道而输入的通货膨胀是指：一个国家因国内对某些商品有需求而本国的供给不足，如果国外该商品的价格上涨了，通货膨胀会经商品流动渠道输入国内。这尤其明显地表现于石油、天然气、铁矿石、有色金属、棉花、粮食、大豆和食用油等大宗商品的进口价格上升方面。

通过资本流动渠道而输入的通货膨胀是指以下四种情况。

第一种情况：由于国际间存在着利息率的差别，有些国家的利息率较低，有些国家的利息率较高，资本总是追逐较高的利息率，于是资本就会从利息率较低的国家流入利息率较高的国家，一旦资本流入利息率较高的国家后，会使得利息率较高的国家的资本过多，从而商品价格将会上升。

第二种情况：由于各国经济发展程度不一，投资机会有多有少，投资盈利率有高有低，而资本总是追逐较多的投资机会和较高的投资盈利率，于是资本就会从投资机会较少和投资盈利率较低的国家流入投资机会较多和投资盈利率较高的国家，从而引起后者的资本输入较多，也会引起商品价格上升。

第三种情况：由于某些重要的国家，特别是像美国这样的大国，而且其货币还是国际储备货币的国家，为了缓解本国经济衰退等情况，采取了宽松的货币政策，从而导致流动性过剩。这时该国的资本会涌入其他国家。这被称为有意输出通货膨胀的行为，是转嫁通货膨胀的行为，其他国家成了受害者。

第四种情况：国际收支差额在通货膨胀国际传递中的作用。国际收支顺差和国际收支逆差对通货膨胀国际传递都有影响，但二者的作用是不一样的。如果一国有连续的国际收支顺差，外汇储备必定增加，从而该国的流动性也会相应增加（即通常所说的外汇占款增加），这正是导致该国发生通货膨胀的原因之一。加之，在这种情况下，该国货币面临着升值压力，于是国外资本预期到该国货币有升值的现实性，会进一步输入该国，国际输入型通货膨胀也就会加速发生。如果一国有连续的国际收支逆差，外汇储备必定减少，这将促进该国加紧引入外资，并且它们也有可能实行货币贬值，这些都是该国发生通货膨胀的前兆。由此可见，国际收支的连续顺差或连续逆差，会从不同的方面引发通货膨胀。

那么，一国怎样防范国外通货膨胀的输入呢？在已经发生国际输入型通货膨胀的情况下，有什么有效的对策呢？大体上有以下措施可供选择。在讨论这些可供选择的措施之前，先要假定进口的商品（如石油、天然气、矿石、粮食和棉花等）是刚性需求，不会因国际价格上升而大幅度地停止进口。

可供选择的对策如下：

1. 外汇管制

为了防止国际上的资本涌入本国，加强外汇管制是可供选择的对策之一。也就是说，在资本输入时要加高堤坝，防止资本通过流通渠道向本国转入。特别要防止无定向的国际资本（即通常所说的国际游资）进入本国，这时可以采取区别对待的筛选方式。

2. 货币政策结构化

货币政策太松或太紧都不利于缓解国际输入型通货膨胀压力，稳健的货币政策通常是可行的，而且需要货币政策的总量调控与结构性调控相结合，这也实现了有保有压的目标，使货币流通量回归到正常水平，同时还可以避免实行紧缩政策或宽松政策等带来的副作用。

3. 合理使用外汇储备

合理使用外汇储备，特别是在预期进口商品价格会有较大幅度增长的情况下，让企业多进口一些所需要的商品，作为超正常储备，是必要的。同时，要鼓励企业（包括国有企业和民营企业）对外投资，收购国外资产，或与对方企业合作投资，合作经营，都有助于缓解国际输入型通货膨胀的症状。

4. 适当地利用较紧的财政政策和货币政策

适当地利用较紧的财政政策和货币政策的目的是：一方面可以适度减少流动性，以减轻流动性偏大的压力，缓解通货膨胀压力；另一方面通过适度抑制过高的经济增长率，进而减少对国外的原材料和燃料进口量，减少对国外进口的原材料和燃料的依赖度，迫使国内企业提高原材料和燃料的利用率。即使国内对这些进口商品的需求有一定的刚性，但刚性需求并不是不可以伸缩的。

四、现阶段中国的通货膨胀是综合型的，要采取综合的对策

在计划经济体制下，尽管也有通货膨胀，但那是隐性的，主要不表现为物价上涨，而表现于配额的推广使用，配额的商品种类越来越多，即凭票供应的商品种类越来越多。直到改革开放以后，随着中国由计划经济体

制逐步向社会主义市场经济体制过渡，通货膨胀才不断明显化、公开化。

但是，在进入21世纪以前，中国的通货膨胀主要是投资需求拉动型的通货膨胀。20世纪80年代初期和中期如此，90年代中期也如此。只有在1988年，由于传说要价格闯关，居民抢购消费品，企业囤积原材料和燃料，才发生投资需求和消费需求共同拉动的通货膨胀。当时，应付需求拉动型通货膨胀是实行紧缩的财政政策和紧缩的货币政策，财政闸门一关，信贷闸门一关，虽然也有副作用，通货膨胀毕竟被制止住了。这段历史，大家记忆犹新。

进入21世纪以后，形势变了。除了继续有投资需求为主的需求拉动型通货膨胀而外，还有国际输入型通货膨胀，特别是有了成本推进型通货膨胀，这在中国是一种新型通货膨胀，甚至可以说是第一次发生这种类型的通货膨胀。

在21世纪，成本推进型的通货膨胀中有三个新的因素。一是工资成本上升。在这以前，中国的用工成本一直低廉，因为中国有充足的廉价劳动力资源。但经历了二三十年（从20世纪80年代至21世纪初），生活费用不断上涨，农民外出打工的成本也不断上涨，他们要求提高工资水平合情合理。二是用房成本上涨，这是过去不多见的。这不仅表现为企业生产用房、用地成本上升，也包括务工者生活用房成本上升，进而促成工资成本上升。三是融资成本上升。这主要是由于融资难的问题迟迟未能解决而引起的。融资难问题拖延未决，民营企业只有求助于民间信贷，于是高利率盛行，民营企业越来越陷入困境，无法挣脱。

以最近一次的通货膨胀（2011—2012年）为例，它是综合型通货膨胀，需求拉动型的、成本推进型的和国际输入型的通货膨胀并存。从原因上说，究竟是哪一种通货膨胀为主呢？一般认为，国际上重要商品虽然间歇性有价格上升现象，但还不及此前几年。至于需求拉动型的通货膨胀，依然是不可忽视的。因为中央政府和地方政府都具有投资冲动，总依赖加大投资力度和扩大信贷规模，促进经济增长。但最重要的，也是政府决策部门始料未及的，则是成本推进型通货膨胀。说得更通俗些，当政府官员在获悉不少民营企业在诉苦"很难继续撑下去了"时，总以为它们只不过是重复以前的老话，如"融不到资"、"税费太重"、"出口困难"、"订单少了"等等，而不曾料到民营企业却向政府申诉："工资越来越高"，"有钱也雇不到合适的农民工"，"农民工不愿来我们厂"，"刚招进了工人，又被别的企业用较多的工钱挖走了"等等。民营企业没有想到，政府官员也没有想到，在2011—2012年会发生这样的"怪事"。其实，这种情况不足为奇。既然生活费用已上涨了不少，农民工要求加工资，有什么奇怪？既然农民工感到工资偏低，难以适应城镇生活，他们为什么不呼吁要增加工资，增加福利？

这就是成本推进型通货膨胀已在中国境内发出的信号。

由于最近一次中国发生的通货膨胀（2011—2012年），是综合型的通货膨胀，作为经验的小结，就不能单纯采取应付需求拉动型的特别是应付投资需求拉动型的通货膨胀的政策措施。单纯提高存款准备金率，或单纯提高基准利率，或单纯压缩信贷规模，都无法收到明显的效果。作为经验的小结，应当统筹兼顾，全面考虑，区别情况，分类解决。这意味着，要针对经济发达地区、中等发展程度地区、贫困落后地区的实际情况，分别制定适应各个地区的政策措施，也要针对产能短缺行业、产能大体平衡的行业、产能过剩行业的实际情况，分别采取适应各类行业的政策措施，这才是应付综合型通货膨胀的有效对策。

汲取国际上应付成本推进型通货膨胀的经验，应当重在自主创新、产业升级和产业结构优化。中国也必须这样做。与此相适应的是两项政策措施的配套。

第一项政策措施是加强职工的技术培训，让更多的职工成为专业人才、技术专家、熟练技工，以适应高新技术产业发展的需要，保持国际竞争中的优势和领先地位，也符合做到职工工资增长和劳动生产率增长同步的要求。

第二项政策措施是实行产权激励制度，让更多的职工成为产权分享、利润分享的人力资本投入者。这将进一步调动职工的积极性,尤其是发挥专业人才、技术专家、熟练技工的积极作用。要知道,提升他们的工资是会增加企业成本的,但这可以因劳动生产率的同步增长而抵消。实行产权激励制度和产权分享、利润分享制度,不同于工资成本的增长,因为这些制度比单纯增加工资更加有效,也更能调动广大职工的创造性、积极性以及增加职工对企业的认同感。

五、应对通货膨胀时需要关注的几个问题

1. 在争取实现较高经济增长率的前提下,以"增量调整"为主推进产业结构的调整

产业结构调整是需要持续进行的,而且是没有止境的。在政府采取各种宏观经济调控措施治理通货膨胀时,切不可放松产业结构调整任务,尤其是不能让产业结构调整工作停顿下来。

产业结构调整基本上有两种形式:一是"增量调整",二是"存量调整"。二者之中应当以"增量调整"为主。这是因为,在治理通货膨胀时,假定以"存量调整"为主,尽管见效快,但社会震荡也随之加大,结果反而不利于推进产业结构调整。地方政府担心的是,一旦关、停、并、转一批企业,地方经济增长率将下滑,失业人数会增加,地方财政收入减少,地方政府在改善民生方面的某些承诺也将无法兑现。于是在一些地方将出现企业"名关实不关"、"明停暗不停"等情况。

相形之下,采取"增量调整"为主的产业结构调整,虽然调整速度会缓慢些,但社会震荡较小,地方政府的压力较轻,权衡起来,收效不一定小。

实行"增长调整"的前提是要保持较高的经济增长率,并使财政收入继续增长。这样,可以利用新增投资,利用社会购买力的上升,可以继续依靠市场调节作用,加快新兴产业的发展,同时让不适应市场的企业自行进行产业升级,自行引进新技术,改革旧生产方法和旧经营方式。

第四章 宏观经济调控

2. 对通货膨胀警戒线要心中有数，要了解通货膨胀警戒有"第一警戒线"和"第二警戒线"之分

通货膨胀警戒线从来没有一个通用于各国的标准。根据各国的具体情况，它取决于本国的经济增长率和本国居民对通货膨胀的承受力的大小。

通货膨胀率的"第一警戒线"绝不是零通货膨胀率。只要经济增长较快，零通货膨胀率是做不到的。大体上可以假定为经济增长率的一半。当通货膨胀率在经济增长率一半以下时，政府要加以注意，但不必立即采取紧缩政策。这种情况下，政府通常只需采取微调、预调的措施。通货膨胀"第二警戒线"是在通货膨胀率越过了"第一警戒线"之后接近经济增长率时的一条警戒线，这时应当采取紧缩政策来应对。但是，这仅限于应对需求拉动型的通货膨胀。假定这时发生综合型的通货膨胀，那么单纯依靠紧缩政策是不够的，必须有其他措施相配合。比如说，紧缩与宽松相配合：或者是紧缩的货币政策与宽松的财政政策相配合，或者是宽松的货币政策与紧缩的财政政策相配合。又如，假定成本推进型的通货膨胀在综合型的通货膨胀中占重要位置，那么在采取适度的紧缩政策的同时，必须兼用扶植和鼓励企业自主创新、产业升级、发展新兴产业等产业政策作为配合。此外还可以增大外汇储备的使用，如扩大短缺商品的进口额，实行支持企业"走出去"政策。动用外汇储备，也有减少货币流通量的作用。

3. 要了解中国经济运行的下述两个特点：一是"自行车骑得快才稳，骑得慢就摇晃，不骑就倒"；二是"刹车容易启动难"

为什么要以"骑自行车原理"来比喻呢？这是因为，在双重转型阶段，中国经济的运行好像骑自行车一样，速度一定要稍快一些，社会积存下来的问题才能在增长中得到解决。自行车骑得过快，会翻车，但自行车骑得慢会摇晃，不骑会倒下。这就是中国经济运行的特点。

为什么要记住"刹车容易启动难"？前面已经提到，这是以开汽车为例。中国经济在双重转型期间好比驾驶汽车一样。这辆汽车，刹车很灵，一刹就停住了；而要启动，机制却不灵活，所以很难。尽管加大油门，往往迟迟才发动。这是因为,"刹车"的主动权掌握在政府手中,财政一紧缩,信贷一紧缩,就会立刻把车"刹住"了。然而,"启动"的主动权却不在政府手中,而在民间投资者和民间消费者手中。如果民间投资者信心不足,他们观望而不投资,怎么办?如果民间消费者信心不足,他们"可买可不买的"不买,又该怎么办?政府不可能强迫民间投资者投资,也不能强迫民间消费者去购买他们认为"可买可不买"的商品和服务,所以"启动"就难了。何况,老百姓不仅只有"通货膨胀预期",还有"投资前景预期"和"就业预期"。假定他们的"投资前景预期"和"就业预期"都不佳,经济怎能转入兴旺?

4. 不能用西方发达市场经济国家货币流通量的正常水平来判断中国当前货币流通量正常与否

这一点,前面也谈到了,这里再做补充。

道理很清楚,现阶段的中国仍处在双重转型阶段,中国的情况与西方发达市场经济国家不一样。西方经济学家计算出来的西方市场经济国家的货币流通量正常水平,可能适合西方市场经济国家的国情,但并不适合中国目前的情况。这是因为:

第一,中国正处于双重转型阶段,农民逐渐摆脱了过去远离市场的生产方式和生活方式,即使他们依旧住在农村,但已经日益卷入了市场,对货币的使用越来越多了,从而在判断中国的货币流通量是否正常时必须把这一因素考虑在内。

第二,中国当前流通渠道还不像西方发达市场经济国家那样畅通,中国的流通中间环节多,交易成本高,这必然影响中国货币流通速度。这是中国同西方发达市场国家的货币流通量正常水平差距形成的又一个原因。

第三,中国的城镇化正在快速进行中,农民陆续迁往城镇居住和在城镇经营小商铺、小作坊或务工,他们的生活环境和工作环境正在改变中,这样势必会增加中国社会对货币的需求。

第四,中国小城镇和农村金融还未能有与经济发展情况相适应的开展,民营企业尤其中小企业都遇到贷款困难等苦恼问题。为了防止资金链断裂，它们都有"现金为王"的想法，以致手头都保留超正常的现金，以便应急之用。这样，货币流通量就增多了。

考虑到中国的现实，所以不难得出以下结论：西方发达市场经济国家的货币流通量正常水平，对中国现阶段而言，只能是偏紧的水平。

根据2008年以来的中国经济波动的经验，货币流通量偏多和货币流通量偏紧都是不利的，但货币流通量偏紧的消极影响要大于货币流通量偏多。为什么会这样？最重要的原因在于：实体经济空心化、制造业空心化是双重转型阶段一个不容忽视的现象，即资本大量撤离实体经济领域、制造业领域。在货币流通量偏紧条件下，不仅回归实体经济更加困难，中小企业、民营企业受打击更大，而且自主创新、产业升级更加难以实现。这样，对中国经济的双重转型显然有更大的消极影响。从"两害相衡取其轻"的角度来看，宁肯货币流通量偏多一些，也胜于货币流通量偏紧。

第四节　关于国家外汇储备安全的思考

一个国家的外汇储备如果出现了安全问题，大体有两方面的原因：一是外汇收支连续出现赤字，以致外汇储备大幅度下降；二是所持有的外汇储备不断贬值，外汇储备的价值减少了。所以，要保证国家外汇储备的安全，必须从这两个方面着手，双管齐下。

一、关于外汇储备下降问题

国际收支项目分经常项目和资本项目，这两个项目同样重要。经常项目中最重要的问题是贸易的收支。如何避免出现国际收支赤字，同商品的出口竞争力有很大的关系。如果企业没有出口竞争力，就会影响国际贸易收支，使顺差减少，甚至变为逆差。在2008年以来的国际金融危机期间，美国和其他一些西方国家，都把技术创新看成是危机过后本国能不能在市场竞争中立足的根据。所以它们不惜投资，不惜投入人力，力求在技术创新上有大的突破。如果我们错过了这个机会，不抓紧自主创新，不抓紧产业升级和产品升级，将来是要后悔的。在经常项目中，非贸易收支也很重要，比如旅游业就是增加外汇收入的重要产业，服务业同样可以带来外汇收入，服务外包更是新兴的增加外汇收入的渠道。在这些方面，我们还有很大的发展空间，一定不能错过机会。

根据最近科技界的探讨，国际上今后在四个方面将有重大的技术突破：

第一，新能源。因为新能源能够减少对进口能源的依赖性；同时，新能源的开发可以带动整个汽车行业的技术改造，对于以后的发展是很大的带动。如果新能源技术提高了，不但会继续扩大汽车行业的国内市场，而且会占领一部分国外市场。

第二，新材料。这同样是一个重要的领域。新材料的使用将带动装备制造业、房地产业和轻工业全行业的技术改造，所以新材料开发的前景是好的。

第三，生物科技。生物科技领域的重大突破不仅能够带动农业、畜牧业和水产业的发展，而且对于医药行业也会有重大的推动，使这些产业的产品有更大的竞争力。

第四，环保产业。这一领域一定会有重大的突破，因为这不仅影响出口竞争力，而且影响能否可持续出口的问题。

2008年，我在欧洲讲学时，曾与欧洲经济学家讨论。他们提出了一个观点：少消费就是环保。比如说，少用纸张就是环保，不用一次性筷子就是环保，家庭节能就是环保，因为生产任何产品都要排放二氧化碳。从这个角度讲，家庭的节能减排是大有潜力的。企业更是如此。企业排放二氧化碳多了，它所生产的产品就不能出口，就会失去国际市场。

产业的突破能使产品竞争力增强，即使是劳动密集型的行业也需要自主创新。我们在几个省调查时得知，许多企业家仍认为自主创新是知识密集型行业、资本密集型行业的事情，同劳动密集型企业没有太大的关系。但也有些企业家提出，劳动密集型行业同样可以自主创新，比如说至少可以从以下五方面着手：

第一，设计要创新。首先要有创意，设计才能创新。比如，生产服装、靴鞋和玩具，设计上的创新是最重要的。

第二，原材料选择可以有突破。一套时装、一双靴鞋、一件玩具，如果能选择一种新的、更环保的原材料，会怎么样？也许更受欢迎。

第三，节能。因为节能可以降低成本，而且节能符合环保标准。

第四，营销方式的创新。即使是劳动密集型的行业，在营销方式上同样会有大的突破。

第五，企业内部管理体制的创新。对于民营企业来讲，家族经营制企业达到一定的规模之后就需要规范化。内部发生了产权的纠纷，就影响整个企业的效益。

由此可见，任何类型的企业都需要自主创新，也有可能自主创新。自主创新能力是影响国际收支经常项目尤其是贸易收支项目的重要因素。

在资本项目上，为了保证外汇储备不至于大幅度下降，要采取两个重要措施。第一，要坚持改革开放，在国内创造更适于外资进入的投资环境。比如说，要讲信用，要使投资环境更好、使基础设施更完善，政策不能多变，这样外资就会不断地进入，而且不会发生大范围撤离的情况。第二，为了在资本项目上不至于出现大的波动，要防止民间资本非正常地大量外流。民间资本非正常地大量外流是影响外汇储备的。因此有关发展民营经济的政策一定要有连续性。

2005年2月国务院发布了《关于鼓励支持和引导个体私营等非公有制经济发展的若干意见》，即所谓的"非公经济36条"，但到目前为止"非公经济36条"还没有完全落实。而且民营企业家对于政策是很敏感的，如果他们发现政策倒退了，资本就很可能非正常地流出国境。这会影响外汇储备。

二、关于外汇储备贬值问题

某种外币的贬值可能是该国国内经济波动的结果。那么，我们能做什么？主要有以下五点：

第一，任何一种硬通货，包括美元、欧元、英镑、瑞士法郎，有时还包括日元，在我国的外汇储备中，各占多大的比重，要全盘考虑，不能偏重、偏轻。外汇储备币种的构成是历史形成的，不宜变动过快、幅度过大，但是应该心中有数，要逐步进行调整，使之合理化、优化。

第二，外汇储备的范围应该扩大为外汇黄金储备。从目前的情况来看，即使黄金价格动荡，但由于黄金供给毕竟有限，所以仍有升值的趋势，所以要增加黄金储备，把它和外汇储备放在一起，对于我国将来保证外汇储备安全是有利的。而且在黄金价格下跌时，可以抓紧时间多购买黄金。

第三，要建立外汇资产储备的理念。目前外汇储备是单纯由外币构成的。实际上从国家安全的角度讲，既有外币所构成的外汇储备，也有可以较快变现的外汇资产作为储备。外汇资产如果能够较快地变现的话，可能比外币更好。我国的外汇资产所占的比重不如日本。日本虽然由外币的储备构成的外汇储备少，但外汇资产多。所以要想办法增加我国的外汇资产，比如在国外购买土地、购买矿山，在国外购买那些效益好的企业的股票，这些都是外汇资产。总之，增加外汇资产是十分重要的，外汇资产的保值功能更明显。

第四，利用外汇储备作为信贷资金，对外贷款可以带动产品的出口和工程的承包、劳务的输出。这样就可利用我国的外汇储备把国内经济带动起来。

第五，即使外汇储备是由外币构成的，也可以用活外币的储备。把这么多的外币放在那里不用,本身就是损失,因为机会成本增加了,再加上有些外币在贬值,损失更大。所以要用活外币储备,包括进口先进的设备、进口短缺的原材料和燃料,以及进行海外投资。

可以设想,如果外汇储备减少了,甚至外汇储备不多了,我们能够进口这么多食用油吗?因为我国的食用油供不应求,要在国内生产出足够的食用油,需要多少亩土地?上亿亩的土地可能还不够。这上亿亩的土地从哪里来?没有这么多的地,怎么种大豆来生产这么多食用油?但如果我们用活外币储备,就可以到国外建农场,在那里种大豆、加工大豆、生产食用油,运回来的是我们自己的农场和加工企业生产的食用油,所以要用活外汇储备。

只要做到上述这五个方面,那么国家外汇储备就有抗风险的能力了。

这里还有必要提出"藏汇于民"的理念。以上所谈的是国家外汇储备,而"藏汇于民"所指的是民间的外汇储备。如果把国内外汇储备分为两个部分,一是国家外汇储备,二是民间的外汇储备,那就更全面了。民间是可以储备外汇的,包括企业拥有的外汇和私人拥有的外汇。民间的外汇储备同样能发挥稳定经济的作用。要知道,民间的外汇储备由于机制灵活,分散持有,信息来源多样化,所以它们的抗风险能力较强。外汇市场一有风吹草动,民间(无论是企业还是私人)总会随时采取对策,力求保值,避免受到损失。民间外汇储备越多,国家的金融安全也就越有保证。当然,民间持有较多的外汇,市场风险也会增大,但这主要是政策引导和金融监管的问题,只要制度齐全、完善,"藏汇于民"无论从哪个角度看都是利多弊少的。

三、对外汇储备安全的进一步研究

关于当前国家外汇安全,还有五个重要问题想提出来供大家探讨和进一步研究。

第一个问题：在有管理的浮动汇率条件下，人民币大幅升值，快速升值，显然是不可取的；置市场机制于不顾，硬性地规定一个兑换比率，那就更不可取了。那么，人民币小步升值、缓慢升值的利弊得失何在？要比较。由此需要探讨的是：如果人民币小步升值、缓慢升值确实也会带来不利影响的话，那么我们应如何消除这些不利影响？什么样的对策是有效的、可行的？

第二个问题：外汇储备的数量有没有上下限？最优外汇储备的数量概念是怎么得出来的？外汇储备占 GDP 多少为最优？把外汇储备与其他国民经济的指标连在一起计算，是否更好些？这也需要进一步的探讨。也许"最优外汇储备量"概念不一定可信或可靠，那么能不能建立符合转型发展中国家现状的、合理的外汇储备量标准呢？

第三个问题：外汇储备不仅是一个数量概念，还包括了质量概念。根据外汇储备数量的多少，设计出一种预警机制是比较容易的，比如说外汇储备连续几个月降低多少，就逼近警戒线或突破警戒线了。但外汇储备有没有质量指标？质量标准在哪里？怎样确定外汇储备的质量指标？怎样把数量指标和质量指标结合在一起综合考察，以便将来建立一个有关外汇储备安全的预警机制？

第四个问题：要研究世界其他同我国经济联系较多的国家的币值变动趋势。既然外汇储备中的外币的升值和贬值同我国的外汇储备安全有关，那么就应当对其中同我国经济联系较多国家的币值变动趋势进行研究，包括近期分析和中长期分析。以美元、欧元和日元的变动来说，就需要有专门的研究单位和研究人员来从事这项工作，并提出研究报告。这一研究对于我国准备进行海外投资和准备扩大外汇资产储备的比重同样是有重要参考价值的。

第五个问题：要加强对汇率决定的理论研究。传统的汇率决定理论（如国际收支说、购买力平价说、利率平价说等）显然已不足以解释当前的汇率决定问题。即就西方的新汇率决定理论而言，较为流行的是以货币学派理论为基础的流动性汇率模型。但流动性汇率模型过于强调货币供给的作用,偏重货币流量分析,并通常以商品市场价格具有充分弹性为前提。这究竟在多大程度上适应当前的汇率决定,尤其是在各国政府对本国货币供求有较大干预,世界性的贸易保护主义抬头,以及某些关键性商品价格依然受到寡头垄断控制的条件下,它能否解释汇率的决定和汇率变动的原因,是大可怀疑的。因此,有必要加强对汇率决定理论的研究。

第五章

收入分配制度改革

第一节 城乡收入差距扩大的原因

中国计划经济体制的确立是在 1958 年。1958 年所建立的城市居民户口和农村居民户口两种户口制度并存的城乡二元体制是一项重大的体制变革，它使得计划经济体制在全国范围内巩固下来。从此，中国广大的农村居民实际上降到"二等公民"的地位，农民的权利与城市居民的权利不相等，城市居民和农村居民两种户口的并列演变为居民的两种不同的身份，而身份限制把农民牢牢束缚在土地上，不得自由流动。从经济上说，社会生产要素的流动受到极大的限制，经济发展受到极大阻碍。

尽管中国的改革是从 1979 年农村家庭承包制的试行和推广开始的，但正如本书第一章第二节所指出的，城乡二元体制基本上未被触动，只是取消了城乡二元体制中的一种极端形式，如人民公社制度和社乡合一的农村基层组织政治体制。而城镇和农村的户口分置和居民身份的限制依然未变。甚至改革开放30多年来城乡收入差距还在不断扩大，这个趋势直到现在还没有停下来。

城乡收入差距的扩大是实现社会安定和谐的巨大障碍。要切实有效地缩小城乡收入差距，必须先弄清楚近年来城乡收入差距扩大的主要原因何在。

让我们从三种资本概念谈起。

一、三种资本概念：物质资本、人力资本和社会资本

在经济学中，有三种资本概念。

第一种资本叫物质资本，这是传统的说法。历来在讨论物质资本时，经济学家都认为它是最重要的，甚至是唯一重要的。没有生产资料，就不会有产品。没有土地，没有工具，什么产品都生产不出来。有了市场，拥有货币也行。货币投入转化为生产资料，包括厂房、设备、原材料等，这些都是物质资本，于是就能生产出产品。

第二种资本是人力资本。一个劳动者什么技术都没有，什么知识也没有，只要有体力，也构成人力资本，但这是最低程度的人力资本，甚至说这个人的人力资本接近于零。经济学家给予人力资本的定义是：它由体现在人身上的技术水平、知识、智慧和经验所构成。人力资本理论是20世纪60年代内发展起来的。从那时起，一般都认为财富是物质资本和人力资本共同创造的，而且人力资本往往比物质资本更重要。例如在第二次世界大战中，德国和日本的工厂、桥梁、港口被炸坏了，可是战后经济很快就恢复了，原因是：物质资本虽然损坏，但人力资本还在，人力资本对经济振兴起了重要作用。

人力资本的形成有多种途径。最重要的是靠教育。一个人进入各级各

类学校，学到了知识、技术，才能增加人力资本。工作以后，继续学习，增加经验，自身素质提高了，这也意味着人力资本的增加。除此以外，医疗、卫生、保健使劳动者身体健康，出勤率高，这也是人力资本增加的途径。还有从外国引进技术工人或专业人员，也可以增加本国的人力资本。

第三种资本是社会资本。社会资本理论大约是20世纪70年代内发展起来的，但与现在国内报纸上常提到的"社会资本"不是一回事。现在报纸上使用的"社会资本"指的是民间资本，也就是民间的货币资金。经济学里的社会资本指的是一种无形资本，是人际关系，是人的信誉。比如说，改革开放之后，广东的经济为什么发展得这么快？因为广东有充足的社会资本。社会资本在哪里？港澳同胞、华人华侨等都是广东人可以利用的社会资本。浙江经济为什么发展得这么快？家庭关系、家族关系、同乡关系都是浙江人的社会资本。

在市场经济中，一个人有社会资本还是没有社会资本，社会资本多还是少，是很重要的。现在，为什么竞相成立校友会、同学会、同乡会？为什么建立这样或那样的俱乐部？有些农村为什么又兴起修家谱、续家谱、建祠堂的风气？原因很多，其中包括了借此寻找自己的社会资本的因素。不少人已经认识到，社会资本是重要的，多一个熟人就多一条路。

物质资本、人力资本和社会资本这三种资本的结合创造了财富。目前中国城乡比较，三种资本中的任何一种资本都是城市占优势，农村居于劣势。

(一) 物质资本

对于一个人的创业或增加收入，物质资本仍然是基础性的。有没有土地，有没有房产，有没有创业的资本可用于投资，是能否增加收入、能否积累财富的关键所在。对农民来说，土地和房产的意义之重要不言自明。然而，正是在土地和房产方面，城乡居民的差距非常突出。

以土地和房产来说，城里的土地是国有的，祖传的房屋有产权，有房产证，可以用于抵押。如果城里人要创业，房产证一抵押，一笔钱就到手了，可以用于投资，作坊、商店、小微企业就开起来了。这是城市居民与农民相比的优势。正如本书第一章谈到的，中国的农民到现在为止，土地是集体所有的，除改革试验区以外，承包地和宅基地都不能抵押；自己盖的房子再好，也没有房产证，不能抵押。农民是没有物质资本的。最近几年，我年年带领全国政协经济委员会调查组在农村调查。农民说：城市的土地是国有的，国有土地上的房屋，包括祖传的房屋、新购买的商品房等，为什么能抵押，能转让？而我们在宅基地上盖的房子既不能抵押，又不能转让，连出租都难。出租为什么难？农民说：因为没有产权，没有房产证，心中没底。租给外乡人住，他赖着不走，怎么办？他不交房租又怎么办？要出租，只能租给亲戚朋友住，房租很少。有的农民外出打工了，工作稳定了，老婆孩子带走了，房门锁上了。于是有了"两只老鼠"的故事。这是指：老婆孩子跟着进城了，村里的房子由一把锁锁住，变成了老鼠窝，第一个"老鼠"出现了。农民工到城里以后，两手空空，没有房子住，在居民楼找地下室住。于是就有了一种称呼，叫"鼠族"，指这些农民工像老鼠一样，整天过地下生活。这就是第二只"老鼠"的出处。

19 世纪中期，法国的工业化、城市化加速进行。大批农民进城了。法国同时成立了不动产抵押银行。法国当时是小农经济制度，农民进城时，把土地、房产一抵押，就带资进城了，可以在城里开店，租房，务工，所以法国的工业化、城市化比较顺利，没有造成社会秩序混乱。

怎么让中国农民持有物质资本？除了他们自己在农业、畜牧业、多种经营中有资本积累而外，最主要的是要进行土地确权。这就是第一章第二节讨论过的问题。土地确权首先是保护农民的权益，不得被任意侵占。土地确权还是土地流转的前提。土地确权后，实行三权三证：承包土地的经营权、宅基地的使用权、农民在宅基地上所盖房子的房产权，这是三权。要给三权发证，权证可以抵押。抵押跟质押是不一样的。什么叫质押？当铺是最典型的，一个人要去借钱，皮大衣一脱，手镯一放，东西放在那里，钱借到了，这叫质押。抵押不同，房子你继续住，土地你继续种，产权证一交就行了，这叫抵押。到时，你不还钱怎么办？通过法院解决，该拍卖的拍卖，把钱还给银行。这是让农民持有物质资本的一个重要方式。所以在现阶段的中国，要让农民有物质资本，最重要的是土地确权，实行土地确权后三权三证落实到户，农民不仅可以通过权证的抵押获得创业的资本，还可以有财产性收入。

(二) 人力资本

再看人力资本的状况。农民的人力资本弱，怎么办？这主要是由教育资源配置非均衡造成的。城里的学校，投资多，经费足，师资好，设备也齐全；农村的孩子上学，学校差，设备差，师资力量又不足。这样，将来升高中的比例，农村显然小，城市显然大；上大学的比例，城里的学生比农村的学生更要大得多。

这种情况要改变。教育资源配置一定要均衡化。

为了让一些愿意早点就业的农民工子弟能够如愿，在城镇可以多办一些职业技术学校，培养技工或其他方面的专业人才，免费上学，将来可以根据专业训练状况获得相应收入。农村的青年如果考取了职业技术学校，有条件的城镇可以免费供食宿。

目前，有些地方正在拟订教育改革方案。那是一个中等发达程度的县。方案是：村里今后一般只办幼儿园，有的也办小学，仅限于小学一至三年级，因孩子太小，在村里办，可以走读。小学（或小学高年级）和初中，都在县城和乡镇所在地办，可以走读，但离家太远的学生可以寄宿在亲戚朋友家，也可以住校。贫困家庭的孩子住校，食宿费用全免。有校车，一个星期开两趟，接一次送一次，又安全又好。高中则在县城办，一律住校，便于管理和提高教学质量。这样，城乡教育质量就渐渐拉平了。农村孩子有更多机会升学，升学可以改变将来的职业。2012年，全国政协经济委员会调研组在内蒙古通辽市扎鲁特旗调查，那里让山区和边远地区的农牧民的孩子一律在城里的寄宿学校（小学和初中）读书，全部免费。他们把这样的学校称作"教育特区"。结果，还发生了一件意想不到的事情：由于那里城区的商品房价格不算高，所以远处的农牧民孩子在城里寄宿学校上学后，有些家庭中的老人（学生的爷爷奶奶）也随着孙儿孙女一起由农村迁到城里，购置了商品房，安下了家，以便照顾这些孩子。孩子的父母亲仍留在农村、牧区，种植、放牧。

（三）社会资本

怎样增加农民的社会资本？要知道，城里人的社会资本比农民多。城里人，如果想闯荡市场，自己创业，总有熟人，什么"亲戚的亲戚"、"朋友的朋友"，都可以帮一把、拉一把。农民的社会资本少，特别是住在山沟里的农民，谁也不认得，对市场经济也不熟悉。在这方面，应当仿效浙江温州人、广东潮州人当初的做法：鼓励农民出来，让他们在市场中摸爬滚打，拼搏，创业。

总之，社会资本要靠自己去寻找，去积累。其中最重要的是要有信誉。信誉是自己挣来的。一个人有信誉，这就有了最大的社会资本。别人信任你，你就可以在市场经济中施展才能了。常言说得好，小富靠勤奋，中富靠机会，大富靠智慧。这是有道理的。现在可以补充一句：无论小富、中富、大富，都要靠信誉。没有信誉，谁相信你？谁来帮你？"你骗了所有的人，最后你发现，你被所有的人骗了！"温州人、潮州人为什么在国外国内，无论走到哪里，都会得到同乡的帮助，还不是因为信誉好，别人肯扶你一把？社会资本靠积累，信誉同样靠积累。关于这个问题，本书第八章还会进一步展开论述。

二、二次分配的作用

市场调节下的分配被称为一次分配，政府调节下的分配被称为二次分配。发达的市场经济国家一般都是：一次分配不足二次分配补。也就是说，如果市场调节下的分配形成的收入差距过大，通过政府调节，收入差距将会缩小。但中国存在城乡分割的二元户籍制度：一次分配形成了收入差距，二次分配却进一步扩大了这个差距。

为什么会这样？主要由于社会保障不一样。到目前为止，城市的职工公费医疗，而农民是合作医疗，这就有差距。二次分配还包含了教育、卫生、文化、公共服务经费的配置：按人均经费计算，给农村的少，给城市的多。这些都会扩大城乡收入分配的差距。这显然是不合理的。所以要加快城乡社会保障一体化改革，要促使城乡教育、卫生、文化、公共服务经费趋向均衡配置。

关于二次分配，本章第三节会有较详细的探讨，这里先作一些扼要的阐述。实际上有三方面的改革可供考虑：

一是及早实现城乡社会保障一体化。这意味着城市居民社会保障与农村居民社会保障的差异已逐步取消。凡是有中华人民共和国国籍的居民，不论是城市户口还是农村户口，社会保障一律平等，没有身份的差异。这样，一旦城乡社会保障一体化了，两种户口制度就失去了意义，所有的居民都凭统一的身份证作为凭证就行了。

二是教育经费、卫生经费、文化经费、公共服务经费，逐步走向按一个标准的人均配置。虽然这种意向的实现需要一个过程，但通过努力是可以渐渐达到的。

三是根据初次分配的结果，如果贫富差距过大，可以使富人负担较多的税收，使低收入家庭得到较多的津贴。这也正是发达市场经济国家经常采用的二次分配的做法。

三、能人外迁和弱者沉淀

能人外迁和弱者沉淀是农村的现状。村里凡是有本事的人、与城里有关系的人都进城了，做工的做工，开作坊的开作坊，做买卖的做买卖。留在农村的是老弱病残。如果他们还在农村种地，则产量低、收入少。农村跟城市相比，收入差距怎么不扩大呢？

收入差距问题怎么解决？能人外迁是对的。能人外迁后，愿意在外面长期工作的，听其自愿；愿意回乡工作和创业的，要为他们创造更好的条件，让他们愿意回来，如帮助他们开设小微企业，给予贷款，减免税收，帮助培训职工，简化登记、注册和银行开户手续等。

弱者沉淀怎么办？老弱病残留在农村，最好的办法是让他们把土地流转出去，因为他们自己种地，土地收益率太低，土地利用效率也太低。如果在土地流转的同时妥善安置他们，他们的收入肯定比自己种地还多。此外，社会救济也应及时跟上。这是下一步缩小城乡收入差距需要考虑的问题。

弱者沉淀，很可能是今后农村中常见的现象。老弱病残留在农村，是值得关注的社会问题。问题是：谁为他们提供生活费用？谁来照顾他们？谁为他们安排后事？外出务工者不仅把家中的老弱病残留下，刚离家外出时连自己的妻子和孩子也留下，这时留下的老人、病人、残疾人多多少少还有人照顾。但后来，妻子和孩子被接走了，甚至土地也流转出去了，老弱病残怎么办？我们在陕西安康市平利县调研时发现，乡办、镇办敬老院、福利院是一个好办法，那里的老弱病残者得到相当不错的照料，有小间卧室，有集体用餐的食堂，半身不遂的还有专人照顾。看来，这应该是一个努力的方向。

四、今后谁来种田

能人到城里做工去了，开店、开作坊去了，弱者的土地又转包、租赁或转让了，明天谁来种田？要知道，在中国这块土地上，散户始终存在，进不进城，种不种地，要听其自愿。今后种田的主要是三种：

一种是种植能手，种植大户。他们通过转包、租赁的办法，把自己的耕地面积扩大了。在湖北调查获知，农田种植大户最多的租了两万亩地，雇了十几个甚至几十个工人，全部机械化运作，规模经营。农民把土地租出去以后，有的进城打工了，有的做生意去了，有的被种植大户雇用了，他们得到了租金、工资或其他外出劳动的收入。这些种植能手、种植大户的基础就是家庭农场。家庭农场与过去的小农户不是同一个概念。他们同市场之间的联系更加紧密。规模大了，产业化程度更高了，劳动生产率也大大提升了。他们不但从事生产，而且依靠各类生产流通服务业组织展开营销活动，他们是真正的市场主体，是农业现代化、农业产业化的积极参与者和推动者。

关于种植大户的规模，要不要规定一个上限（即最多只能达到多少亩）？经过调研，比较多的人认为没有必要人为地设置以多少亩为上限。理由在于：既然是便于规模经营，提高效率，就不必设上限。扩大规模后，如果能提高效率，那就不必设定某个界限；如果规模扩大反而使效率下降，种植大户衡量利弊，就会自动到此为止。要让种植大户自己根据"适度规模"的标准作出决策。也就是说，基本的判断标准不是规模大小，而是遵守市场规则与否，以及是否符合效率原则，效率升降是制约他们的条件。何况，种植大户是通过租赁、转包方式而把土地纳入自己的经营范围的，他们同出租、转包土地的农民之间签订了合同。合同有一定期限，期满续签或不续签也是对种植大户的一种约束。

另一种有关种植大户的争议是：在种植大户经营条件上，如何防止"非粮食化"甚至"非农化"的趋势？在种植大户与出租、转包土地的农民签订的合同中，可以有一定的附加条件，即不能更改土地的用途，粮田依旧种粮食，农业用地更不能任意改变为工业用地。这样才能保证农业的增长和粮食的增产。关于这个问题，本书第一章第二节结尾部分已经作了分析。

二是农民专业合作社。这是分专业的。我在2007年、2008年、2010年和2011年四次带领全国政协经济委员会调研组到重庆江津、长寿、梁平、忠县、涪陵、武隆、彭水、石柱等区县的农村调查，发现农村中有柑橘、西瓜、茶叶、花卉、中药材等专业合作社。合作社由农民自己组成，土地入股、民主管理、账目公开，领导人是社员选出来的。在这种情况下，农民能把土地经营得更好。因此，农民专业合作社一定要办成真正意义上的农民合作社，而不能像过去那样成为官办性质的，有农民合作社之名，无农民合作社之实。在调研中，我们和农民谈到农民专业合作社时，他们着重谈了两点：第一，一切按章程办，按规则办，章程和规则都是经大家表决通过的，谁都无权凌驾于章程和规则之上；第二，专业合作社一定要给大家以实惠，具体到入股分红。在合作社盈利方面，一定要账目公开：土地入股的红利要兑现，盈利中留给社员的部分也要兑现，不能打白条。农民还说：更不允许少数人私分、多分，这应视为贪污行为。

三是农业企业下农村。农业企业下乡租土地，采用高新技术，投资建设灌溉系统，改良土壤，引进国外新品种。可以举两个例子，第一个例子：广东湛江市徐闻县，位于祖国大陆的最南端，隔海就是海南省。那里干旱，没有大河，靠台风吃饭，产量很低。一亩地种粮食的收入才三四百元。后来，农业企业下乡，其中有民营企业，还有境外投资企业。它们从农民手中租到土地，规模经营。种什么呢？此地最适合种热带水果，所以大量种菠萝。现在徐闻的菠萝产量大约占全国菠萝产量的1/3。农民一亩地的租金是几百斤粮食，要钱就换成钱。土地租给企业后，农民要出去打工就去打工，土地的租金照领不误；农民不愿外出打工就留在当地，同农业企业签合同，当合同工，根据个人的技术水平，干一个月付一个月的工资，土地租金照常领取。这样，农民生活改善了。公司投资，打深井、喷灌。城郊有一片土地，上万亩，挂上大牌子，连地名都改了，叫作"菠萝的海"。第二个例子，就是贵州毕节市七星关区，一家民营农业公司在这里的山坡上经营果园，种梨，引进的是韩国的品种。业主告诉我们，种梨树，一亩地一年有5万元的收入，种粮食才1 000多元收入。

所以说，农业企业下乡很重要，它们带资本下乡，带技术下乡。为了鼓励更多的农业企业对农业进行投资，今后要从单向城乡一体化（指农民进城）走向双向城乡一体化（指城里的企业愿意来农村经营的来农村，农民愿意进城打工的就到城市去），这样，不仅农业生产率会提高，城乡收入差距也会进一步缩小。

在调研中，还发现了需要继续探讨的问题。

一是，农业企业下乡后，能不能参股于农民专业合作社？我认为，根据农民专业合作社的章程，在一定比例范围内，是可行的。这是某些地方已经发生的事情。据了解，农业企业下乡后之所以愿意参股农民专业合作社，主要是想融入当地社会，取得当地农民们的支持，愿意出资帮助农民专业合作社搞好基础设施，改善土壤，提高产量和产品质量，增加农民收入。有些农民专业合作社成为农业企业的良好合作伙伴，这对双方都有好处。在此基础上，这种双赢共赢的局面可以长期维持。至于农业企业与农民专业合作社今后的合作模式会有何种变化，仍要由双方协商解决，要经过农民专业合作社社员大会讨论通过，而不应由少数人作出决策，否则会出现一些新的纠纷。

二是，一般城市居民能不能到农村租一块承包地，自己耕作，自己收割，自己销售？问题仍然在于要符合互利和双方自愿原则。目前可以先试行，待总结经验后再作下一步走向的定夺。

路是人走出来的。试行的成效仍需通过实践的检验。

第二节　收入分配制度改革应以初次分配改革为重点

一、收入的初次分配应以市场调节为基础性调节

在深化中国经济体制改革方面，收入分配制度改革是当前急需推行的

关键性改革措施之一。这是关系到中国社会今后能否稳定、和谐的大事，也是关系到中国经济今后能否切实有效地扩大内需，保持经济持续增长的大事。

收入分配通常分为三个层次，即初次分配、二次分配和三次分配。按照经济学的解释，初次分配是市场调节之下按生产要素供给者各自供给的生产要素的数量和质量进行的分配。二次分配是政府调节之下，通过税收和社会福利措施对初次分配进行调节之后所形成的分配。这时，市场对收入分配的调节和政府对收入分配的调节都已经结束，每个人所得到的收入已经是税后收入或政府社会福利措施实行之后的收入。三次分配是在二次分配结果的基础上进行。这是一种以道德力量为指导的个人收入的再分配，不包括任何强制性的因素而完全依赖于个人的自觉自愿，例如个人的捐献、个人的扶贫济困措施、个人成立公益性的基金等等。政府在这种情况下的作用在于制定完善、健全的法律法规和规章制度，鼓励个人的自愿捐献，防止有关单位、机构和人员对公益性捐献的侵占。

收入分配制度改革的重点应当放在哪里？关于三次分配，争论不大，主要是由于中国转入社会主义市场经济的时间并不长，三次分配在经济中的影响还不太大。按照发达市场经济国家的情况来对比，也许还要经历一段时间之后，三次分配的影响才会逐渐加大。不过，国内已经有不少人开始关注这方面的问题了，几乎都认为早日出台有关捐赠免税的法律法规和规章制度，将会鼓励更多的人热心公益事业。

现在，关于收入分配制度改革的争论，主要围绕着改革的重点是放在初次分配方面，还是放在二次分配上？假定认为初次分配的改革和二次分配的改革都是重要的、必须关注的，应当双管齐下，那么仍会有哪一个更重要、更应侧重的问题。

本书的观点是：对现阶段的中国来说，初次分配的改革更加重要。理由很清楚，初次分配是基础性的，二次分配是在初次分配的基础上进行的。

在市场经济条件下，收入的初次分配一般来说应是市场机制起作用的结果。只要市场是完善的，确实由市场机制按人们提供的生产要素的贡献大小，即按人们所提供的生产要素的数量、质量和作用进行收入分配，就依然是符合市场规律的。在市场调节下肯定会出现个人收入分配差距，这一方面是因为市场并不完善，比如市场中存在着垄断势力，又如市场中因各种原因而使得供给方与需求方力量不均等、不对称，形成一方强势，一方弱势，必然影响初次分配的格局；另一方面，则是由于生产资料占有情况一开始就不是平等的，而是历史上形成的，或者说，在人们刚参与市场活动时，各人持有的物质资本、人力资本和社会资本就存在很大差别，以致后来在参加市场竞争时不可能站在同一条起跑线上，收入差距显然偏大。这就表明二次分配是必要的，在二次分配中有必要通过政府对收入分配的税收调节和社会福利措施，以缩小收入分配的差距为目标。这样也就可以做到"初次分配不足由二次分配来弥补"。

然而根据中国的实际状况，中国在计划经济时期，初次分配受市场的影响小，受计划体制的影响大，初次分配的结果主要不是在市场机制起作用的条件下形成的，而是在计划体制之下由政府部门规定的。最明显的例子，一是计划经济时期的工资收入来自政府部门的规定，这里有"供给制"的影响，形成实际工资收入和表面上的工资收入极大的不一致，尤其是高级干部的实际收入（包括生活上得到的照顾和特殊待遇）与账面上的货币工资水平极不相称，账面上的工资数额反映不了实际生活状况。二是农民的收入与市场机制基本上没有联系。在城乡二元体制之下，农民实际上是没有产权的，或者说，所谓集体所有制下的土地归政社合一的人民公社所掌管。农民的收入来自集体生产成果中归于农民所能分配到户的那部分，但与市场无关。只有农民自己饲养的家禽、家畜、鸡蛋等极少数产品，出售后所得到的少许个人收入，才同市场发生联系。

所以，计划经济体制下的初次分配，根本算不上市场调节下的分配，而依然是由政府部门包括基层政权人民公社决定的分配。改革开放以后，市场逐渐开放，农民有了较大的自主经营权，农民所得到的收入在较大程度上遵从市场机制，然而农民最重要的收入，即土地作为农民财产理应得到的收入，却通常没有引入初次分配之中，因为农民实际上没有财产收入。只有广大城镇个体工商户的收入、民营企业业主和职工的收入、自由职业者的收入，才是市场机制作用条件下的初次分配收入。此外，还包括投资者散户在内的一些人，也可以认为是受市场机制影响的初次分配收入者。

这些就是现阶段中国收入分配制度改革启动前的初次分配实际状况。它与"收入初次分配应以市场调节为基础性调节"这一经济学原则还有相当大的距离。在讨论即将启动的中国收入分配制度改革时，不能忽视这一实际情况。

二、在初次分配改革中需要解决哪些难题

问题仍然需要从现阶段中国经济非均衡谈起。

1990年出版的《非均衡的中国经济》（1990年经济日报出版社出版，1998年广东经济出版社出版，2009年中国大百科全书出版社出版）中已经指出，非均衡经济分两个类型，即第一类经济非均衡和第二类经济非均衡。第一类经济非均衡是指市场不完善条件下的非均衡，当代一些发达国家的经济非均衡属于第一类经济非均衡。第二类经济非均衡是指市场不完善并且缺少真正的市场主体条件的非均衡，从计划经济体制向社会主义市场经济体制过渡时期的中国经济就属于第二类经济非均衡。因此，改革开放以来中国经济体制改革面临的问题，首先是进行产权改革，即界定产权，使企业转变为产权清晰、投资主体明确的、真正的市场主体，即先从第二类经济非均衡过渡到第一类经济非均衡；然后通过市场的不断完善，由第一类经济非均衡逐渐向经济均衡状态靠拢。这就是《非均衡的中国经济》一书的要点，本书第一章已经作了概括。

从1990年该书出版到现在（2013年），已经24年了。24年来，中国经济非均衡究竟有怎样的变化？总的说来，通过国有企业改制，国有企业改革已经取得重大进展，绝大多数国有企业已成为产权清晰、投资主体明确的市场主体。当然，正如本书前面已经指出的，国有资本体制的改革仍须加紧推进，这24年来国有企业的改革已为下一步国有企业改革奠定了较扎实的基础。但不能否认，中国至今尚未完全摆脱第二类经济非均衡困境，原因是：农民的产权尚未明确，农民虽然卷入了市场，但由于产权（包括承包地的经营权、宅基地的使用权和农民的房产权）都还没有落实到户，农民没有财产性收入，农民也没有成为有明确产权的市场主体。这样，中国尽管在迈出第二类经济非均衡方面作了不少努力，也取得了很大进展，但无法认为中国已经由第二类经济非均衡跨入了第一类经济非均衡。

除此以外，市场不完善依旧存在，市场机制对初次分配的影响仍受到很多限制，还不能认为市场调节已在现阶段中国的初次分配中起着基础性调节作用。

农村和城市两方面的初次分配遇到的问题，大体上有以下几方面：

（1）历史原因，包括中国国内各个地区社会经济发展的不平衡，各个地区受到不同的文化传统、风俗习惯的影响等。再加上各地市场发育程度不一，有些地方的传统习惯势力很强，限制了市场的进一步成长。

（2）经济生活中到处存在着垄断因素，只是垄断程度不一样而已。以一个行业而言，完全竞争的市场实际上是不存在的。有人说，农贸市场是完全竞争市场，并非如此，要按产品种类而言，多数产品的垄断程度低一些，但有些农产品市场依然存在垄断。垄断严重阻碍了公平竞争环境的形成。在某些农产品市场上或小商品市场上，甚至还有欺行霸市的行为，并且有的还同当地黑恶势力有关。这虽是市场不完善的反映，但同时也反映了法制的不健全和市场秩序的紊乱。

（3）计划经济体制下对初次分配的工资标准、工资级差和行业工资差距的影响至今仍然存在。计划经济时期在制定工资标准、工资级差和行业工资差距时，可能根据当时的情况有所考虑，也可能是参考了当时各地的物价水平而制定的。经过这么多年，客观情况早已发生了变化，然而当初有关工资的规定依旧作为目前的依据，显然是不合理的。

（4）劳动力市场上买方（雇主）和卖方（受雇者）的力量极不对称，因为雇主通常是企事业单位而受雇者通常是单个的工人（包括农民工），双方站在地位不平等的境地，受雇者吃亏是常见的。如果劳动力市场上出现的是供大于求的格局，受雇者在受压抑后只好忍气吞声。

（5）如果进行劳动力市场的结构分析，可以把劳动力市场（或劳工市场）大体上区分为高级劳工市场和低级劳工市场两大类。在前一类劳工市场上，工资较高，福利、津贴较多，职务升迁的机会较多，而且在工作岗位上较有可能学到本领，学到专业知识，技术提高的可能性也比较大。这里的职业被人们看成是"好职业"。在后一类劳工市场上，工资较低，福利、津贴较少，职务升迁的机会较少，而且在工作岗位上净干些简单劳动的体力活，大量重复劳动，一般学不到技术，也学不到专业知识。这里的职业被人们看成是"坏职业"。两类劳工市场的并存被称为二元劳工市场。一般受雇者本身技术水平低，又没有学历，在求职时只可能进入低级劳工市场，受歧视，工资起点低，而且难以提升。二元劳工市场的并存，在西方发达的市场经济国家中也是常见的。而在发展中国家同样可以见到。关于这一点，本书第四章第二节的最后一部分已作了阐述。这里仅概述要点。

看来，这种现象是劳动力市场的结构所导致。但在现阶段的中国，可能更加突出一些。因为自改革开放以来，大量来自农村特别是贫困地区的农村的谋求职业者，都是从事非技术性工作的简单劳动力，他们在低级劳工市场上求职，所受到的不公平待遇更加明显。

根据以上的分析，可以清楚地看到，在中国现阶段还不可能真正形成由市场调节作为基础性调节的所谓经济均衡条件下的工资率。

（6）农民的初次分配收入同样是在非均衡条件下形成的。其中最突出的是农民由于没有明确的产权，所以至今没有成为真正意义上的市场主体。

农民手中的承包地、宅基地，以及农民在宅基地上建成的住房，都没有明晰的产权，不能用于抵押或转让。不仅如此，农民的土地流转在很大程度上要受到市场外因素的干扰，农民失去土地但得不到合理的补偿。由于农民没有产权，没有保住自己仅有的对土地的使用权和收益权，土地收入受到许多限制，农民甚至不能对自己利用土地而获取未来的收益作出预先的规划，所以土地收入前景是不确定的。在土地利用方面存在着多种形式的"寻租"行为，受损失的往往是农民，也就是说，受"寻租"行为损失的，恰恰是农民本人。

（7）农民虽然可以离开自己的家园进入城镇工作或企业工作，但他们却是劳动力市场中最弱势的受雇群体。这是因为：一方面，由于存在着城乡两种户口制度，农民与城市居民的户籍和身份不同，农民工的权利受限制，而雇用农民工的企事业单位相对而言却是强势的。雇用方和被雇用方双方地位的不对称，十分明显。农民工在劳动力市场中的弱势地位更甚于作为受雇者的城市居民。另一方面，由于农民是离开自己的家园进入城镇打工，有些人还把妻子儿女带进了城镇，他们必须自己租房子住，必须多支出生活费用，这些可以纳入"进城务工成本"之列。相对于城市居民而言，农民工的负担是重的，收入显然是较少的，而且回乡探亲成本还未包括在内。

（8）在农产品的销售市场上，农业作为供给方，如果面对的是零散的买主（需求方），双方很难说谁是弱势、谁是强势，但如果面对的是农产品采购商，那么农民作为弱势一方，农产品采购商作为强势一方，是通常见到的。农民作为种植者、家畜家禽饲养者在同采购商谈判时，无法争取到市场均衡价格，而常常会被压低价格，从而农民在初次分配中所得到的收入减少了。即使有些地方的农民组成了专业合作社，但这只是农民专业合作社在同农产品采购商谈判时谈判条件略有改善，最终仍免不了要吃亏。因为相对于大企业而言，农民专业合作社依旧是弱势单位。这与某些发达的市场经济国家不同。据观察，在丹麦、荷兰、新西兰等以农业畜牧业产品著称的国家，那里的农民不仅组成了合作社，而且农民合作社还参加联社，它们实力雄厚，规模庞大：有自己的车队、船队、码头和仓库；有自己的营销渠道，能直接同国内外的大型超市签订供销合同，从而可以得到较多的收入。此外，在农民合作社和联社之外，还有农民协会之类的组织，为农民的权益说话。这是现阶段中国还做不到的。

（9）在谈到农民在初次分配中所处的不利地位时，还需要对农民缺少社会资本这一实际情况做一些补充。前面已经指出，二元劳工市场的存在，使农民在求职时受到歧视，他们只能进入低级劳工市场而难以进入高级劳工市场，在这方面，农民受到的歧视大于城市居民受到的歧视。除了农民的学历一般低于城市居民中的求职者，自身的条件较差而外，还由于农民求职者的社会资本极小，尤其是来自偏远山村的农民，他们在城市中没有什么亲戚、朋友、熟人，没有人在自己急需别人帮助的时候拉自己一把。社会资本需要自己去创造，去积累，但他们连创造、积累的机会都没有，又怎能利用社会资本？

以上一共谈了九点，全都说明收入分配制度改革必须把初次分配改革放在首位。初次分配不进行改革，仅靠二次分配又能起多大的作用？

三、初次分配改革的建议

那么，怎样有效地推进初次分配改革呢？根据以上的分析，提出如下的建议：

（一）使市场尽快地健全、完善

既然初次分配的趋向合理同市场的趋向完善是密切相关的，所以在初次分配改革中，理应把市场的健全和完善作为首要的任务。具体地说，市场的健全和完善包括以下几个方面：

（1）清除计划经济体制对初次分配的影响，如所有制歧视的取消、行业垄断的取消等等。

（2）早日形成生产要素供给方和需求方之间的公平竞争环境，以及早日形成商品生产者之间的公平竞争环境，为调整初次分配格局做制度上的准备。

（3）对那些在计划经济体制下形成的并且至今仍对初次分配发生影响的工资标准、工资级差、工资在行业之间的差距等规定，认真审查，该取消的取消，该修改的修改，以贯彻市场作为初次分配的基础性调节的原则。

（4）关于现阶段中国行业收入差距问题，在这里可以再作进一步的分析。一方面，这与市场机制受限制，未能充分发挥市场调节作用有关；另一方面则是由于计划经济体制下形成的行业垄断和准入限制的缘故。计划经济体制遗留下来的最大障碍是实际上实行的特许经营制度，而特许经营制度不仅排斥了公平准入和公平竞争，而且还必然导致特许经营制度的后果，即价格控制和内部人控制等现象。结果，既损害了民营企业及其投资者的利益，也损害了国家的利益，所以这是非改不可的。

（二）让农民真正成为市场主体

初次分配的不合理之处，在很大程度上与农民在户籍和身份上处于不平等地位有关。据统计，目前中国的城镇化率已超过50%，但仔细分析，这一统计数字并未反映实际情况。这是因为，在计算城镇化率时把在城镇常住半年以上的农民都纳入了城镇人口，实际上把依旧是农村居民的农民工也作为城镇人口而登记在内了。据局部城市的统计，常住城镇半年以上的农民工在城镇人口总数中大约占20%左右，这样，估计全国实际上的城镇化率（即城镇户籍的人口在全国人口中的比例）还不到40%，而农村户籍的人口在全国人口中的比例高达60%以上。这意味着，全国人口中有60%以上的人没有个人或家庭的产权，没有个人或家庭的财产性收入，这正是影响现阶段中国初次分配不合理的重要因素。

因此，要改革目前初次分配的不合理格局，必须在农村土地确权的基础上采取一系列重要措施：

首先，在全国扩大农村土地确权的范围。

到目前为止，农村土地确权工作仅仅在少数县域进行试点。但根据已经试点的县份的资料，土地确权取得的成绩是显著的，农民经营的积极性高涨，城镇人均收入与农村人均收入差距大大缩小。而城乡收入差距缩小的主要原因是农民有了产权，有了财产性收入，加之有了自主经营和资本积累的积极性，从而扩大生产规模，提高生产效率等等。这些都促使初级分配朝有利于农民的方向变化。

其次，土地确权后，农民有了三权三证。农民有了三权三证之后，在农村和小城镇金融机构相应地成熟的条件下，可以利用三权三证进行抵押贷款，获得融资，为发展种植业、养殖业、林业、水产业、手工业和商业创造条件。农民也可以在明确产权的宅基地上拆旧屋，建新房，新房除自家居住外，还可以出租给城镇居民住，既方便了城镇居民，也增加了农民收入。

第三，土地确权后，农民的土地权益得到了法律的保护。政府不经过合法程序，无权以低价圈占农民的承包和宅基地，无权强制拆掉农民在宅基地上修建的住房。土地流转必须在农民自愿并且以协商的方式取得补偿的前提下开展，从而土地流转将有序地进行。这对农民的收入是有保证的。在一些地方考察时发现，农民以明确产权以后的承包地入股于农民专业合作社或其他类型企业，或出租给各种企业和其他农民作为耕地，使其他农民经营的家庭农场扩大生产经营规模，或取得土地入股分红收入，或定期取得租金收入。农民的初次分配收入将会增长。

第四，土地确权后，农民的初次分配收入将呈现多元化趋势。据调查，农民可以从以下六个渠道获得初次分配收入：（1）种植业、养殖业收入；（2）或者自己不经营种植业、养殖业而外出务工、开作坊、开商店、从事物流业，取得收入；（3）或者以土地入股而参加分红，取得收入；（4）或者以土地出租而取得土地租金收入；（5）农民参加农民专业合作社，或在经营农村种植业、养殖业、果树业等的企业中做雇工，按月取得工资收入；（6）农民把宅基地上自建的一部分住房出租给城镇居民居住，取得房租收入。可能还有其他收入来源。总之，农民初次分配收入都会比土地确权以前大为增长。农民初次分配收入增长的关键，在于土地确权以后，农民成为真正的市场主体。

（三）在劳动力市场，使买方（雇主）和卖方（受雇者）之间的地位趋向平等

这是影响初次分配的重要因素。为什么在劳动力市场上不易使雇主和受雇者的地位平等化？有各种不同原因。现分别讨论相应的对策。

（1）在劳动力市场上，供大于求通常是导致供给方弱势和需求方强势的原因之一。然而我们的分析不应到此为止。要知道，劳动力市场的结构是不可忽略的问题。前面已经提到，劳动力市场大体上可以分为两大类，即高级劳工市场和低级劳工市场，前一类劳工市场中的职业被认为"好职业"，后一类劳工市场中的职业被认为"坏职业"。每一类劳工市场又可以按专业不同而细分为若干个分市场。在讨论劳动力市场上的供求状况时，按专业不同而细分的分市场的供求状况分析，也许比笼统的全部市场的供求状况分析更能说明问题。通过分市场的分析，可以发现中国近年来劳动力市场供求状况的变化，即改革开放的前30年，简单劳动力是供给大大超过需求，而且越简单的劳动力，如粗工、搬运工、采石工、筑路工、挖渠工等，供给者越多；而越有专长的劳动力则需求越多，供求差距越小。然而最近几年，情况发生了很大变化。简单劳动力供给减少了，这或者由于生活费用上升，简单劳动力的工资过低，许多人不愿从事搬运、采石、筑路、挖渠等劳动，或者由于农村中愿意离家去从事这些粗活的青壮年越来越少了。相形之下，一些受过高等教育的大学生、专科毕业生的供给增加了，而合适的岗位则没有那么多，所以难以找到工作。分市场劳动力供求状况的变化，使得雇主与受雇者的地位开始出现反方向的变化，进而影响双方的地位。这意味着供求双方在工资谈判条件上也正在发生相应变化，并且有可能改变初次分配的格局。

应当指出，虽然劳动力市场上供求状况的变化会影响雇主和受雇者双方的工资谈判条件，但雇主是强势一方而受雇者是弱势一方的地位不可能颠倒过来。这不仅是由于雇主通常是企事业单位，受雇者通常是以个人身份去应聘的，而且还在于：雇主掌握着主动权，而受雇者处于被动地位。这是因为，雇主有自己的一条底线，这就是：成本不能等于收益，更不能大于收益，否则何必雇人？而受雇者也有一条底线，即工资不能低于当时当地的生活费用，否则何必去受雇上班工作？问题恰恰在于：雇主的底线是硬性的，雇主（除非有特殊原因）绝对不愿使成本大于收益；而受雇者的底线却是柔性的，可以相机浮动，因为"当时当地的生活费用"并没有绝对标准，可以多一些，也可以少一些。在供给多而需求少的情况下，受雇者可能一退再退，降低生活费用标准，只要有人愿意雇用就行了。这就是受雇者的真正底线。

这样的问题在近两个世纪内一直存在于西方工业国家。那里的雇主强势地位和受雇者弱势地位是如何改变的？劳动力供求状况的改变起了一些作用，但未能扭转雇主的强势和受雇者的弱势。在那里，主要依靠工会力量的壮大。受雇者中有越来越多的人参加了工会，于是工会逐渐成为代表受雇者权益而同雇主们抗衡的力量。而工会自身力量的成长又来自它为受雇者权益而奔走呼吁，直至号召举行罢工。当然，对于西方发达国家的工会运动，还有不少问题可供讨论，而西方国家的政府在这种情况下也参与其中，即终于形成"企业界—工会—政府"三方博弈并相互抗衡的格局。这才使受雇者的弱势地位有所改变。

在中国，对工会的作用需要有新的认识。工会毕竟是初次分配改革中不可忽视的一支力量。

（2）在二元劳工市场继续存在并且短期内不会消失的条件下，应当促进低级劳工市场逐渐向高级劳工市场转变，让"坏职业"逐渐成为"较好的职业"，让"好职业"成为"更好的职业"。这包括提高某些累活、重活、脏活的工资标准，增加某些职业的职工福利待遇，增加某些职务的升迁机会、员工的深造机会等等。同时，通过企业技术创新和产业升级，使高级劳工市场的职位数额在就业职位总数中的比例逐渐上升，从而增加"较好职业"、"好职业"和"更好职业"的在岗人数。

同时，为了适应企业技术创新和产业升级的需求，不仅要大力发展中等职业技术教育和高等职业技术教育，培养中高级专业技术人员，还要加强在职职工的技术培训。对贫困地区和贫困家庭的受义务教育的学生，要实行免费食宿制，对高中以上的学生实行奖学金、助学金制度，让他们安心地依靠努力学习而成为技术人才、专业人才，以便此后有取得较高收入的机会，这同样是提高低收入家庭初次分配收入的办法。

此外，还应当鼓励和帮助求职者自行创业，创办小微企业，尽其所能，为社会、为个人创造财富，增加收入。

四、一种设想：让人力资本投入者也能分享利润

在 20 世纪 80 年代，美国经济学界曾经出现一种被称为"分享经济"或"共享经济"的学说。所谓"分享经济"或"共享经济"是指利润不应当归物质资本投入者独自享有，人力资本投入者也应当分享或共享一部分利润。其依据是：

财富、收入和利润都是物质资本和人力资本共同创造的，仅有物质资本的投入，而没有人力资本的投入，不可能创造出财富、收入和利润。既然如此，为什么利润全部归物质资本投入者拥有，而人力资本投入者的收入只能从生产成本中的工资一项中支出呢？这在经济理论中是说不通的。因此，根据"分享经济"或"共享经济"的原理，利润应当归于物质资本投入者和人力资本投入者分享、共享。

这就是说，物质资本投入者，如果担任了企业的经营管理者，那么他们就是以双重身份参加了财富、收入和利润的创造，他们应当既得到利润，也得到工资，利润是以物质资本投入者身份获得的（也就是以股东的身份

获得的），工资是以人力资本投入者即企业经营管理者的身份获得的，尽管这些所得都应在企业生产成本中工资一项支出。至于企业的职工，他们也将以双重身份参与财富、收入和利润的创造，他们应当既得到工资，也分享利润。他们之所以得到工资，是因为他们作为职工，对企业生产销售过程有人力资本投入；而他们之所以还应分享利润，则是根据"分享经济"、"共享经济"的原理，由于财富、收入和利润都是物质资本和人力资本共同创造的，所以企业职工们作为人力资本投入者，也应当分享一部分利润。

企业职工作为人力资本投入者分享一部分利润的方式很多，可以根据不同企业的具体情况，选择适合于本企业的某种形式。例如，把用于分配给作为人力资本投入者的那部分利润折合成股份分给职工；或者，把这部分利润折合成现金分给职工；再或者，对为本企业的发展做出较大贡献的职工给予股份，作为激励（产权激励制度），对其余职工发给现金，等等。

至于物质资本投入者共得到利润的多大比例，以及人力资本投入者共得到利润的多大比例，没有固定的模式，可以由企业根据本企业实际状况再作规定。

不管怎样，物质资本投入者和人力资本投入者分享利润的做法，不仅可以调动全体职工的积极性，也体现了初次分配改革的精神，因为分享利润在理论上是有根据的，在实践中也是经得起检验的。

第三节　二次分配改革的要点

一、城乡社会保障一体化

在现阶段中国收入分配改革中，初次分配改革固然是改革的重点，但这并不意味着二次分配不重要或可以暂缓推进。实际上，二次分配改革也是重要的，因为目前中国初次分配与二次分配之间的关系不正常。上一节谈到，在西方发达市场经济国家，通常是"初次分配不足由二次分配来弥补"，即初次分配出现了贫富收入上的差距，通过二次分配，这一缺陷将在某种程度上得到弥补，使贫富收入差距得以缩小。但在现阶段的中国，却存在"二次分配的结果反而扩大了初次分配的差距"之类的怪现象。

为什么会这样？这主要同城乡社会保障二元化有关。而城乡社会保障二元化不同于计划经济体制下所建立的城乡二元体制、城乡两类户籍制度直接联结在一起。城乡二元体制和城乡两类户籍制度一直保留到现在，这正是城乡社会保障二元化的根源。

比如说，多年以来，城乡的医疗保障是不一样的。城市中的职工享受公费医疗，而农民工身份的职工则享受合作医疗。

又如，多年以来，城乡劳动者的退休待遇也有差别。城市中的职工退休后有退休金可领，而农民工身份的职工却享受不到这种待遇。

再如，政府拨付的教育经费、文化经费、公共设施建设和维护的经费、医疗卫生经费等，按城市人均经费和农村人均经费比较，农村总是低于城市。

上述情况直到不久前才有所调整，但差距仍是存在的。这样，对于城乡居民来说，二次分配的城乡配置是不平等的，初次分配在城乡劳动者之间已经形成的差距，通过二次分配不仅没有缩小，反而扩大了。

因此在现阶段的中国，要进行二次分配的改革，首先要实现城乡社会保障的一体化。由于中国幅员广大，人口多，而且农村户口的比重至今仍在60%以上，政府用于社会保障的经费总额有限，只可能分期逐渐实现城乡社会保障一体化。但大方向是明确的，二次分配改革中首要的问题就是实现城乡社会保障一体化，缩小城乡居民的收入差距。

城乡社会保障一体化是一个相当庞大的体系，大体上可以细分为以下部分，即生、老、病、死、残、教育、失业、住房等内容。

（1）生。这是指从妇女怀孕开始，就应当得到社会的关切，定期到指定的医院、卫生院、保健站接受检查，然后到分娩，再到母亲和婴儿健康出院，以及出院后对母亲和婴儿健康检查等。生育和护理的费用，有些应由社会保障经费中支出，有些则由家庭支付，但贫困家庭可以得到适当的照顾，直至完全免费。妇女生育的假期仍应有工资。在西方国家中，有些国家还给丈夫一定时间的照顾假，工资照发。

（2）老。这是指有正式工作的人到一定年龄退休以后，或者因为其他原因而提前退休以后，应有退休金可领。而且退休金的金额应依据物价上涨情况有相应提高。对于孤寡老人愿意住进敬老院的，听其自愿。在各级政府依据自身财力允许的条件下，可以修建适合老人居住的敬老院，鼓励慈善组织、公益组织修建敬老院。对贫困家庭的老人进敬老院，可以优惠，直到免费。

（3）病。这是指对城乡居民的医疗保健提供保障，既包括有病的可以就近到医院、卫生院看病，也包括医疗卫生机构到农村巡回医治病人，或为农村居民定期体检。城乡居民应享受同等的医疗费用的报销。对于家庭经济困难的城乡居民，也应有相同的医疗补助，使患者及时得到治疗。

（4）死。按照西方发达市场国家实行的"从摇篮到坟墓"的福利政策，对于因不同原因去世的居民，都可以得到国家在殡葬方面的津贴和补助。对于因公殉职的人，还规定了抚恤金制度，以示对去世者的尊重和怀念，以及对家属的慰问。在这方面，无论在城市还是农村，居民的社会保障待遇应当是平等的。

（5）残。有先天残疾的，也有后天残疾的，包括车祸、地震、疾病、服药、摔跤、运动、工伤或其他原因导致的残疾。对于残疾者的社会保障，要根据残疾程度、残疾原因、家庭经济状况等分别处理。总的说来，对于儿童，要让他们有机会学习；对于成人，要为他们就业创造条件；对于老人，应有专门的机构进行安置。对家庭经济困难的，还应当有一定的津贴、补助。在这方面，城乡居民的待遇应当平等。

（6）教育。教育方面的社会保障的内容较多。大体上可以分为学前教育、义务阶段、高中以上学历教育、成人教育、职业技术教育等。总的原则是城乡居民一律平等地接受义务教育，义务教育应当免费，职业技术教育也应免费。其他教育，对于家庭穷困的学生，给予补助，或给予奖学金、助学金。

（7）失业。这是指政府有责任指导、帮助失业者就业。在失业达到一定时间后，可以给予失业津贴，以保证其最低生活水平。此外，政府应当对就业进行指导，帮助求职人员得到有关就业的各种信息。职业介绍服务中心应当遍布于各个城镇。此外，对高等学校的在校生应协助他们毕业前或毕业时找到适合自己的工作。

（8）住房。在西方发达市场经济国家的社会保障中，住房是很重要的一项内容，这是指政府有责任为城市中低收入家庭提供住处，不能使他们无房可住，以致流落街头，或像工业化、城市化初期那样成为棚户区、贫民窟的住户。在一些国家，政府为低收入家庭提供的住房分为两类，一类是廉租房，一类是平价房。廉租房就是低收入家庭向政府提出申请，符合条件的可以按低廉的租金租到政府建的住房，面积虽然不大，但可以安身，租金是低廉的。平价房，面积也不大，可以安身，售价也比较低廉，而且可以分期付款。有了廉租房可租，有了平价房可购买，城市的住房保障制度就建立起来，棚户区和贫民窟之类的简陋住处被认为是违章建筑，逐渐被清除。在现阶段的中国，在城镇中可以逐渐推行这种城镇的住房保障制度，城市中的低收入家庭和进城务工的农民，符合租赁廉租房或购买平价房条件的，可以申请租赁或购买，身份歧视应取消。

以上这些都是城乡社会保障一体化的内容。量力而行但方向明确，稳步推进是应当遵守的原则。

二、城乡社会保障一体化过程中要注意到福利刚性的存在

福利是有刚性的。福利刚性是指：任何一种福利措施，一旦实行了，就不易取消；一旦确定了福利标准，就不易降低；这就是所谓"实行容易取消难"、"提高容易降低难"。

举一个例子。西欧某国家多年来实行自来水不收费的公共福利政策，居民对此十分满意。但自来水不收费的做法，一是造成水资源的浪费，因为居民产生了"不用白不用"的心理，被浪费的淡水越来越多；二是政府不堪重负，财政入不敷出的情况也因此越来越严重。该国政府本想取消这项"自来水免费供应"的福利政策，消息一透露，全国上下一致反对，认为这项福利不应当就这样白白地消失了。于是政府陷入困境，只好作罢。政府解释说：如果要改为自来水收费，那就必须每个家庭都要装水表，居民们明确表示免费自来水的福利不能取消，所以拒绝在家中自费装水表；如果由政府出钱为全国居民家庭装水表，则需要一大笔开支，而财政预算中没有这项经费，于是截至2012年4月（此时我正在该国考察），政府免费提供各户自来水的福利政策依然未改。

可见，在推进城乡社会保障一体化时，一定要统筹安排，认真规划，逐步推进，量力而行；否则，福利刚性的存在会引起不必要的纠纷，甚至会引发社会动荡。而财政支出的激增同样会成为政府难以承受的大包袱。

某些西方发达国家的福利政策推行的结果，还反映出一种消极的现象，即福利标准不断提高，会使人们产生两种截然不同的反应。一是，为了提高福利标准，包括扩大福利政策的内容和实施范围，必然导致税收增加，因为政府福利措施的经费来自财政，增税是不可避免的，结果，政府不得不面临增税对经济持续增长的不利后果，如富人宁愿迁移到其他税负较低的国家去。二是，过高和过多的福利会使一些人不愿工作，不愿拼搏，而宁愿困在家中，靠失业救济金等维持生活。那种艰苦创业的精神渐渐消失

了。在澳大利亚就有一些来自东南亚国家的移民,其中有些人是偷渡进入澳大利亚的,他们到了澳大利亚后,靠各种救济金、津贴费度日。当地的华人说,在东南亚国家的移民中间流行着这样一句话:"找一份工作不如多生两个小孩",意思是说,多生一个小孩,就可以领到一笔按月发放的津贴费,津贴费与就业得到的工资的一半相差无几,多生两个小孩,家庭生活费基本上就够了。

这种情况更加说明了福利政策的局限性和副作用,值得深思。

三、二次分配中的税收调节手段

在二次分配的改革中,一定要根据现阶段中国的实际状况,加强和完善对税收调节手段的运用。这里包括四项重要的税收调节手段:一是个人所得税,二是房产税,三是高档消费税,四是遗产税和赠与税。简要地说,要推进二次分配改革,除了加速推进城乡社会保障一体化以外,加强和完善对上述四种税收调节手段的运用,同样具有重要意义。

(一)个人所得税

要发挥个人所得税的调节作用,有必要对个人所得税的征收方法进行调整。

首先,要以综合计算的个人各类收入作为计税依据,然后再依据累进制税率来征收个人所得税。这样做的好处是真正实现公平征税,而不至于漏计、少计个人应税收入。

其次,在个人应税收入的计算时,要以家庭抚养人数合计来扣除免征个人所得税部分,如果家庭中有丧失劳动力的、久病未愈的成员、婴儿和幼儿以及其他长期抚养的亲属,应当把赡养费用、医疗费用从个人应税收入中扣除。这才符合征收个人所得税的原则。

再次,个人所得税的起征点如何确定,累进计税时的起征税率和级差税率如何确定，应当根据实际状况再研究确定。总的精神是：既有利于通过个人所得税的征收达到缩小收入差距的目的，又不至于挫伤人们工作、创业、发明创造的积极性。

（二）房产税

根据现阶段中国的特点，房产税的开征有必要从第二套住房开始。这是因为，第一套住房的来源差异很大，其中，有祖传的住房，有原来由企事业单位按级别、工龄等条件以一定的价格出售给职工的住房，也有新购的商品房或二手房。对第一套住房征收房产税，会引起住户的争议，而且房屋的估价和税率的确定都有困难，所以谨慎为好，最好不予征收。

征收房产税从第二套住房开始，也有可能遇到问题。比如说，第一套住房本来面积不大，而家庭人口多，这样计算，也许第一套住房和第二套住房加在一起，其面积也不够人均应当征税的住房面积。假定第二套住房一律要征收房产税，第一套住房面积小、家庭人口又多的住户，肯定不满意，而且会提出异议。因此，第二套住房是否必须缴纳房产税，应视具体情况而定。

其实，在现阶段中国开征房产税的主要目的，在于抑制住房的投机行为，即有些从事住房投机的买家，趁房价还不算太高的情况下，花钱购房、囤房，以便抬高房租或进行转卖牟利。征收房产税，从这个角度来看，可以打击以囤房牟利、倒卖住房为目的的投机商，从而有助于缩小贫富差距。但如果把实行房产税的目的放在抑制居民购买自用房屋，以抑制居民的刚性购房需求的话，那将有违于开征房产税的真正目的。不如把房产政策转到另外两项措施之上：一是转而采取有助于压低房价的税收调节，二是采用房产交易税，不限制居民自用房的需求，转而限制转卖房屋的活动。

具体地说，打击投机和炒房囤房的税收调节措施是：先抑制哄抬土地价格的行为，采用土地明码标价的做法，对在这块土地上建造住房进行公开招标，房地产商各自按照统一的建房技术标准投标。在符合建房统一技术标准和土地已明码标价的前提下,哪一家房地产公司报价最低就中标,该块土地的房产开发权就归于该房地产公司。未能按时交工的,重罚;不符合统一的建房技术标准的,重罚。这样就可以避免出现竞标时把土地价格越炒越高而一再出现所谓"地王"的现象。这种做法类似于重大建设工程公开招标采购设备,采购方公布统一的设备技术标准和交货时间,供货方标明价格。谁标价最低,谁就中标。如果质量不合格,重罚;如果延误交工日期,也重罚。

采用房产交易税的调节措施是:任何买主在购到新房以后,如果在较短时间内转售出去,将课以很重的房屋交易税。比如说,购房后第一年内出售给他人,房屋交易税率最高,以后每隔一年出售,房产交易税率降低一些,直到第六年起,才恢复到正常水平。这就是使囤房者、炒房者无法从囤房、炒房活动中牟利的税收调节措施。

(三) 高档消费税

高档消费税作为二次分配的税收调节手段之一,至少有三个目的:

第一,从事高档消费的消费者,除了公务员动用公款消费的以外,不外乎还有两种人:一种是企业高管,他们把这看成是一种职务消费,认为这是企业公关活动支出的一种形式;另一种是高收入家庭的成员。因此,开征高档消费税,既有助于遏制公务高档消费,又有助于遏制企业高管的职务消费,甚至可以减少官商勾结等腐败现象。对于高收入家庭成员征收的高档消费税,虽然有可能起到导致贫富之间收入差距缩小的作用,不过这个功能是相当有限的。但无论如何,这至少可以让从事高档消费的高收入家庭多交纳些税款,为国家多做些贡献。

第二,开征高档消费税之后,特别是开征高档餐饮消费税之后,可以扼制食品的浪费,达到节约资源的作用。

第三,有利于推广崇尚节约的社会风气,阻滞奢侈之风的蔓延。

还有两个问题有待于进一步讨论和澄清。这两个问题前面都已提及,这里再做些补充说明。

（1）什么是奢侈性消费（包括高档娱乐消费、高档饮宴消费、高档奢侈品消费等），涉及人们观念改变问题。因此，如果要开征高档消费税的话，那就首先要界定究竟什么样的消费才是奢侈性消费，否则就会引起国内广大消费者的不满，并会挫伤他们扩大消费的积极性。

（2）是不是需要降低或取消某些消费品的进口税率？最近几年的资料表明有越来越多的出国旅游者在国外购物，为什么会如此？一是都是真货，二是在国外支付的价格比在国内商场上购买同样商品的价格低，而价格相对便宜的一个重要原因在于国内对这些商品要征收很高的进口税。实际上，对这些商品征收高额进口税的做法是值得商榷的。政府不能禁止出国旅游者在国外商场中购买这些商品。既然在那里购买这些商品要比在国内商场购买同样的商品要便宜，顾客当然要在国外购入。怎么办？应当降低或取消这些商品的进口税，让它们在国内商场中能以低于国外的价格买到。要知道，消费者选择在国内商场中购买这些国外名牌商品，增加的税收是中国的税收，增加的就业也是中国的就业，增加的商业利润同样也是国内企业的。这些岂不是有利于中国吗？相反，假定继续对这些受国内消费者欢迎的进口商品征收高额进口税，岂不是逼着国内消费者把手中的货币用于扩大外国的市场购买力？两种情况相比，究竟哪一种对中国有利，不是很清楚吗？

（四）遗产税和赠与税

开征遗产税与赠与税，是国际上一些国家实行的财产转让税的一种方式，它被认为是有助于缩小贫富差距的、二次分配中税收调节的重要手段之一。在现阶段的中国，要从现在开始，为遗产税和赠与税的开征做好充分准备，以便在条件成熟时推出。

那么，开征遗产税和赠与税，究竟有哪些条件呢？主要有三项准备工作要做好。

第一，完善和健全财产登记和审核制度。这是指：为了征收遗产税和赠与税，必须先有完善和健全的财产登记制度，主要是不动产的登记制度、企业股权的登记制度以及其他重大财产变更的登记制度等；此外，还应有相应的财产审核制度，包括财产评估制度等，否则遗产税的征收将缺乏凭据，甚至会因为家庭财产纠纷而久拖不决；税务部门也将因工作繁重和人手不足而难以开展工作。

第二，居民要理解开征遗产税和赠与税的意义，配合税务部门的工作。如果居民对此抱有抵触情绪或心存畏惧，很可能趁早把财产、资本转移到境外某个不开征遗产税和赠与税，或这方面的税率较低、起征点较高的国家和地区，显然对中国经济的发展是不利的。或者，即使他们不把财产转移到境外，而采取生前大肆挥霍或分散给子女亲属的做法，同样不利于企业的稳定发展。因此，除了遗产税和赠与税的起征点的确定，税率是多少，是平均税率还是累进税率等等要根据中国实际情况研究制定以外，对居民进行有关开征遗产税和赠与税的意义和征税细则的教育也是十分重要的。

第三，关于慈善捐赠或公益捐赠的免纳遗产税和赠与税问题。

本章第一节一开始已经提到第三次分配。第三次分配是指个人出于发展慈善事业、公益事业的善良愿望，准备把个人财产的一部分（甚至全部）在去世后捐赠给某个慈善组织、公益组织，作为该组织的基金，或按照捐赠者的意向用于建设某个学校、医院、福利院、图书馆等，这种安排有遗嘱为凭，并经过公证，那么将来在该立遗嘱者去世后，按遗嘱执行时要免纳遗产税和赠与税。个人捐献很可能还有其他各种方式。如果把慈善捐献、公益捐献同免纳遗产税和赠与税的规定相关联，一定可以减少居民对开征遗产税和赠与税的抵触情绪，以及各种回避缴纳遗产税和赠与税的行为。实际上，从缩小社会贫富差距的角度来说，富人把财产捐献给社会慈善组织、公益组织的结果和向富人征收遗产税和赠与税的做法的结果是相似的，而相形之下让他们自动捐献的阻力要小得多。这一点也不容忽视。

第六章
城镇化

第一节　符合中国国情的城镇化

一、传统城市化和符合中国国情的城镇化

　　传统城市化是先进行工业化的发达市场国家的城市化模式。当时，城市化与工业化基本上是同步的，缺乏统筹安排，也没有科学的城市规模概念，经济和社会的可持续发展并未被城市领导层所考虑。等到发现居民的生活质量下降等问题时，已为时过晚，要改变城市现状已经不易。后起的工业化国家，即使认识到较早进行工业化的国家在推进城市化过程中已产生的弊病，想避免它们，但需要大笔公共投资，往往力所不及。结果，无论在先工业

化和先城市化的国家还是在后起的工业化国家中，都发生了所谓的"城市病"，即农村人口大量涌入城市，城市中出现了棚户区或贫民窟，环境恶化，空气污浊，用水紧张，交通堵塞，市区过分拥挤，失业激增，社会治安欠佳，以致出现了"反城市化"倾向，即穷人继续涌入城市，富人纷纷迁离城市，搬到郊区甚至乡村居住。这种情况又进一步助长了"反城市化"倾向，因为穷人越涌入市区，富人也就越加从市区外迁。

在某些发达的市场经济国家，城市化率高达90%以上。在经过二百多年的工业化和城市化之后，城市化率至今已经没有重要意义，也很少再被人们关注。这是因为：

第一，如果某个国家至今仍旧存在城乡居民权利不平等和身份限制，那么城市化率可以反映社会等级的存在。但在现阶段，在市场经济国家本国公民权利平等和身份限制已经消失的条件下，城市化率就没有什么意义了。

第二，如果某个国家至今仍旧存在公共服务因城乡而异，或存在城乡社会保障的非一体化，那么城市化率可以反映社会保障一体化方面尚存在的城乡差距。但这样的例子现在已经不多了。

第三，由于国内交通运输条件的日益完善，再加上通信手段的方便，以及运输成本、信息成本的降低，土地价格的地区差距的存在，所以城市化率高不一定反映工业企业必定趋向于集中，工业企业可能分散于城区以外的农村。

传统城市化模式是不适合中国国情的。根据中国国家统计局的资料，迄今为止中国的城镇化率略高于50%。但据研究中国城镇化的专家的意见，中国目前的城镇化率还不到40%。理由是：中国至今仍存在城乡分割的二元户籍制度，一些农民工虽然在城镇中已是常住人口，但农民户籍未变，身份仍是"农民"，不能同城市居民享受同等待遇。所以城镇化率对于现阶段的中国仍有意义，这反映了城乡一体化程度的不足。特别是涉及新生代农民工问题，更是如此，从而选择适合中国国情的城镇化模式就更有迫切意义。据浙江、福建、广东三省农民工状况的调查，20世纪80年代中期以后进城务工的农民工夫妇所生下的子女，现在都到了就业年龄，他们的身份仍是农民，但他们一直在城里生活和受教育，在就业时身份未变，择业机会少，就业也受歧视，通常的出路仍然是当农民工，结婚的对象也是农民工子女。这种状况亟待改变，城乡一体化改革越是拖延，代价越大。

从另一角度看，如果中国要达到西方发达国家的城市化率，即90%以上的人口集中于城市，那么城市居住条件必定恶化，居民生活质量必定下降。即使城市会因人口的增加而新增不少服务业就业岗位，但就业机会依然满足不了涌入城市的农民们的要求。

因此，中国必须走适合中国国情的城镇化道路，即中国城镇化应当分为三部分：老城区＋新城区＋农村新社区。这种新模式在有些地方又被称作"就地城镇化"模式。根据我以前在广西桂林市恭城瑶族自治县的调查，那里的农村把农民住房进行改造，把果品种植和加工业、猪的饲养和新品种猪肉的初步加工业等作为农民增加收入的主要来源，从农村生活质量上看，已经同桂林市的城镇市民没有什么差别，这就是"就地城镇化"的一个例证。2012年11月末，我带领全国政协经济委员会调研组在浙江省杭州市、嘉兴市、湖州市所属几个县进行考察。当地县级领导人介绍道，近几年来已经不声不响地实现了城镇化，没有大规模地拆迁、搬家，农村的居民、小镇上的居民都感到城市和农村在生活上已没有什么区别了，甚至农村家庭收入和城里人的收入也没有多大的差距了。在嘉兴市的平湖、湖州市的安吉两个县级单位，农民反映：农村的水、电、路、学校、医院、社区服务同城里差不多一样了，有些家庭近距离地搬家，大家是情愿的，生活过得好，有什么不愿意的？这也是对"就地城镇化"的真实表达。

下面将按老城区、新城区、农村新社区三个组成部分分别论述。

二、老城区的改造

老城区是指已有的城区，它们有的在工业化以前很久就存在了。工业化开始后，在这里建设了一些工业企业，老城区规模不断扩大，居民日益增多，街道狭窄，人口拥挤。随着工业企业的建立，商业和服务业也发展较快。

老城区的发展方向是改造。由于工业企业已经造成了环境污染，所以一定要设法把这些工业企业迁出老城区。近些年在老城区推行的"退二进三"的做法，是正确的。"退二进三"是指，第二产业迁离老城区，第三产业进入老城区，使老城区成为商业中心、服务业中心和适合人们居住的居民区。老城区有不少过去的建筑物，包括明、清和民国时期建成的街道、小巷和商业、公共服务设施，需要根据具体情况加以维护、修整，并保留下来，作为文化遗址。某些街道、河边码头、店铺等也应当完整地保存，显现当年的风貌。

在老城区改造和环境治理过程中，应当关注棚户区的拆迁问题。这些棚户区是工业化前期建立的，房屋质量差，棚户区的居民生活质量差，而且居民多数是贫困的、受教育程度低的。他们当中有些是退休工人和下岗工人，有的甚至无业。由于无业人员多，所以社会治安状况不佳，犯罪率偏高。

拆迁棚户区在某些城市老城区改造过程中已经积累了经验，这就是把新城区建设、招商引资、老城区改造三者结合在一起，重新规划。根据某些城市的做法，大体上是这样安排的：

先在新城区的一块空地上建造一批标准的、建筑质量合格的居民楼，让棚户区的住户迁移过去，并建设好周边的公共设施，如公共交通、学校、医疗机构、环境卫生等问题一并得到解决，让迁入的居民生活安定。

再通过招商引资，或者在新城区建立工业企业，或者在老城区内原棚户区旧址上建立商业、服务业企业，以安置棚户区的失业人员。

如果失业人员愿意自谋职业，也可以扶植他们自行创业，如从事个体工商户或创办小微企业。此外，他们还可以在新城区的居民区内从事家政服务、保洁、保安等工作。有的城市，包括在老城区内，为了缓解就业问题，大力扶植小微企业，这是一条正确的扩大就业之道。这可以调动准备开办小微企业的城市居民和由农村进入城镇的居民的创业积极性。我们在重庆市调研中看到，政府部门采取了如下措施来扶植小微企业：（1）减税、免税；（2）便利它们获得小额贷款；（3）创业时资本金不足的，由政府垫支一部分资金，帮助小微企业创业者开业；（4）免费培训小微企业的业主和职工；（5）简化登记注册手续。这些措施受到小微企业创业者们的欢迎。

棚户区内还居住了一些从农村来的务工人员，可以在拆迁棚户区的同时，让这些常住于城市并有稳定职业的人员（包括开店的、有执照的摊贩等）转入城市户口。这些人迟早要成为城市居民，不如趁拆迁之机把户籍问题一并解决。

三、新城区的规划

新城区一般在城市郊区，它们可能是由工业园区、高新技术开发区、创业园区、物流园区等演变而来的。这里工厂林立，基础设施完善，有发展空间。

新城区不仅有企业，而且也有常住的居民。这些常住的居民，或者是原来的农村居民，或者是镇上有农村户籍的个体工商户等。在一些镇并入老城区的同时，也有一些镇并入新城区。由于有了常住的居民，再加上有新建的工业企业的职工，所以新建的城区除了工业园区以外，还会有商业区、服务区和居民区。

对新城区来说，最重要的是工业企业进园区。这对工业企业有四个好处：一是，这里的基础设施完善，交通运输便利，可以减少成本支出。二是，污染源集中，便于监管，便于治理。三是，许多工业企业都设置在工业园区内，便于信息交流，也便于工业企业获得新的商机。四是，政府的服务到位，通过工业园区管理委员会，工业企业可以及时得到政府的服务、帮助。

在贵州省毕节市，我们考察了小微企业创业园区，一些小微企业在这里开办、成长。小微企业在这里除了有了基地外，最大的好处是这些小微企业创业者有了"归属感"，他们认为在这里有了"家"的感受，政府同小微企业之间的关系更密切了，小微企业得到政府更多的关心，经营中遇到问题了，可以直接找政府帮助。

新城区往往是新兴产业的立足地。新兴产业的增长速度是快的。一个城市（这里主要指新城区），如果有了本地的有特色的工业企业、新兴产业的企业，就是对城市经济增长率、就业增长率和财政收入的巨大支持。

新城区，无论是在空旷地带建立起来的，还是以镇为依托发展起来的，一般来说，历史所留下的包袱都比老城区要少一些。这也正是新城区的优势所在。同时，新城区的就业机会要比老城区多。新城区也完全有可能成为各类技术工人、专业服务人员的职业技术培育基地，成为向新城区自身和老城区，甚至其他城市的老城区和新城区输送各类技术工人、专业服务人员的源泉。

在一些新城区的调查中，我们发现了一个新问题，这就是技术工人往往留不住，他们的流动性太大。为什么会这样？有的雇主认为，年轻工人掌握了技术并对受聘待遇问题看得过重，没有满足他们的工资要求，或者听说其他企业给的工资高些，福利待遇好些，就跳槽了，全不顾原来已订的合同。基层管理人员也如此。此外，有些技术工人和职员不愿到外地距离过远的地方去任职，理由是夫妇两地分居的生活成本要高很多。这些要求并不是不合理的。但要让用人的企业现阶段就解决员工宿舍包括家属宿舍的问题，似乎很难做到。这个问题有待于在新城镇化过程中逐步解决。将来的努力方向应当是尽可能让农村外出务工、经商的夫妇和未成年子女在一起生活。

四、农村新社区的建设和转化

（一）新社区建设的要求

现在各地都在兴建社会主义新农村。在不少地区，社会主义新农村是在原有的自然村基础上通过旧房改造而成的，也有的是在原有的自然村附近的空旷地带建成的，原有的旧房在居民搬迁后被拆掉，土地经过整理，重新变为耕地或建设用地。无论以哪一种方式建成的社会主义新农村，都是农村新社区的起点。

农村新社区的进一步建设一般包括五个方面：

第一，农村新社区要实现园林化，成为绿树成荫、花草茂密的适合居住的居民区，而不能只以盖好几幢高楼为目标；

第二，农村新社区要成为环境清洁的居民区，实现污染防治、垃圾回收和利用、符合低碳节能要求的居民区；

第三，农村新社区一定要实现公共服务到位，建设卫生院、托儿所、幼儿园、小学、养老院、公共交通、自来水、通信、文化室、安全保卫、消防等相应设施，使得农村新社区内的公共服务与城区的公共服务基本上相同；

第四，在社会保障方面，农村新社区应当及早实现城乡一体化，不存在农民与城区居民的身份限制；

第五，在社会管理方面，农村新社区应实行民主管理制度，社区管理机构的负责人由社区居民选举产生，社区居民也可以罢免不称职的负责人。

过去常说："难就难在农民融入城市居民之中"。原因究竟何在？归根到底，这仍是城乡二元体制所致。两种户口、两种身份、两种社会保障待遇，再加上教育资源的非均衡配置、文化和医疗资源的不公平的分配，形成了农民和城镇之间的隔阂，使得不少进城打工、开店小本经营的农民进城工作十多年甚至二十多年了，仍然未融入城镇居民之中。这正是关键所在。

因此，在实现上述各项要求之后，村级自治就改为社区自治，农村新社区成为城市的一种基层单位，也就纳入城镇化。城镇居民和农民之间的权利平等了，身份限制不存在了，两类居民的融合也就成为事实。

（二）不同的社区就业模式

农村新社区居民的就业状况是多样化的，因地而异。在调查中我们发现，各地有不同的做法。

（1）在某些地方，由龙头企业牵头，把农民组织起来，农民把土地入股到龙头企业。龙头企业按土壤的性质，在这些土地上有的种果树，有的种粮食，有的种葡萄，有的种饲料。在建设用地上，盖起了各种工厂；在草地办起了牛羊饲养场；此外还办了养猪场、养鸡场等等。农民愿出外打工的，随他们自愿；不愿外出的农民，分配到工厂当工人，或到果园、葡萄园、粮田、饲养场工作。这样，每个农民每年按股分红，每月还有工资可得。龙头企业还建起了宿舍区，按社区模式管理，分配居民居住。公共服务设施也由龙头企业兴建。这又称"公司＋社区＋农户"模式。我们在山东烟台市就见到这种模式。

但也有一种疑虑，即担心如果将来某一天，这样的公司在市场竞争中因种种原因而亏损了，倒闭了，公司改组了，或被其他公司控股了，接管了，那时如何处理原来所形成并实施的"公司＋社区＋农户"的运营方式呢？是不是会影响农民的就业和生活呢？虽然目前还没有迹象，但今后能保证不会出现公司经营亏损的情况吗？一种可行的建议是：从现在起，公司每年从利润中提取一定比例的风险担保基金，平时不用，等到将来公司遇到较大风险而难以应对时，有这么一笔风险担保基金，多少有助于缓解农民所遇到的困难。

（2）在某些地方，由农民专业合作社牵头，把农民组织起来。农民专业合作社有的专门生产茶叶，有的专门生产西瓜，还有的专门生产柑橘等等。同时，也由农民专业合作社牵头，把农民组织起来，或改造旧民居，或在附近的空旷地带新建居民区，使农民迁入居住。农民专业合作社负责组织生产，而改造后的旧民居或新建的居民区，则由住户选举的村委会或社区管委会管理。这是一种"农民专业合作社＋社区＋农户"的模式。在这种模式下，农民专业合作社与龙头企业之间订立合同，由龙头企业提供技术，提供生产资料（如种子、化肥、灌溉机械），并统一收购产品，经营销售。我们在重庆市的江津、长寿、梁平等地见到过这种模式。

这种"农民专业合作社＋社区＋农户"的模式的缺陷主要在于由于农民专业合作社是本乡农民（甚至是本村的农民）组织起来的，规模小，底子薄，市场开拓能力有限，因此得不到农民足够的信任。加之，农民专业合作社如果缺少与龙头企业的合作，在市场中难以有大的作为。这就给农民专业合作社出了一个难题：要么过分依赖龙头企业，甚至受龙头企业控制，要么小打小闹，至多得到微薄的盈利。怎么办？一种可能的发展趋向是走联社之路，联社经营可以有较好发展前景，使农民对联社的信任增强。

（3）在某些地方，在市县政府或乡镇政府的主持下，在把农民组织起来建设社会主义新农村的过程中，给农民一定的建房补助，动员农民自建新房，或改造旧房，政府再投资建设公共设施，并在这里实行社区式管理。农民则转向专业化的生产，如每家都有蔬菜大棚、草莓大棚，精耕细作，产量高，收入增多。生产由各户自己负责，社区则组织专业的运输队，帮助农民把产品运往农贸市场去销售；或者，社区把这一带改造为旅游点，农民办农家乐，或妇女制作手工艺品，吸引游客前来选购，也包括购买新鲜水果、蔬菜、土特产等。这又是一种模式，可以把它称为"社区指导下的农民自营模式"。我们在贵州毕节市曾见到这种模式。这种模式的好处是农民自营，农业产业化开展较顺利，社区为农户的生产经营进行多方面的服务、指导，但这种模式也有不足之处，主要表现在两个方面：一是社区的服务和指导固然是重要的、有用的，但社区毕竟不是经济实体，不能把各个农户组织起来，各个农户在市场上仍是单独行事，实际上依然处于弱势地位；二是在本村的公路旁，小摊林立，农户之间的竞争相当激烈，变相削价。因此，有一种建议：能不能让社区指导同农民集体经营的运作结合在一起？于是就出现了下面一种模式作为一种替代。

（4）上面所说的另一种模式，就是在某些地方，在市县政府或乡镇政府的主持下，在把农民组织起来建设社会主义新农村的过程中，帮助农民集体创业，如全体或大部分农村劳动力从事工业、建筑业、物流业的工作。生产由农民组织的公司和民选的公司董事会负责经营管理，生活则由社区统筹安排，社区管委会负责人同样是民选产生的。可以把它称为"社区指导下的农民集体经营模式"。我们在天津市滨海新区见到过这种模式。

关于这种模式，同样会有疑虑，这就是：农民在社区指导下的集体经营，会不会又回到过去计划经济体制下的老路上去？在计划经济体制下，有些乡村有集体经营的企业（最早称"社队企业"，后来又改称"乡镇企业"），实际上是由乡村干部主持的。这些乡村干部中，有些人也是"能人"，但大权独揽、独断独行，名为"集体经营"，有些成为家族把持的企业。"集体经营"是不规范的企业组织形式，无法可依。与其沿用"集体经营"名称，不如改用规范化的企业组织形式，或称"农民专业合作社"，或称"有限责任公司"，一切都按规章制度办。这才是新社区可持续发展的保证。

农村新社区的模式肯定不限于上述几种。各地正在根据本身的情况，继续探索。这也是很自然的。在中国如此广阔的土地上，不可能设想只有某一种新社区的模式。应当把不同模式的涌现和不同模式的并存，看成是适合中国国情的城镇化过程中的正常现象，而且是一种可喜的现象，因为这种现象的出现正是调动了民间蕴藏已久的积极性的结果。规范化是必然的，只有规范化才能避免发生这样或那样的缺陷。

我们不妨再换一个角度对这个问题进行分析。如果不采取建设新社区的做法，而只有老城区加新城区的做法，试问众多的农民如何能安置到新老城区中，使大家都能安心生活，并使城市生活质量不降低呢？就业问题又如何解决呢？简直想不到比新社区的建设更好的办法了。

何况，新社区的内涵是不断改变的，把社会主义新农村当做新社区的起始点，是符合城乡二元体制下的户籍制度现状的。今后，通过园林化、循环经济的推广、公共服务到位和社会保障走向一体化，社会主义新农村也会逐渐向新社区转变。这些全都依靠民间蕴藏已久的积极性的调动和发挥。可以说，没有民间积极性的支持，也就不会形成新社区。这就是中国的特色。

（三）农民和城市居民无身份差别和权利平等

以上论述已经说明符合中国国情的城镇化将由三个部分构成，即老城区＋新城区＋农村新社区。

有些专家同意这三部分构成中国城镇化的设想，但仍有一个疑问，即老城区和新城区可以纳入城镇化的范围，但农村新社区纳入城镇化范围，似乎有些不妥。他们说：如果把农村新社区纳入城镇化的范围，岂不是自相矛盾？难道农村与城镇可以合而为一吗？这个疑问不是没有道理的。

对此可以作如下解释：

中国的城镇化是一个相当长的过程。在城镇化推进过程中，开始时，甚至较长时间内，城乡分割的二元户籍制还不能取消，城乡居民的身份差别和权利不平等还会继续存在。在这个阶段，从中国实际情况出发，老城区和新城区都有常住的农村人口，农村新社区更不必说了，农民成为新社区居民中的绝大多数，甚至是全部。根据前面的分析，使用"农村新社区"一词是适合实际情况的。

随着经济的发展和经济体制改革的深化，这些常住于新老城区的农民，迟早会转变为有城镇户口的居民。这是总的趋势，谁也无法改变。至于在农村新社区居住和工作的农民，随着新社区经济的发展和公共服务设施的完善，特别是随着城乡社会保障一体化的进展，新社区中的农民迟早也会转为城镇户口。

说得更确切些，在中国城镇化过程中，城乡二元户籍制度一定会走向全国户籍一元化。城区和农村不再有居民身份的差别，也不再有城乡居民权利的不平等。到那时，可以把"农村新社区"改称为"新社区"，前面不必再加"农村"二字。反映中国城镇化真正特色和符合中国国情的,恰恰是"新社区"作为中国城镇化的一个重要组成部分。"新社区"今后就是中国的新城镇。

从这个意义上说,中国的城镇化体现了中国经济双重转型的特征。本书导论中已经指出,中国经济的双重转型是指:这种转型既是"发展转型",又是"体制转型"。"发展转型"意味着由农业社会过渡到工业社会;"体制转型"意味着由计划经济体制过渡到市场经济体制。自1979年改革开放以来,这两种转型在中国是重叠的。所以中国的城镇化完成之日,正是上述双重转型成功之时。破除城乡二元户籍制度可能是双重转型中具有关键意义的阶段。中国城镇化唯有走适合国情的道路,才能实现城乡居民无身份差别和权利平等的目标。

五、在城镇化过程中,持续的公共设施经费主要来自何处

最后,我们探讨城镇公共设施建设资金究竟如何筹集的问题。

实践证明,在中国,"土地财政"之路已经走到了尽头,难以继续下去。地方债务之路也不可行。地方政府欠债越积越多,将来谁来偿还?靠什么偿还?算一算,每年有多少人迁入老城区和新城区,或者迁入新社区?男男女女,老老少少,城镇化过程中要盖多少住房?修多少马路?建多少托儿所和幼儿园、学校、医院、文化活动场所、公共服务设施,再加供水、供电、供气、供暖,还有公共交通、环保环卫、绿化、园林建设等等,要投资多少?如果缺乏公共设施建设资金,设计得再好,城镇化规划也只是"无米之炊"而已。

城镇公用事业必将随着城镇化的推进而有较大的发展,而城镇公用事业建设资金的筹集和使用,在西方发达国家是有先例可援的,这就是成立"城市公用事业投资基金"。现在,中国在产业投资基金方面已经积累了一定经验,国内也有了比较熟悉该项业务的专门人才,成立城镇公用事业投

资基金的条件已趋成熟。具体地说，中国城镇公用事业投资基金是把中央政府、地方政府和金融机构三方的力量组合起来的机构投资者。财政部和国家发改委可以作牵头发起人，适当投入财政资金，发挥引导和调控基金投资方向的作用。基金的投资人可以包括社保基金、国家开发银行、保险公司等长期机构投资者。城镇公用事业投资基金成立后，可以发行"城镇公用事业发展债券"。这是一种长期金融债券，吸纳大量民间资金，既为城镇化过程中供水、供电、供气、供暖、公共交通和环保环卫设施提供了可持续的融资渠道，又为民间提供了长期和稳妥可靠的投资园地，为民间资金进入城镇公共建设提供了新的机遇。

为了使这一战略投资取得较好的成效，可以选择几个省市作为试点，取得成功经验后再逐步推广。

根据西方发达国家近年来以公用事业投资基金形式来推动城市建设的经验，尽管公用事业投资基金投资回收期长，只要投资对象选择得当、投资基金规模大从而抗风险能力较强，以及基金本身经营管理有方，一般都有较高的回报率。国际上一些公用事业投资基金也会纷纷看好中国城镇化的重大市场机遇，参与中国的城镇公用事业建设。因此，中国自己的城镇公用事业投资基金应当抓住机遇，尽快建立，走上引导民间资金推进中国的城镇化建设的道路。

第二节　深入剖析城镇化过程中的疑难问题

一、关于工业化和城镇化的相互促进

在现阶段的中国，工业化和城镇化不仅平行推进，而且工业化和城镇化是相互促进的：工业化带动着城镇化，城镇化也带动着工业化。重要的

是，现阶段中国的工业化和城镇化的相互带动是在中国经济双重转型的过程中实现的。无论是工业化还是城镇化，既需要经历体制的转型，也需要经历发展的转型。

这里所说的体制转型是指：工业化要进一步市场化，要通过市场竞争和企业的自主创新、产业升级，使长期存在于中国经济生活中的烦琐审批程序简化、行政干预方式淡化，直至取消，使资源配置在市场机制充分发挥作用的前提下趋于有效、合理，特别需要指出的是，所有制歧视不再存在；城镇化则应当逐步突破城乡二元体制，使长期存在于中国经济生活中的进城农民及其家属逐步融入城镇社会，对他们的权利限制逐步消失，使农民、市民之间的差别最终不再存在。

这里所说的发展转型是指：工业化重在提高经济增长质量，工业化的进展意味着从过去的发展方式又朝着新的发展方式迈进了一步，使工业化的水平又上了一个台阶；城镇化重在发挥引领农村发展、农业发展的作用，使城镇成为经济中心，使农业走向产业化和现代化。假定在城镇化过程中，在城镇繁荣兴旺的同时，农村衰败了，农业发展停滞了，那就意味着城镇化并未实现原定的目标。

这就是工业化和城镇化相互促进的真正含义。在中国经济现代化过程中，由于体制转型和发展转型是结合在一起的双重转型，所以现阶段中国的工业化和城镇化也必然结合在一起。工业化和城镇化的相互带动、相互促进，说明了中国经济双重转型的全过程。

改革和发展只有进行式，没有终点。工业化和城镇化同样如此。由于科学技术是不断进步的，新的创新浪潮一轮一轮滚滚而来，现代化永远是一个过程，谁也不能说到了哪个阶段就是现代化道路的尽头了。而城镇化以提升人们的生活质量为重点，生活质量的提高同样是没有终点的。在自然生活质量方面，如能源的清洁化、环境的治理和恢复程度、经济的低碳化等会有终点吗？不会。在社会生活质量方面，如社会的和谐、居民的幸福感和安全感、社会风气的优良，同样不可能有终点。人们总是希望要继续改善生活，提高生活质量。这就向我们显示，无论是工业化、城镇化还是在现代化道路上，总有做不完的事情，等待这一代人和下一代人去做。何况，一代人有一代人的认识、体会和愿望，这一代人很难说自己已经懂得下一代人、再下一代人在想些什么，只能说"下一代人肯定比我们这一代人想得更多、更符合当时的实际"。

另一个值得关注的问题是：工业化和城镇化的相互带动和相互促进究竟在哪些方面促进了工业化，又在哪些方面促进了城镇化？

首先看对工业化的促进。今天所谈论的工业化已经远不是我国工业化开始时期的工业化了。20世纪50年代到70年代这段时期的工业化，仍停留在早期工业化经验的框架内，总是把建立大型钢铁企业、大型矿山、大型电力企业作为重点，认为只要工业产量上去了，就达到了预期目标，至于工业污染，暂且搁在一边，留到以后再处理。20世纪80年代以后，对工业化的认识开始发生变化。技术创新的不断进展，新型工业化对传统工业化的替代成为必然趋势，这也就改变了人们对工业化的认识。效率大幅度上升，产品质量越来越高、越来越精密，市场竞争力越来越强，而且对环境越来越重视，这促使高精尖产业、新兴产业越来越起着引领经济增长的作用。现阶段中国强调发展方式转变的必要性，正意味着对新型工业化的认识正在转化为实际行动。而城镇化对新型工业化的促进作用将集中反映于以下三点：一是城镇化提高居民收入，增加社会购买力，扩大内需，从而为新型工业化提供了日益广阔的国内市场；二是新城区为发展新兴产业提供了良好的发展基地，城镇化为发展新兴产业提供了充足的高素质的技术工人和专业人才。三是新型工业化需要有现代服务业的发展相配合，而城镇化则为现代服务业的发展创造了有利条件。

再看对城镇化的促进。正如前面已经指出的，现阶段中国正在进行的城镇化，既不同于计划经济体制时期的城镇建设，也不同于改革开放初期继续保留城乡二元体制时的城镇化，而是旨在逐渐破除城乡二元体制，走向城乡一体化过程中的城镇化。城镇化已经不单纯是为了扩大城镇规模和增加城镇常住人口，也不单纯是为了繁荣城市经济和使城市的 GDP 不断增长，而是从"人的城镇化"角度考虑，使人们的生活质量提升。正因为如此，所以城镇化必须同新型工业化结合在一起。新型工业化对城镇化的促进作用集中反映于以下四点：一是新型工业化过程中涌现出来的新兴产业以新城区为发展基地，为城市财政提供了较多的税收，进而改善了城市的公共财政；二是新型工业化以及与此相配套的现代服务业的发展，增加了城镇就业机会，缓解了城镇就业压力；三是在新型工业化过程中，农业产业化和农业现代化将随之得到关注，相应的新技术创新和支持农业发展也会有较大成效，从而有利于农村、农业和农业生产经营者，使农村和农业面貌有较大变化，这都符合城镇化的要求；四是就城镇住房建设而言，新能源、新材料、智能化的推广和其他家庭设施的更新，不仅可以降低建材造价和节省日常支出，而且可以节能、节水、减少污染，使居民感到舒适。

通过以上的分析，可以更加明确工业化和城镇化的相互促进关系。这样的城镇化，就是名副其实的新型城镇化。

二、缓解城镇住房紧张问题的基本途径

在城镇化推进过程中，一个棘手的问题是城镇住房价高和供给不足。这对准备迁入城镇居住和安家的农民来说，是最头痛的问题之一。我们在一些省市调查时，有的进城务工已经好多年的农民反映：他们始终未能在城里安家，心神总是不定的，就好像老是漂流在城里，安不了家，扎不了根。他们还说：安家比就业还重要，打工是就业，自己开个小商店、小作坊、摆个小摊，也算是就业了，但有房屋可住（包括买房和租房），即使像过去那样在棚户区住下，才有"在城里安了家"的感觉。在谈到农民工融入城镇问题时，他们说得更直接："融入小镇，不太难，租间房子就算融入了，周围都是熟人。融入城市，太难了，靠打工攒钱买房是不够的；租房

难，每月付的租金也高。靠打工的收入，付房租以后，剩不下多少，一家人还吃不吃饭？"

城里的房子为什么这么贵？租金为什么这么高？可供购买的住房房价昂贵和租金高，主要原因在于供给不足。房价昂贵同地价昂贵有关。而地方政府采取的土地拍卖方式，则是推动地价上涨过快的源头。2011—2013年连续三年，在全国政协全体会议期间，我都向新闻记者们谈到了自己对房地产价格大幅度上涨的看法。

在2011年的全国政协全体会议上，我对新闻记者们说：应当用政府采购招标的方式来替代土地拍卖的做法。观点如下：政府拨出一块可用于建造住房的土地，如果用拍卖方式竞价出售，由于土地供给有限，报价必然越来越高，所谓"地王"就是这样出现的。地方政府可以借此取得高额地价收入，而房地产开发商之所以不惜以最高报价获得这块土地，正因为它可以把地价支出包含在未来的房价之中，于是房价也必定"水涨船高"，即地价上升推动了房价上升。而且地价在房价中所占的比重越来越大。我因此主张土地出让改用政府采购的方式，这是指在政府采购机器设备时，政府先公布所要采购的成套机器设备的性能和质量标准，然后让各个够资格的厂家报价，政府在符合技术条件和质量标准的条件下，可以选择售价最低的厂家中标。转让土地时，就参照这一办法，即规定地价，按照住房的规格和质量标准，让房地产商申报将来出售的住房每平方米的价格，在同一质量标准之下，将来的住房每平方米售价最低的中标。如果中标者不按时完成住房建设，不符合技术质量标准，或以高出投标时的报价售房的，都要受到处罚，如巨额罚款，或撤销今后的投标资格。这样，就不会把地价越炒越高了。

在2012年全国政协全体会议上，我对新闻记者们说：在城市房地产问题上，当前重要的对策不应当是限制需求，而是增加供给，何况刚性需求是客观存在，这是无法回避的。比如说，大学毕业生要结婚，没有住房，行吗？至少也得租一间吧！农民工要在城里安家没有住房也不行，他们迟早一定会买房或租房，并且买得起房，或者租得起房。我接着说："限购是错误的做法，限售还有一定的作用。"这里所说的"限购"，是指对购房者加以种种限制；这里所说的"限售"，就是限制转卖，是指购房者如果想把房子很快转卖出去，要缴税，而且购入后时间越短，转卖时税率越高，以后逐年降低。"限售"可以使囤房牟利者无利可图，这对投机者是一种限制。所以说，"限售"还有一定的作用。

在2013年全国政协全体会议上，在面对新闻记者们的提问时，我率直地回答他们。记者问："怎样看待今年国务院颁布的'国五条'？"我笑着说："让时间来回答吧！如果这种硬性强制压缩需求的做法能把北京的房价压下去，还要经济学干什么？"还有的记者问："美国青年人不急于买房，不少人一辈子租房子住，为什么中国青年人一心想买房子呢？"我说："国情不同，不能相提并论。"美国的工业化至今已经200多年了，农村多余劳动力已经释放完了。美国农业人口占全国人口百分之几，务农者在农村有自己的家庭农场，有自己的住宅，不会进城来打工。中国则不同，城镇户籍人口只占全国人口的30%多一点。随着工业化和城镇化的推进，有大量农民及其家属准备进城，争取早日在城镇安家。这就是中国的国情。在城市中，购房太贵，租房又难，城市住房必然成为一个难题。这怎么可以同美国相比？而且，中国人的观念和美国人不一样。在中国人看来，自己在城里有了住房，就等于扎下根了，房子是自己的财产，租房终究不是长远之计，所以城里人千方百计要买房子，租房子住始终被看作是临时性的。

现在城镇住房这么紧张，该怎么办？还是那句老话：社会保障性住房由政府承建，由政府提供；高档住宅、舒适宽敞的住宅，由市场解决。政府做政府该做的事，市场做市场该做的事情。各个阶层的住房需求在增加供给的前提下都会得到照顾。人们的"住房问题解决越来越难"的预期得到调整之后，会对住房问题的解决有希望，有信心，社会关于购房贵和租房难的预期也就逐渐趋于稳定。中国迟早会走上"租买并存，先租后买，先小后大"之路。

三、再谈以增加供给为主的缓解城镇住房紧张问题的思路

前面已经分析了压制需求的思路不足以解决城镇住房紧张问题，而应当采取以增加供给为主的思路。下面，就这个问题作进一步的分析。

（一）住房建设用地仍有继续扩大的空间

近年来的经验已经表明，在城镇化过程中，距离城市中心区近的农村，可用于住房建设的土地的确已经越来越少，而距离城市中心区较远处，住房建设用地仍有较大的空间。因此，住房远郊化已成为不可避免的趋势。在那些地带仍有荒地、不宜于种植农作物的低产地和山坡可以利用。通过土地重新丈量和确权工作，可以修改或重新制定城市发展规划，把一些可以用于建设住房的土地纳入住房建设用地，采取土地先定价和先确定未来建设的技术、质量标准的做法，招标开放。同时着手道路规划和公共交通设施建设，新的楼群将成为未来的新居民区。根据已经结束的土地重新丈量和确权工作试点的经验，农业用地的实际面积是增加的。这样，18亿亩耕地的红线不至于被突破。

（二）老城区继续进行改造，棚户区和大杂院式的旧房屋继续拆迁，在空地上或置换而来的建设用地上新建适合人们居住的新居民区

对城市中的老城区来说，拆旧房盖新房是一项长期的工作：一方面，由于经费紧张，老城区的改造耗资巨大，在经费不足的条件下只有分期分批进行；另一方面，由于涉及的居民人数众多，其中既有城镇居民，也有农民工及其家属，既有已就业的，也有无职业的，此外还有一些孤寡老人、残疾人、留守儿童等等。拆迁和安置工作很费时，拆迁户会提出各种各样的要求，有的可以满足，有的无法满足，所以要做许多细致的工作，耽误时间不少。但不管怎样，这是一项必须进行的工作。

从我们调研过的辽宁沈阳、抚顺等城市棚户区拆迁和改造过程来看，只要规划完善，工作细致、认真，且拆迁后新住宅区使拆迁户基本满意，再之在就业问题上能统筹安排，成绩就是明显的。同时，拆迁后的新居民区内容纳的人数比过去增多了。

（三）对新社区的建设寄予较大的希望

新社区建设是现阶段中国城镇化过程中的一项创新。新社区的前身主要是各地的社会主义新农村，它们通过旧房屋的拆迁、置换后盖成新房屋或翻修一新而成；它们是在园林化、环境治理、公共服务到位、城乡社会保障一体化之后，改为社区管理而最终形成的。考虑到城镇化要符合中国国情，所以新社区被视为中国城镇化的一个重要组成部分，也是今后吸纳众多农民的"新城镇"。新社区仍有较大的发展空间。由于新社区内的商业、服务业、有特色的手工业、工艺品制造作坊或工厂日益增多，从而将不断吸引外地的农民前来，因为这里的就业机会多，生意兴旺，收入也多，外地农民认为在这里谋生比进城好，所以外地农民愿意在这里安家，扎下了根。

在贵州省毕节市所属的黔西县、大方县调研后发现，有些本村的农民住进了新屋，原来的旧宅本来是闲着的，现在当作出租屋，租给外地农民工住，他们或者在蔬菜大棚里做工，或者做起小买卖。这样，旧宅出租既增加了本地农民的收入，外来务工、经商的农民也有房子可住了，房租还比较便宜。

在北京远郊区的一些新农村或新社区，为了吸引外来旅游者，本地农民开办了一些"农家旅店"、"农家饭店"（统称为"农家乐"），人手不够，门前贴上"招工"的纸条。农家主人有厨艺的当了大厨，熟悉业务的当了经理、采购员。在店里当杂役、招待员的有些是外地来的农民，他们有的连家属都带来了，在村里租了房住下。可见，新农村或新社区在吸纳外地农民方面是有潜力可挖的。今后可以设法进一步扩大它们的这种吸纳外地农民的能力。

（四）妥善处理农村"小产权房"问题

在距离城市中心区不很远的近郊，近些年来出现了所谓的"小产权房"。"小产权房"之所以出现，基本上可以从需求和供给两个方面来探讨其原因。

从需求方面分析，"小产权房"向谁销售？是向城镇居民销售，因为城镇的房价一再攀高，城镇中等收入阶层也难以购买，何况收入较低的家庭呢？此外，农村的"小产权房"除了充当一些城镇居民的第一套房，还有作为城镇居民第二套房的，即某些城镇居民上班时住在城区狭小的第一套房内，休假日或闲暇时喜欢到农村来生活，或者为了便于写作、绘画等而住在农村的第二套房内。外地来大中城市经商的，也有购买农村的"小产权房"作为住所的，一是购买"小产权房"比经常来大中城市住旅馆要省钱，二是还可以兼作临时货栈和仓库。总之，对"小产权房"的民间需求是旺盛的。

从供给方面分析，"小产权房"来自何处？不排除农村中有人多占土地，多盖住房，供出售之用。多占地、多盖房的，不乏过去的村干部及其亲属，甚至也有现任的村干部及其亲属。这些都是违法的行为。但较多的仍是农民在分给自己的宅基地上所建的房屋，这些房屋按规定是不许出售给外地人的，但农民违背了规定，把这样的房子当作了生财之道。农民作为"小产权房"的供给方，不需要登广告，也不需要做什么宣传，只需要坐在家中，自有需求者找上门来，谈妥价格就成交。需求量大，所以"小产权房"的价格也呈上升趋势。

对于"小产权房"，目前采取的主要对策是取缔和勒令收回。措施是刚性的，不容许讨价还价。但在实施时，往往遇到困难，只得拖延下来。例如，强制废除当初供需双方签订的"小产权房"交易合同容易，但把住户（购房者）赶走，却十分困难。又如，刚签好"小产权房"交易合同，需求方已付房款，但尚未迁入居住，交易合同停止执行，需求方要求供给方退回购房款，供给方已把房款移作他用，还不出钱，或不愿还钱，怎么处置又是一个难题。再如，当初"小产权房"交易时，是经过村干部同意的，所以供需双方才敢于交易，现在上级政府重申禁令，指出"小产权房"是违法的，那么谁来承担责任？谁来承担交易后的损失？最后，如果一个村有若干件"小产权房"纠纷，涉及若干户农民和购买者的利益，怎么办？互相观望，要处理就应一视同仁，但这样一来，村里就不安定了。结果，依然悬而未决。

所有这些，都是土地确权工作开展以前就产生的纠纷。土地确权之后，农民有了房产证，对于他们处理宅基地上自建的房屋，包括自主转让这些已有产权的住宅，多数人认为可以这样做。当然，有人持不同意见。有的地方采取如下的对策：不再提"小产权房"问题，而只问农民自建房屋所占用的土地是否本人的宅基地。如果建房的土地确实是农民自己的宅基地，并且符合"一户一地（指宅基地）一宅"的原则，那么就不再限制农民住宅的流转了。这是因为，转让这样的个人住宅，并不损害他人的权益，何况还能缓解城镇住房紧张和供给不足的问题。

四、城镇化和减贫脱贫之间的关系

如果城镇化过程中不破除城乡二元体制，只热衷于城市规模扩大和城市经济增长，虽然多多少少也能促进城市居民人均收入的上升，但对于进入城市的农民来说却依然摆脱不了贫困。因此，城镇化过程中要实现减贫脱贫任务，不仅有必要把改革城乡二元体制放在首位，而且要把缩小城乡社会保障的差距放在重要的位置上。这是进入 21 世纪以来中国城镇化的一项重要经验。

关于城镇化和减贫脱贫之间的关系，可以从以下四个方面来分析。

（一）城镇化过程中城镇就业问题的解决

城镇化过程中的城镇就业问题包括两部分：一是城市中新达到就业年

龄的城市居民应有就业机会；二是由农村陆续迁入城镇的农民及其配偶中愿意就业的，以及他们的子女已达到就业年龄而愿意就业的，能满足其愿望。这是与城镇减贫脱贫直接有关的大事。

要让这么多求职的人能够找到适合自己的就业机会，必须依靠持续的经济增长，才能使城镇涌现新的就业机会。但仅靠经济增长是不够的，因为这里存在着就业结构是否协调的问题。如果求职的人不符合就业岗位对新增人员的技术水平和专业的要求，那就必须有相应的职业技术培训过程。此外，就业岗位在挑选新增人员时不应当存在户籍歧视，即不应排斥农民户籍的求职人员，显然这是不合理的。

要让更多的求职人员有就业机会，必须在城镇大力扶植小微企业的发展，鼓励有一技之长的城镇新增求职人员和来自农村的求职人员创办小微企业，以创业带动就业。而为了适应城镇发展的需要，公共服务和现代服务业将迅速扩大，许多求职人员将填补到这些行业之中，这既可以满足社会的需要，也能使更多的人就业，从而使他们的收入逐渐增长。

（二）农业、养殖业、林业始终是需要劳动力的，这是兼顾城镇化过程中缓解就业压力和减贫脱贫的途径

在现阶段中国的城镇化过程中，必须城乡统筹安排，决不能只考虑城镇的发展而忽视农村、农业。要知道，城乡之间的收入差距由于城乡二元体制的存在而一直存在，而且近年来有不断扩大的趋势。城乡收入差距的扩大必须引起政府部门的关注。根据中国城镇化的经验，要缩小城乡收入差距，唯有依靠改革和发展。改革中最重要的措施是破除城乡二元体制对农村和农民的束缚，让农民享受同城市居民同等的权利，让农民有财产权和获取财产性收入的权利，在就业方面不受户籍的歧视，在社会保障方面逐步走向城乡一体化。这是农村和农民减贫脱贫的制度保证。发展中最重要的措施是，在城镇化过程中，一方面支持农民进城务工或经商，或在城镇开办小微企业，增加收入；另一方面在农村致力于办好家庭农场，或组织农民专业合作社，引进新的科技成果，实行规模经营，提高生产效率。这同样有利于农村和农民的减贫脱贫。

（三）教育资源应当均衡配置，让社会流通渠道得以通畅，这将有助于城乡低收入家庭早日减贫脱贫

在城乡二元体制下，教育资源的配置是非均衡的，即重城市，轻农村，偏向于城市居民，农民普遍受忽视。以义务教育阶段来说，长期以来，农村的学校经费少，设备差，师资力量弱，学生学习质量低，以至于初中毕业生升入高中的比率，农村明显地小于城市；高中毕业生升入高等学校的比率，农村同样明显地小于城市。近年来还出现一种现象，即农家孩子初中毕业，义务教育阶段结束后，他们不愿读高中。我们在内蒙古赤峰市和通辽市两地调研时听到农民的下述反映，他们说："高中毕业有什么用？考取大学更难了。还不如初中毕业后就进城去打工，早一点就业，既给家里省钱，还能早些挣钱呢！"

这种情况是不利于农村和城市的低收入家庭减贫脱贫的。且不说初中毕业生找工作不容易，就算能找到工作的，依然是简单劳动力所从事的工作，工资低，贫困如故。因此，在城镇化过程中，为了改变以前的教育资源非均衡配置状况，有必要实现城乡人均教育经费均等化，在老城区、新城区、新社区三个城镇化的地方，部分地调整各级各类学校的配置，对义务教育阶段和高中阶段城乡低收入家庭的学生一律免费，包括住校生一律免费食宿。中专性质的职业技术学校同样免费（包括食宿）。这是保障减贫脱贫的重要措施，应当作为城镇建设的必不可少的内容之一。

（四）低收入家庭脱贫后又返贫的一个重要原因，是家中有人长期患病。如何解决"因病返贫"问题，也应在城镇建设中予以重视

根据我们在重庆市武隆县、彭水县、石柱县的调研，发现城乡一些低收入家庭在经过一段时间努力发展生产和得到政府扶植之后，终于脱贫了，但稍后又返回贫困状态。为什么会返贫呢？据村干部反映，大体上有以下几个原因：一是家中主要劳动力突然死亡或严重残疾，如车祸、洪水等灾祸造成的事故；二是家中失火，房屋被毁，财产无存；三是儿子结婚，负债累累，至今未还；四是本人或儿子不成材，染上好赌恶习，家产输尽；五是家中有人长期患病，医疗费用负担不起，以致又穷困如故。特别是最后这种情况，尤为普遍。此外还有在外经商受骗，或者养殖户遇到冰冻灾害、鸡瘟、猪瘟等，也会造成返贫。

由于返贫原因很多，村干部认为不好办。调研人员向村里建议，有些困难可以通过商业保险解决，有些返贫问题同农村风俗习惯或个人染上恶习有关，比较普遍的"因病返贫"现象，则需要结合城镇化过程中的城乡社会保障一体化改革措施来缓解。医疗保障是城乡社会保障一体化的内容之一，主要是要消除城市户籍与农村户籍在医疗费、药费上的差别待遇。应当使城乡居民逐步享有同等待遇，同时，医疗网点的设置也应当均衡。农民反映看病难，不仅是由于城乡差别存在而引起的可报销部分的多少不等，而且还在于医疗网点分布不均衡，农村地广而点少，为了看一次病要耗费多得多的时间和精力。因此在城镇化过程中，这些问题都应被考虑到，以防止发生"因病返贫"的情况。

五、户籍一元化是一个渐进的过程

现阶段中国的城镇化是深化改革的重要组成部分，它的重点是要破除实施已长达50多年的城乡二元体制，实现城乡一体化。城乡二元户籍制度是城乡二元体制赖以存在的基石，所以在破除城乡二元体制时一定要把城乡户籍的二元化改为城乡户籍一元化。

既然要把城乡户籍二元化（也就是户籍双轨制）改为城乡户籍一元化（也就是户籍单轨制），那么究竟是先改户籍制度还是后改户籍制度？学术界在这个问题上是有争议的。

主张先改户籍制度的学者持有的理由是：1958年开始确立城乡二元体

制时，首先宣布城市户籍和农村户籍并存，以限制城乡人口流动作为开端，所以要破除城乡二元体制，也必须先废除二元户籍制度。也就是说，先把基石挖掉了，城乡二元体制怎能继续存在呢？

但不同意先废除二元户籍制度的学者（我持这种观点）认为，宣布取消二元户籍并不困难，但对于现阶段中国城镇化的推进能起多大作用呢？50多年来形成的对农民的种种限制，难道会因一纸公文宣布户籍一元化，困难就会消失吗？如果一下子宣布户籍由二元改为一元了，城乡之间人口流动无障碍了，农民从四面八方迁移进城，城市秩序岂不是大乱了？同样的道理，如果不少城里人听说可以自由迁往农村了，他们纷纷要求下乡，收购已涌进城的村民的房屋，又该怎么办？可见，城乡一体化需要有一个较长的过程，有许多准备工作要做，不能急于求成，否则只会使社会动荡，无助于城镇化的有序进行。

户籍制度改革是"水到渠成"的事情，一切准备工作都做好了（近来，我曾多次在有关城镇化的讨论会上说过），如农民迁入城区和新社区已开始进行，迁入城区和新社区的人基本上有工作可做，学生有学校可上，各种公共服务也已到位，迁入城区和新社区的农民基本上安下心来，正常生活秩序也开始了，这时，才可以说户籍由双轨并为单轨的条件已经成熟，户籍从此走向一元化：中华人民共和国的居民，不管过去住在农村还是住在城市，一律使用身份证，统一规格，再不用分"城镇居民"还是"农村居民"的不同身份了。

这将是一个渐进而又有序的过程，居民的权利平等了，对农民的身份歧视从此不复存在。

然而，在讨论中就这个问题还出现了有争议的意见，这就是：城市按规模来划分，至少可以分为四级（特大型、大型、中型、小型），多数专家认为，户籍并轨可以先在中小城市进行，等积累了一定经验之后，才在大城市中推广，至于特大型城市，则放到最后。理由是：各个类型城市的差别很大，在城镇化过程中，特大型城市确有不同于其他类型城市的特点，尚需进一步研究才能实施户籍单轨制。否则，像北京、上海、广州、深圳、天津等城市，居民已在1 000万人上下，甚至是多达2 000万人的特大型城市，如果户籍改革仓促推广，外地农民大量涌入这些特大型城市，它们怎能吸纳这么多的外地农民？所以把特大型城市放在最后解决，是有道理的。然而又有了争议：大城市财政力量大，特大型城市更有财力，它们不先走一步，不在农民工融入城市方面作出表率，难道让贫困的小城市先行一步吗？

归纳起来，哪些城市先进行户籍改革，哪些城市后进行户籍改革，这些都可以根据地方财政状况、农民进城的安置情况、就业前景、公共服务设施建设的进展而定。综合考虑，也可以在较富裕的小城市先行、较富裕的新社区先行，这更加符合实情。总之，大中小城市齐头并进，互相攀比，只看速度，不顾实效，这些都曾经是城市建设中经常出现的老毛病。如果一心只想速度，这些老毛病很可能在今后城镇化过程中重演，结果会造成不少后遗症。

在这里，有必要重温推进城镇化的目标是什么？是为了实现"人的城镇化"，把人们生活质量的提高摆在首位。宁肯进度稍慢一些，只有踏踏实实地推进，才能符合提高人们生活质量的标准。

由此可见，在城镇化问题上要始终强调建设"新社区"的意义。如果不把"新社区"作为符合中国国情的城镇化的一部分，不实行"就地城镇化"的做法，几亿农民全涌入老城区和新城区，同时又要做到城乡社会保障一体化，试问，中国能稳定地实现城镇化目标吗？

第三节　关于牧区的城镇化

一、牧区城镇化所遇到的困难

城镇化在全国范围内正在推进。据了解，相对而言，农区的城镇化进展一般说来比较顺利，而在牧区，城镇化推进过程中则遇到较多困难，进展要慢得多。2011年8月，我带领北京大学光华管理学院的调研组在内蒙古赤峰市城区、克什克腾旗、巴林右旗、翁牛特旗和宁城县进行调研。本节专就牧区城镇化问题谈一谈看法。

牧区城镇化所遇到的困难大致如下：

第一，牧区地广人稀，城镇本来就比较少，而且除市（盟）所在地以外，规模也都不大。城镇化通常需要在原有城镇的基础上扩建，让更多的农民（包括牧民）及其家属迁入城镇。如果原来城镇有基础，扩建相对说来要容易一些，因为基础较好，然而牧区原有的城镇绝大多数是小城镇，基础差，必须有新的投入，才能建成可以容纳更多人口的城镇。有些地方甚至需要另建新的城镇，所需的投入更多，地方财力难以完成这一任务。

第二，新迁入牧区城镇的居民的就业是困难的。据赤峰市住房和城乡建设委员会的资料，由于规划编制较晚、城镇规模偏小、基础设施薄弱、产业化水平偏低等小城镇自身建设方面的问题的存在，无论是原有的牧区小城镇还是扩建、新建的牧区小城镇，都难以安排新迁入城镇的居民的就业，而只要这些人的就业问题得不到解决，他们就不会常住在城镇中，随时有返回牧区草场的打算。

第三，在牧区城镇化过程中，为扩建城镇或新建城镇，往往缺乏土地指标，即使是有限的指标也得首先向旗县政府所在地城关镇倾斜。

这种情况与某些省市农区城镇化不同。在一些农区，扩建或新建城镇所需要的土地，往往通过农民迁居新村，腾出宅基地，把它们复耕为农田，然后在适合于扩建、新建城镇的地区，使用等面积的耕地转为工业建设用地或城市建设用地，以满足建设的需求。这一过程被称为"置换"。其结果，耕地面积总量的红线未被突破。这种"置换"的方式在牧区是不适用的，因为牧场已承包给牧民，而牧区一般没有宅基地概念，牧民在牧场内住蒙古包，或者自盖住房。因此，牧区城镇化过程中要在牧区扩建城镇或新建城镇，常常因土地指标有限而受阻。

第四，可能这是最重要的，就是牧民中大多数人不愿意迁往城镇，认为城镇生活不如在牧场生活舒适。牧场只要经营有方，年收入比在一个工厂中做工的收入要多，而且不需要每日准时上班下班。换言之，牧民进城落户之后，就要放弃原有的草场、牧场，在城镇中成为就业的弱势群体，工作和收入都不稳定。特别是，部分年龄较大的牧民不愿放弃熟悉并多年沿用的畜牧业生产生活方式，宁愿过简单、宁静、悠闲的游牧生活，也不愿意离开草原游牧文化氛围。当然，习惯是可以改变的，生活方式也可以逐渐适应新环境，但这绝不可能在短期内就能实现，何况，习惯和生活方式的调整需要有两个重要的条件，一是城镇的生活对牧民来说要比在牧场的生活舒适，二是收入要比迁移前有持续的提高。满足不了这两个条件，牧民怎会有迁入城镇工作和生活的主动性和积极性呢？他们抵制拆迁，拒绝搬家；即使进了城镇，根还在牧场，心也留在牧场，不时有回流到牧场的。

正由于上述四个方面的原因，牧区城镇化的进程是缓慢的，目前的城镇化率依旧很低。首先，牧民不愿意进城落户，他们认为不迁比迁好；即使进城了，老幼进城比青壮年进城适宜。其次，地方政府没有那么多财力来安排进城牧民及其家属的工作和生活，又不能强制牧民进城，更不能采取暴力拆除牧民在牧场的住房，逼迫他们进城。但这样一来，牧区城镇化率的提高就非常困难，地方政府领导人抱怨道："牧区城镇化率低，给我们增添了压力。"这是指：牧区的城镇化率低而且提高速度缓慢，被认为拖累了全地区城镇化水平提高的进度，所以地方政府领导人感到有压力。

这个难题怎么解决？看来需要有新的思路，寻找新的对策。

二、沙化牧场牧民迁移的启示

在赤峰市考察期间，我们专门到了距翁牛特旗旗政府所在地 62 公里的海拉苏镇。这是一个牧区小城镇，全镇土地面积230万亩，辖15个居委会，总户数近5 000户，人口1.5万人。其中，到2010年末，镇区面积已达3.6平方公里，镇区总人口达6 000人。

翁牛特旗海拉苏镇的城镇建设是有成绩的[①]。迁入海拉苏镇区居住的，就有一部分是附近的牧民。这些牧民为什么积极要求迁进海拉苏镇区居住呢？一个原因是镇区发展较快，新增了一些就业岗位，使新迁入镇区的青壮年甚至年龄较大的人有合适的工作可做，收入也比较稳定。例如，镇区内现有个体商店、餐饮、小型维修、加工等商贸服务行业300余家，从业人员达到1 300人；还有海拉苏水管局、海拉苏卫生院等事业单位13个。迁到镇区的牧民可以根据自己的特长，或自开商店、作坊、餐馆，或在企事业单位工作，比较迁居镇区以前，收入是增长的。另一个原因是多元投资，增加居民住宅建设的力度，并且大力推进道路、绿化、排水工程、供热供水供电供煤气等基础设施建设。镇政府除了加大财政资金投入外，还充分利用民间资本、银行信贷支持镇区建设。[②] 结果大为改善了镇区的工作和生活条件，从而也起到吸引牧民前来的作用。

然而，这些有关就业机会的增长以及工作、生活条件的改善等情况，虽然有助于牧民在是否迁往城镇的决策中作出进城的选择，但还不是主要原因。我们在翁牛特旗海拉苏镇的考察发现，促进这些牧民选择进城居住的主要原因是该地区的牧场正在沙化，牧场质量因沙化严重而不断变坏，以至于牧场的放牧收入有下降趋势。加之，沙化地区水源枯竭，对人对畜都不利。因此，对居住和放牧于牧场沙化地带的牧民来说，迁移出沙化地带是首先需要考虑的问题，否则连基本生活和生产都难以维持了。正是在这种背景下，海拉苏镇区就业机会的提供和镇区各种生活条件的改善才能进入这些牧民的考虑范围之内，促进他们作出进城居住的选择。

由此可知，在非沙化地带，牧民仍然留恋原来承包的牧场。牧民只要

---

①② 翁牛特旗海拉苏镇人民政府：关于小城镇建设情况的汇报材料，2011年8月。

细心经营，使牧草茂盛，水源充足，牧业收入不断增长，牧民大多数并没有迁进城镇居住的打算。

一定要了解在草原牧场承包后牧民中间蕴藏着极大的积极性。这种积极性体现于以下三点：

第一，牧民非常珍惜自己承包的牧场，他们认为承包牧场的权利是不容损害的。除非是在牧场沙化情况十分严重而自己无法改变这种局面、不得不迁往城镇的条件下，他们不会轻易放弃自己的牧场。他们所担心的是承包的牧场土地会不会被侵占。因此，在牧区城镇化过程中，一定要尊重牧民的牧场承包权。未经牧民同意而强制他们迁出牧场，或强行拆毁他们的住房等行为，必须制止。这才是调动广大牧民的积极性的最有效措施。

第二，牧民对于经营牧场和改良牧草质量也是十分积极的。他们知道过度放牧和草资源退化、枯萎都会直接降低自己的收入。过去，在牧场未实行家庭承包制之前，确实存在过度放牧的现象，因为牧民中间普遍存在如下的情况：反正牧场是集体的，不多牧羊，岂不吃亏了？"我少放，别人不少放，不放白不放。"在这种情况下，放牧量势必超过草原可承受的界限，草原退化是难以避免的。实行家庭承包制之后，牧场划界了，每户牧民有自己的放牧范围，谁都不越界放牧，于是牧民就细心照顾自己的牧场。他们渐渐采取适度饲养的做法，并实行圈养，让牧场的牧草长得更旺。这正是牧民的对草资源关切度增加的体现。

第三，牧民对下一代和再下一代的前途是关心的，也是认真的。在谈到要不要搬进城镇去住的时候，他们常常挂在嘴边的一句话就是：多替孩子们着想吧！正是在这种思想的指引下，牧民们自己愿意留在所承包的牧场中工作和生活，但却设法把下一代和再下一代送到城镇去。有时自己花钱在城镇里买一套房子，让儿女或孙辈在那里住，便于上学、升学和将来在城镇中找个工作；或者把儿女或孙辈送到家住城镇的亲戚家中，就近上学，将来有机会升学，能找个好工作。如果城镇上有寄宿制学校的话，牧民有时也会让儿女孙辈直接上寄宿制学校。而牧民夫妇则仍然住在牧场，饲养或放牧牛羊，有收入，有习惯的生活方式。他们对培养下一代或再下一代的积极性很大，总希望下一代或再下一代的生活比自己这一代好。这是人之常情。

牧场被看成是老家，牧民不愿离开它，而且还细心经营牧场，增产增收。下一代长大了，再下一代也长大了，他们高兴地送他们离开牧场，到外面去闯，去拼搏，但始终没有忘记对他们嘱咐：如果在外面工作不如意，这里是你们的老家，随时可以回来。这样，他们怎么肯舍弃这个老家呢？

根据牧民对牧场承包权的珍视，对所承包的牧场的细心经营，以及他们对愿意离开牧场的下一代或再下一代的关心，我们对于今后的牧区城镇化工作应有两大考虑：一是牧场的城镇化不一定考虑牧区牧民人数的绝对减少，愿意留在牧场的应让他们留在牧场；二是重视牧区的市场化和社会服务化，只要牧区的市场化程度提高了，牧区社会服务化的程度上升了，那就取得了与牧区城镇化率提高的同等效果。

在下一节，将就这个问题进行论述。

三、牧区的市场化和社会服务化：牧区城镇化的两大参考指标

（一）牧区的市场化

城镇化和市场化是紧密联系在一起的。农村居民迁入城镇的过程，实际上也就是农村居民参与市场的过程。所以从一定意义上说，城镇化和市场化不仅是平行的，而且是相互促进的。城镇化程度如果不以居住在城镇中的人数占全国人口（或某一省、市、县的人口）的比例来衡量，而以农村居民和城镇居民中参与市场的人数占全国或某一地区的人口总数的比例来衡量，可以了解到市场化的进展情况，进而可以了解到城镇化的程度。

这对于牧区的城镇化进度的了解是有益的。比如说，牧区由于地广

人稀，牧民对牧场的承包权十分在意，他们又有经营自己所承包的牧场的积极性，并不愿迁移到城镇中来居住，更不愿意舍弃自己在牧场的老家，那么就不宜于用牧区内牧民人数在本地区的人口总数中的比例上升与否来说明城镇化的实际进展情况，而可以从牧区内牧民参与市场的程度，也就是从另一个角度来判断牧民参与城镇经济的程度并说明城镇化的进展。

具体地说，在牧区内牧民们初次产品的市场化程度、牧业产品加工的市场化程度、牧民的生活资料供应的市场化程度，以及牧民的生产资料供应的市场化程度，都可以反映牧区内牧民参与城镇经济的程度。要知道，牧民过去同市场很少有联系，后来，无论是牧民生产出来的初次产品、加工产品，还是所需要的生活资料和生产资料，同市场的联系不断增多，这些都意味着牧民同城镇经济的联系不断密切，广大牧民已经从过去基本上自给自足逐渐转变为基本上依靠市场，依靠城镇经济了。这难道不是牧区城镇化水平提高的一种反映吗？牧区城镇化水平的提高，不一定只从迁入城镇居住的牧民人数增长反映出来，它同样可以从牧区内牧民的初次产品和加工产品有多少直接销往市场，他们所需要的生活资料和生产资料有多少直接从市场购买而反映出来。

牧区金融（农村金融的一个组成部分）的发展和牧民同牧区金融机构之间的借贷业务的增长，也是反映牧民市场化程度、参与城镇经济的程度的一个有用的参考指标。过去，牧区内的牧民极少同牧区金融机构有借贷往来。牧民不向金融机构借钱，如果确有需要，也只是依赖民间借贷或亲戚朋友互助，牧区金融机构很少，其业务集中在县城，至多在大镇上。后来，金融机构开始增多，一些小型金融机构相继增设网点，主要是农村信用社和中国邮政储蓄银行。有些牧区县也开始筹建诸如村镇银行、小额贷款公司、小额担保公司、资金互助社等带有"草根金融"性质的金融机构。假定今后牧区金融有较大的进展，让广大牧民得到金融机构的扶植，牧区的市场化程度和牧民参与城镇经济的程度将会逐步提高，这也应当被看成是牧区城镇化进展的一个方面。

(二) 牧区的社会服务化

前面已经提到有些牧民为了下一代和再下一代的前途着想，愿意把子女、孙辈送到城镇居住，便于上学、升学和将来找一个好工作，而自己则留在牧场，继续经营牧业，把所承包的牧场当作老家。也许，当这些牧民年老之后，他们也会搬进城去，安度晚年，而把牧场交给儿子经营。这样就形成了中年、壮年的牧民留在牧场继续经营、继续创业，而老人和青少年、幼童迁居于城镇的情形。姑且不论这种一家分住城乡的现象会维持多久，至少可以预料到，在最近的十年、二十年甚至更长的时间内，一家人分住城乡两地的格局不会发生大的变化。在调研中听到有的年长牧民说：城里看病方便，医生水平高，所以将来干不动了，牧场交给儿子管，自己和老伴一起搬到城里去住。这表明，牧民们并不是永远不想进城，年老了还是愿意进城的。

因此，尽管不少牧民现在不愿迁入城镇居住，但社会服务化始终是牧民家庭关心的问题。

这就从另一个角度告诉我们：能不能把牧区社会服务化的程度也视为牧区城镇化的参考指标之一呢？也就是说，在牧区城镇化过程中，一定要将牧民生活纳入社会服务体系，而不能再像过去那样使牧民生活游离于社会服务体系之外。

城乡社会保障一体化是我们正在推进的一项重大改革，它需要加快速度。但城乡社会保障一体化的推进在国内是不平衡的，在一个省（市、区）内也是不平衡的。牧区要推进城乡社会保障一体化，显然要比农区难得多，这不仅由于牧区，尤其是大面积的牧区，多数处于边远地区、靠近国境线一带，距离省区行政中心较远，而且由于那里地广人稀，距离地级、县级行政中心也较远，而财力有限、专业人才奇缺等等又大大限制了医疗保障、教育保障、老年保障等事业对牧区的覆盖。但不管怎么说，没有城乡一体的社会保障，牧民生活纳入社会服务体系的目标不容易实现。现阶段可以做到的是，普及医疗保健服务，普及学龄儿童和青少年的入学率，在牧区增设寄宿制学校和扩大寄宿制学校规模，提高高中毕业生和职业技术学校毕业生在同龄青年中的比例，大力发展各种社会服务设施的建设（如污水处理、垃圾回收、自来水供应、电力供应、公共交通设施等）。

户口一元化，无论对牧区还是对农区而言，都是重要的。户口一元化是户籍制度改革的方向。即使户籍制度改革了，不存在城市户口和农村户口这样的二元体制了，但城镇化过程并不会因此结束，因为城镇化是同经济发展趋势一致的，城镇化率仍会继续上升。因为居住在农村（包括农区和牧区的农村）的居民仍会不断地向城镇流动。那么，结合牧区的具体情况，牧区的城镇人口在牧区总人口中的比例如何逐步增长呢？至今仍有不少牧区居民宁肯住在自己承包的牧场内，而不愿迁往城镇，特别是家庭中的主要劳动力不愿迁往城镇，这种情形会不会拖累地方的城镇化进程，使城镇化率难以提高呢？

下面，让我们按照牧区城镇化的新思路，对上述问题作进一步的分析。

四、牧区如何增加城镇人口

城镇人口和农村人口在一个地区内各占多大的比例，依然是一个重要的指标。以上我们虽然从牧区的市场化和社会服务化的角度进行了探讨，并把牧区市场化和社会服务化视为牧区城镇化的两大参考指标，但这并不意味着城镇化率这个指标不重要。它仍旧是我们用以了解一个地区城镇人口和农村人口各占地区人口多大比例，从而可以了解城镇化进程全貌的主要依据。问题是：在牧区，在大多数牧民目前还不愿舍弃牧场而进入城镇的条件下，如何增加城镇人口？如何使城镇化率不断上升？

可以从两个角度来设计牧区城镇人口增加的途径。仍以内蒙古赤峰市为例。

一个角度是以赤峰市城区为中心，统筹安排全市城镇人口和农村人口的比例的变动，以提高全市的城镇化率。这是指，要把赤峰市城区做强做大，使赤峰市城区成为工业中心、新产业基地、商业服务业和金融业中心、文化和旅游城市。还要把赤峰建成内蒙古东部出区、达海的重要枢纽，成为蒙东、冀北、辽西的区域物流中心。

在这一总体规划的安排下，赤峰市城区将成为吸引本市所辖县（旗）农区的农民，内蒙古其他市（盟）、县（旗）的农民前来就业并迁居的城区，因为这里既缺少从事工业、商业、服务业、物流业等行业的劳动力，又有足以容纳较多劳动力的就业机会。不仅如此，只要赤峰城区做强做大了，它的辐射范围将会日益扩大到内蒙古自治区以外，会把辽宁朝阳市、河北张家口市和承德市，甚至其他省市的农民吸引到这里来就业、生活、落户于城镇，这样，赤峰市城区的城镇人口就会不断增加，城镇化率也就相应上升了。

另一个角度是：赤峰市下辖的几个牧区县（旗）要增加城镇人口，也需要依靠工业区的建设、商业服务业的发展和文化旅游风景区的开发。这些县（旗）城镇人口的增加和城镇化率的提高，主要不是靠本县（旗）的牧民进城居住，而是靠本县（旗）、外县、外省市农民的进城落户。只要这些县（旗）经济发展了，就业机会就会增多；只要这些县（旗）的城镇建设规模扩大了，就可以容纳本县（旗）、外县、外省市农民及其家属前来城镇落户，这样，这些县（旗）的城镇化率也将上升。

无论是从前一个角度看还是从后一个角度看，都可以看到，即使赤峰市的牧民不愿到城镇来居住和工作，那也不会影响赤峰市及其下属县（旗）城镇人口的增加和城镇化率的上升，因为进城镇创业和务工的农民在赤峰市及其下属县（旗）定居下来和落户以后，就成为赤峰市的城镇居民了。

从全国范围来看，农民跨省（市、区）流动并进入他们希望去的城镇，是大势所趋。这对农民移出的省和市县没有影响，因为只要某个市县的农民及其家属迁出了本市县农村，就意味着农村人口的下降，至于他们究竟

第六章 城镇化

移居到哪个市县的城镇，无关紧要，因为本市县的农村人口在本县总人口中的比例下降了。对于接受外来市县的农民及其家属前来落户的牧区县（旗）来说，虽然本县（旗）的牧民不愿离开所承包的牧场，至多只把下一代、再下一代送到城镇去居住，以便升学和择业，但只要本县（旗）的城镇人口有了外地农民的迁入，城镇化率同样是上升的，所以这也有助于城镇化的推进。

实际上，从近一二百年的历史就可以清楚地看到，现今内蒙古赤峰市所在地区的汉人，就是从山东、河北迁移来的，而且往往是一个县的人移居于某一个地方，久而久之，他们在这里安家了，又把更多的同乡吸引到这一带来了。他们之中，有的世代在乡村居住，有的世代在城镇居住。因此，外省农民迁入内蒙古赤峰市并非始于今日，这种移民是历史上就有的。

为了迎接外省市更多农民前来城镇居住，赤峰市有关县（旗）正准备采取措施。例如，据赤峰市规划局的资料，近些年全市共有50个小城镇开始出现房地产开发。房地产开发现身小城镇，一方面为农村剩余劳动力向城镇转移提供了栖身之所，对有效地扩充城镇人口十分有利；另一方面，由于可以获得土地出让所带来的收益，乡镇政府能够为城镇基础设施建设投入更多资金，这就为破解城镇建设资金瓶颈提供了更加现实有效的途径。在赤峰市，农区的农民向城镇迁移的势头正在兴起，由于现代农业生产技术的推广使用显著降低了农业生产劳动强度，农业生产不再需要太多的人力，因此一部分农村人口不必居住在农村。加之，小城镇生活条件、环境要远好于一般农村，而房价又远低于大中城市和县城，所以成为一部分希望离开农村，又有条件离开农村的人的现实选择。

这些情况证实了本文前面所提出的牧区城镇化的基本观点，即听从牧民的选择，如果他们愿意留在所承包的牧场，那就尊重他们的意愿，不能强制他们移往城镇；至于地区城镇人口的增长以及地区城镇化率的提高，则主要依靠本县（旗）和外地农民前来务工、开店开作坊或从事其他工作，进而在本县（镇）或城镇安家落户。

第四节　关于林区的城镇化

一、林区城镇化和牧区城镇化的比较

第三节已就牧区城镇化的基本思路进行了阐述，这一节将对林区城镇化的基本思路作一些分析。

林区和牧区的相似之处大体上有四点：一是林区和牧区都是地广人稀的地区，城镇化多年以来进展缓慢，城镇化率都是很低的；二是林区和牧区有不少位于边疆地区，而且那里居住着一些少数民族，他们世世代代在这里劳动，并在这里生活，他们有自己的文化传统、风俗习惯、谋生方式；三是林区和牧区的产业结构都是单一的，林区以林业为主，牧区以牧业为主，兼有农业、手工业、狩猎、采集业等等，矿业是后来发现矿藏以后才陆续开采而逐渐发展起来的；四是由于牧区有草场，林区有树木和可供采集的产品，即使在计划经济体制下那里的生活也大致比较稳定，三年困难时期不像内地平原地带的农民那样发生大饥荒，所以不仅没有饿死人，反而吸引了许多汉族农民逃到了林区和牧区去谋生，这些汉族农民当时被称为"盲流"，他们逃到这里，生活安定下来，一般就不返回故乡去了。他们或者在林区和牧区打工为生，或者开垦一小块荒地，种些粮食、蔬菜，饲养鸡鸭和猪羊，或者开一家小作坊、小商店、小饭馆、小旅店等。其实，这种情况在清朝晚期就出现了。大兴安岭和小兴安岭林区、长白山林区，以及内蒙古巴彦淖尔、乌兰察市、锡林郭勒、赤峰、通辽等牧区，都是这种情况。林区和牧区的某些小集镇就是这样慢慢形成的。

林区和牧区也是有较大区别的。综合看来，林区和牧区的区别大体上有以下五个方面：

第六章 城镇化

第一，牧场和林场的产权性质不一样。在现阶段的中国，国有林地的面积和集体林地的面积相差不大，基本上可以认为是一半对一半。集体林地自从集体林权制度改革以后已承包到农户，他们现在是家庭林场主，有些还成为林业承包大户。而国有林业的改革即国有林场的体制改革，现在正在探索中，已有各种不同的试验方案，并照此实行，有待于总结经验。至于牧区，国有牧场虽然也存在，但相对于集体牧场的面积来说，似乎要小得多。国有牧场有些已经改制为公司制，它们按股份制方式改制，有的还成为上市公司，以乳制品、肉制品、家畜为主要产品。集体牧场则在20世纪90年代改由牧民承包，实际上就是一个个家庭牧场。所以相对而言，国有林场的改革比国有牧场的改革要艰巨。如果改革有失误，造成国有林场的生态破坏会比国有牧场的生态破坏严重得多。

第二，在牧区，家庭牧场承包后，饲养方式有很大变化，有的实行种植饲料作物，实行圈地圈养，有的仍采取放牧方式，在自己承包的草地上轮换饲养，仍保持一定的流动性。而林地的情况不同，树木是固定的。牧区的承包户（家庭牧场主）说："我一天也离不开牧场，牛羊放牧，早出晚归，牛羊要有住处，还要为它们储备饲料，最怕是冬天，暴风雪来了，更需要照料家畜，防止它们冻死饿死。"而在集体林地，承包户（家庭林场主）却这样说："除非有林下养鸡场，一般我们不必天天到林地去看看，隔几天去看一看就行了。当然，听说有山火了，我们会连夜上山，不然我们可以住在小镇上。"这表明，牧民和林农对城镇化的看法是有区别的。

第三，我们在大小兴安岭林区和赤峰、通辽两市的牧区调研时，林区的林农（也包括国有林场的职工及其家属）说："这里冬天很长，雪积得很厚，路不好走，冬天又没有活可干，老待在林子里有什么意思？不如全家住在镇上，团聚在一起，暖暖和和。"而牧区的牧民则说："越是下雪天，越离不开自家的牧场。搬到城里住，搬到小镇上住，我不放心，牛羊是全家的财产，靠它们过日子，我只好待在牧区，待在牧场，没法子啊！"这进一步表明，牧民和林农对是否迁移到城镇安家、居住，态度是不一样的。

第四，林区和牧区相比，牧区中的牧民以少数民族居多数，而林区中，无论是国有林场中的职工，还是承包集体林地的林农，都以汉族为多数，他们或者是清朝晚期和民国时期因谋生而进入林区谋生活的，或者是在计划经济体制下，尤其是三年困难时期，为饥荒所逼"找一口饭吃"而来林区的。少数民族习惯于在牧区劳动和生活，对城镇劳动和生活一般不大适应，而林区中的汉人则比较适应城镇的劳动和生活。加之，长时期内，少数民族家庭不如汉族家庭那么重视子女教育，而义务教育阶段，城镇的学校通常校舍较好，教师的教学质量较高，教学设备也较完善，所以汉人为子女教育着想，宁肯在城镇安家，哪怕家长本人孤身一人在林场工作。而少数民族的家庭则愿意全家一起在牧场生活。虽然近几年来少数民族家庭对子女教育已越来越重视，以致情况已有所改变，但传统的观念并不是很快就会消失的。

第五，就业是城镇化过程中必须认真解决的问题。在赤峰市调研时，蒙古族的牧民对我们说："我除了会养牛养羊之外，进了城，我会干什么？打杂？清扫马路？挑砖砌砖？那还不如放牛放羊呢！"干手艺活，做小买卖，那也不是他们之所长。总之，搬进城之后，他们没有自己愿意从事的、有能力从事的工作，这就成为他们在城镇就业的难点。林区的汉人则不一样，他们当初是凭一身力气或凭手上的技艺来到林区谋生的。既然当初能从内地来林区谋生，他们或他们的子女在家庭的影响下，今天也能较快适应城市的工作环境。即使现在他们有正式工作了（比如在国有林场有一份固定的工作），或者承包了一块集体林地，不等于他们迁进城镇后没有工作可做。即使他们本人一时还不想进入城镇，不等于他们的成年子女不愿进城安居和在城镇找一份工作，因为他们是可以适应城镇工作环境的。至于开店，做小买卖，成为小微企业的业主，更是他们的愿望之一。

由此看来，林区城镇化的进展相对说来比牧区城镇化的阻力要小得多。

二、林区和牧区现有城镇的产生、发展过程

林区和牧区本来是没有城镇的,但那里很早就有城寨。城寨是军队驻防之地,这是为了戍边的需要。大的城寨还是边疆地区行政长官和地方政府所在地。商业、手工业是以后才陆续发展起来的。很可能先经过一个集市贸易阶段,即每隔若干天办一次集市,来自附近的居民把货物运到这里来摆设摊位,出售自己的货物,顺便也在集市中购买自己需要的生产资料和生活资料,以及防身用的刀剑,一并带回去。从内地来的商贩,也把商品运到集市上,搭起临时的货摊货柜,进行交易。据我们在内蒙古西部牧区的调研,那里最早的内地商人以山西人、陕西人和甘肃人为主;而在内蒙古东部的牧区以及大兴安岭、小兴安岭的林区调研显示,那里最早的内地商人以山东人、河北人为主。这些内地商人除了把商品运到这里来销售以外,还把牧区和林区的特产,包括牧区的牛、羊、马匹和林区的山珍,运回关内销售。这些都是清朝中期以后的事情。

辛亥革命后,控制内蒙古和东北的是北洋军阀。他们为了增加税收,以及为了满足军队、地方官员和他们的家庭的需要,鼓励内地的商人(山西人、山东人、河北人等)来到牧区和林区经商、开店。这样,在牧区和林区发生了一些变化,比如说,原来用于驻军的城寨,扩为城镇,城寨周围建立了街道,两边有了较整齐的店铺、手工作坊、饭馆、旅店,此外还有学校、剧场、医院,常住在这里的居民,包括本地人和内地前来的人,渐渐多起来了。也就是说,城镇已略有规模。尤其是地方政府所在地(旗、盟所在地),已不仅是政治中心、军事中心,也渐渐成为商业中心。

20 世纪 30 年代起,日本侵占东三省以后,又把热河、察哈尔和绥远东部纳入日本占领区,对东北和内蒙古东部的林区加紧掠夺,以便取得林业资源,他们修筑道路,扩大林区已有的城镇;而内蒙古东部牧区,除了日本有驻军以外,大片牧场仍归属蒙古族王爷们。牧民,准确地说,应是牧工,

替主人放牛放羊，自己家里没有草场。这里有大一些的城镇，是王爷府所在的地方，或伪政府所在的地方。虽然有些商铺，但经济总体上是衰败的，市面萧条。林区有树，牧区有草，日本人在大小兴安岭林区对砍树有积极性，牧草割下来有什么用？所以相形之下，日本人更看好林区，而不那么看好牧区。日占时期内，林区的小城镇比牧区的小城镇发展得快一些。

新中国成立后，大兴安岭和小兴安岭都作为国有林场而受林业管理部门管辖。集体山林仍属于集体。牧区进行土地改革，消灭地主所有制，牧民分配到草地，自己经营畜牧业。后来又走上高级合作社和人民公社道路。改革开放后，牧场也仿照农田承包制实行了牧场承包制。进入21世纪以后，集体山林，无论在牧区还是在林区，都进行了集体林权制度改革，包山到户。在这一段时期内，牧区和林区的城镇化有了一些发展，但速度依然较慢，因为两种户口制度未改，有农村户籍的牧民和林农要迁往城镇，仍然困难重重。加之迁入城镇以后，城镇的就业岗位不多，牧民和林农难以安心住下，除非自己经商或从事手工业劳动，有一技之长，有较稳定的收入来源。

综上所述，无论是内蒙古牧区的城镇化还是黑龙江林区的城镇化，从城镇化的长期过程来考察，都各有曲折的历程。这可以视为下一阶段城镇化工作的参考。

关于牧区的城镇化，已在上一节作了论述。这里只讨论林区城镇化的方式，并以黑龙江省大兴安岭和小兴安岭林区以及内蒙古东部的大兴安岭林区为例，展望今后的林区城镇化进程。

三、国有林场今后的城镇化将以多种方式筹集建设资金

现阶段大兴安岭和小兴安岭广大国有林地上的城镇，是历年以来因各种不同原因而形成的，有些是按不同时期的林业管理机构的规划建立的，有些则是先有外来人口，包括务工人员、"盲流"、商贩和手工业者等，他

们聚集在这里，自己搭建住房、商铺，再加上后来在这里设置的一些公共服务设施，便形成了小城镇。由于缺乏事先的建设规划，所以比较零乱。今后应当避免再出现这类状况。今后需要的是改造、改建。如果要进行改造、改建的话，规划仍应放在首位，有步骤地进行建设，重点在于把它们改建为适合人们居住的生活区、商业服务区。防止火灾或水灾的发生，改善公共卫生条件，也是必须考虑的问题。

我们在乘火车去漠河的途中，见到了林区内一些小集镇，它们正在改造、改建、扩建，这是可喜的现象。林区职工长年为边疆的林业建设做贡献，不能让他们及其家属再在这种极其简陋的、工棚式的房屋内居住，应当让他们迁入标准化的职工新村内居住，这是同去考察的人的共同愿望。

这里所说的新村同本章第二节提到的"新社区"是同一个含义，即适合中国国情的城镇化＝老城区＋新城区＋新社区。据我们在江苏、河南、山东、天津、北京等省市的考察，在农业地区，已经建成了若干社会主义新农村，这些新农村就是今后的新社区的雏形。农民迁入新农村集中居住后，住房条件改善了，今后需要努力去做的，前面已经提到，一是新农村的园林化；二是新农村走上循环经济之路，包括污水的净化和回收利用，垃圾的处置，把养殖业、种植业都纳入循环经济的轨道等；三是各项公共服务到位，包括学前教育、义务教育、医疗卫生、供水、供电、供暖、供煤气、公共交通、文化设施、敬老院、零售业、体育设施、金融服务和邮电服务等都到位；四是社会保障一体化，不再有居民户籍、身份的差别，到那时，户口制度由二元制统一为一元制，社会主义新农村也就自然而然地改为新社区，"新社区"三个字的前面不必加上"农村"或"农民"的称呼了。国有林场的这一城镇化过程，是可以同内地农业地区一致的。

但国有林场为了适应改制的需要，还可以有进一步的考虑，即增加新城镇的布点。主要因为，国有林场地广人稀，已建立的城镇数量太少，布局又不尽合理，为了充分发挥城镇在政治、经济、社会、文化等方面的作用，很有增设城镇的必要。此外，考虑到林业产业化的进展，林业科学技术的不断进步以及科学技术研究成果在林区的推广应用，同样有必要增设新城镇。这可说是大势所趋。

国有林区新城镇可以分为三类。一类是适应森林工业的发展，特别是体现科学技术的进步、科学技术的重大成果而兴起的新森林工业的发展基地，也就是以新工业基地为中心而建立的新城镇，即在新工业基地周边建设职工和家属居住区、商业服务区，以及与此配套的职工培训机构、科研机构、物流园区和其他生产服务、生活服务区。如果要建立这样的新城镇的话，一定要先有周密详尽的建设规划，因为在国有林场的土地上建厂房、建城镇，是要毁坏树林的，如果规划不周，资源的损失和生态的破坏将难以弥补。

第二类是在国有林场的土地上发现了巨大的矿藏，值得开采，从而一方面建成采矿的基地，另一方面在矿业基地附近建立新的城镇，完善配套设施，供职工及其家属在这里居住，同时也使这种新的城镇成为商业服务区、生产和生活服务区。这同样需要事先做好规范工作，以免造成资源损失和生态破坏。

第三类是为了改善国有林场的经营管理和提高国有林场职工的生活质量而在广大林区内新建的城镇。通常分三步进行建设。第一步，正如前面已经谈到的，先建立新村，即为了便利职工上班工作，不让职工住得很分散，距离工作场地过远，生活上不方便，可以先选择较合适的地点建立职工新村。第二步，也是前面提到的，逐步把新村发展为"新社区"，途径是使新村走向园林化、循环经济化、公共服务到位，以及社会保障一体化；同时，"新社区"按照城镇社区方向形成社区管理委员会体制。第三步，社区规模可以逐步扩大，吸纳非国有林场职工及其家属迁入，发展商业、服务业和小微企业。这样，"新社区"就逐渐成为小城镇了。如果国有林场改革为"一场两制"的体制，即国有林场直接管理体制和职工承包一块林地的家庭承包体制并存，那么这一类新城镇是大有前途的。

第一类新城镇，即适应新型森林工业发展而建立的以新型森林工业发展基地为核心的新城镇，在城镇建设资金方面，可以以新型森林工业公司的为主、国有林场管理机构为辅，进行筹集。第二类新城镇，即适应于矿业基地发展而建立的新城镇，城镇建设资金的筹集，可以以矿业基地的建设主体为主，以国有林场管理机构为辅。至于第三类新城镇，即为了改善国有林场经营管理和提高国有林场职工生活质量而建立的新城镇，在城镇建设资金方面，可以由国有林场自筹为主。这是合情合理的。

四、集体林权制度改革以后集体林区的城镇化

在集体林区，由于已经实行林农对林地的承包制，形成一个个家庭林场，林下经济也发展得较快，所以城镇化是可以被广大林农接受的。正如前面提到的，家庭林场主对城镇生活比较适应，他们愿意迁入城镇生活，而工作地点则在林地，这并不矛盾，他们已有思想上的准备。在调研过程中，我们听到重庆市彭水县乡下一位承包集体林地的林农这样说："赚了钱，我会在城里买一套房子，老婆孩子搬到那里去住，我一个人乡下城里两处住，多好！"他的一位邻居指着这位林农说："林子里的活平时不太忙，何况他还雇了一个工，是他的远房侄子，帮他一起干活。"我们在重庆市武隆县调研时，听到林区的承包者说过同样的话。

集体林权制度改革的成果之一，是加速了林区的城镇化步伐。大体表现在三个方面：

第一，城镇化过程中需要解决的就业问题容易处理了。这是因为，林区的家庭林场有了进一步发展的可能，而迁入新农村（即逐渐转变而扩建的"新社区"）的家庭林场主及其家庭成员，是有职业的林业劳动者或家庭林场的经营者，而不是进入城镇以后急需寻找就业岗位的农民工。他们在新农村或未来的"新社区"中安家，依然在家庭林场工作，或者平时在家庭林场，节假日在"新社区"度过。只要道路设施良好，私家的客货两用汽车、小汽车或摩托车可以方便地把他们由家庭林场送到"新社区"，再由

"新社区"送到家庭林场。

第二,为家庭林场生产服务的一些公司,将陆续发展起来。比如说,为家庭林场消灭病虫害的服务公司,为家庭林场培育新树种和植树,以及为家庭林场伐木和运输树木的服务公司,会适应家庭林场的生产需求而建立并开展业务。生活服务也会相应地发展,包括消费品供应商向家庭林场送货上门的服务,接送孩子们上幼儿园和中小学的服务,翻修住宅和保洁的服务等,都会适应家庭林场主在乡间居住和城镇居住的生活需求而兴起。这些都减少了家庭林场及其家属进入城镇的顾虑。

第三,对集体林权制度改革后的家庭林场来说,林下经济的发展趋势是不可阻挡的,这将是促使城镇(包括老城区、新城区和"新社区"在内)经济兴旺的重要条件,因为林农们的收入提高了,购买力增大了,他们的消费结构也逐渐改变了。内需的扩大为城镇化的进展创造了前提。这是集体林区经济繁荣的有力保证。

五、林区城镇化将大大促进双向城乡一体化的实现

集体林权制度改革以来,家庭林场的建立、林地效益和林农收入的增长,使林农们得到了实惠,这将加快集体林地的森林建设,加快林区城镇化的建设,进而有助于城乡一体化从单向的转变为双向的。这是今后中国城乡一体化的大方向。当然,这一转变过程不会很快就能实现,而是将逐渐实现。这要通过若干市县的试点、经验总结、政府指导才会在全国范围内推广。

国有林场的改革目前已经起步。在多种试验方案中,无论哪一种试验方案都有其相对的适应性。尤其是"一场两制"方案可能有较广泛的适应性。它们都有助于林地生态效益、社会效益、经济效益的上升,从而也会有助于城乡一体化由单向的转变为双向的。这也有一个相当长的转变过程,同样需要经历试点、经验总结、政府指导,然后再逐步推广这样几个阶段。

第六章　城镇化

促进双向城乡一体化的动力之一就是林区在经济低碳化实现过程中有着特殊的作用。根据西方发达市场经济国家的经验，城乡一体化不是一个单向的过程（即农民进入城镇），而是一个双向的过程（即农民愿意迁入城镇的，可以如愿；而城市居民愿意移居乡下的，也可以如愿），个人的选择是比较自由的，基本上不受限制。从经济的角度看，无非是从就业、投资、收入等方面进行城乡的比较，可以较自由选择；而从生活质量的角度看，最重要的选择依据是城乡生活质量的比较，城里的人不愿在自然生活质量差的城市中生活，或者不愿在社会生活质量差（如城市治安状况较差、人口拥挤、交通堵塞等）的城市中生活，都是有道理的。林区的自然生活质量好是客观事实，因为林区的空气清新、低碳的环境自然而然地适合城市居民的需要，他们愿意迁入林区生活，完全可以理解。

双向的城乡一体化，不限于企业下乡。企业或民间投资者乐意带资本、带技术下乡，租一片土地，经营工商业企业或养殖场、蔬菜基地、果树种植基地，甚至转包大片粮田，都只是双向城乡一体化的一部分内容。主要是城市居民，包括退休职工，为了求得可以安居的、清洁的而又风景优美的住处，这更能反映双向城乡一体化是城市居民的一种选择。在北京市的怀柔区、平谷区，都看到北京老城区的一些退休职工在这里的乡间租房定居，这表明他们选择了安度晚年的生活方式。有些从城里搬到这里来安度晚年的职工还租了一小块土地，自己种菜、养鸡、种果树，他们认为这既可节省乡村居住的生活费用，也是一种乐趣，何况还有益于健康。

实际上，林区的小城镇及其附近，可能比农区的小城镇及其附近对城市居民中愿意搬出城市去乡间居住的人更有吸引力，因为这里的空气更清洁，景色更好，环境也更加幽静。只要交通设施比较完善，生活供应同一般小城镇一样，在可供选择的乡居的地区方面，他们完全有可能选择林区小城镇及其附近。

通常人们会有一个疑问：林区的城镇化，特别是林区双向城乡一体化的推进，是不是会打破林区原保持的生态平衡局面，结果导致林区中林地面积的缩小、树木被加速砍伐，结果反而对国民经济有害呢？经过对林区一些新建的新村（也就是今后的"新社区"）的考察，以及对于集体林权制度改革后家庭林场的经营管理状况的调查，发现上述导致森林破坏和林地面积减少的情形不是不可能发生的，但通过严格的管理制度是可以防止的。下面，把考察的结果综合如下：

第一，在集体林权制度改革后，林地的保护始终有严格的管理制度。"山林承包到户"，即山林承包到家庭林场，是一个关键。林地带来林农收入的长期增长，林农们越来越关心林木的成长和维护，而改变了以砍树为生财之道的短期观念。他们认识到林地长期收益的好处，认定只有把树木维护得更好，自己的收入才有长期增长的可能性。树木长得越好，林下经济的收入越多，反过来又促进树木的成长。这种良性互助关系，林农也已通过实践而了解。这就使得林农产生了维护树林、保护林地的主动性和积极性。

第二，树木的砍伐是严格按计划控制的，有一定的指标、一定的配额，不容许突破。管理的严格，再加上家庭林场维护森林的主动性和积极性，二者相结合是维护森林的有效方法。

第三，在林地中的合适地点建立"新社区"，或在原有的小城镇周边地带扩大城镇规模，都纳入整体规划中，不容许擅自更改土地的使用方向。也就是说，林地是林地，建设用地是建设用地，不能混同。如果为了建设需要而必须损毁一些林地，也需要有严格的审批程序。

第四，小城镇的扩建，要有充分的理由，比如说，改善林区居民的住房条件，或为了建设公共设施等等。总之，并不是任何人、任何企业想扩建占地就能扩建占地的。

当然，上述有关小城镇的新建和扩建，都以规划为准，重在规划合理和科学，尤其重要的是严格按照程序行事，遵守规章制度建设。这样，林区城镇化就一定能在保护环境的前提下取得成绩。

第七章
自主创新和产业升级

第一节　创意、创新、创业

一、创意、发明和创新

经常听到有人说："发明是科学家的事，创新是企业家的事，创意则来自天才。"这句话大体上是正确的，但不一定那么规范。从实践的角度考察，创意总是先于发明和创新，任何发明和创新都以创意为最早的起点，任何发明和创新也都以创意为突破口。

创意首先体现于设计构思的超前、设计工作的领先。真正的成就，一定要设计出别人所没有的甚至连想都不敢想的新产品、新工艺流程和新的技术。什么是天才？有创意的人正是凭借自己的想象力和实践活动而引领发明、引领创新的。具有创意的企业,才能真正占领本行业、本领域的制高点,也才能引领本行业、本领域发展的新潮流。

从这个意义上说,创意者本身就是卓越的发明家。当然,创意者不一定全都是发明家。也许他只是提供了创意,或者只是停留在提供新思想的阶段,或新设计的阶段。要依靠发明家把这种创意转化为制造,使创意最终以制成品的形式呈现在使用者的面前。发明要在经济活动中产生成果,要推广运用。这时,如果没有企业家的努力,研究的成果只会停留于实验室阶段,而不可能对经济产生巨大的作用,使生产改变性质,使人们的生活发生变化。这就是企业家的功绩。

创意者可以自己成为发明家,发明家也可以自己成为企业家。发明家兼企业家并不少见。创意者兼发明家,再兼企业家的,也可以找到若干例子。企业家同样可以以各种方法把他人的创意和发明变成自己的,当然必须通过合法的手段取得,任何人都要尊重别人的研究成果,都要尊重别人的知识产权。这应当是一种双赢、共赢的行为。

创业就是通过创意向发明的转化,再通过发明向创新的转化而落实于市场的活动。创业的成果,体现于一家或多家具有核心竞争力、拥有知识产权,并能继续占领市场和开拓市场的市场主体身上。也就是说,创意、发明、创新的最终成果,就是向社会提供新产品、新设备、新工艺的企业。一部技术史,就是无数企业在竞争和垄断(技术垄断、市场垄断)中的成功史。创意者重要,发明者重要,创新者重要,但创业者更为重要。在中国通过双重转型走向现代化的过程中,创意者、发明者、创新者都不足,但最短缺的仍是杰出的创业者。

创业者必须懂得,自己既要擅长管理,更要擅长经营。经营往往比管理更重要。

管理和经营是两个不同的概念。对一个创业者来说,管理是指在资本存量为既定的条件下,如何有效地配置人力、物力、财力,如何提高生产效率和资源配置效率,以提高利润率。经营是指以资本存量增长为目标,力求以现有的资本存量去促使资本增值，资本增值得越多，则目标完成得越好。管理和经营二者并重，而以经营为重，这才是创业之道。

要知道，一个创业者要为自己的产品开拓市场，而市场是可以创造的。市场本身可以扩大，自己的产品在市场中的份额更是可以扩大的。创造市场，主要靠经营加管理，而不能单纯依靠管理。尽管有些专家认为管理是基础，然而，资本用活，资本存量增值，依然要看重经营。创业一旦离开经营，不可能有光明的前途。可惜在中国企业家中，不少人至今还没有懂得这个道理。

二、发明、创新、创业都需要有合适的制度环境

一家企业，不管是股份制的、合伙制的还是家族独资的企业，利润率都是重要的。利润率下降，甚至亏损，都会引起投资人的不满，经理人也得不到投资人的信任。企业必须考虑，如果利润率连年下降的话，问题究竟出在哪里。

实际上，这是一个在很大程度上涉及企业在价值链上处于什么位置的问题。价值链有高端，也有低端。如果企业处于价值链的低端，成为单纯的加工者，那么利润大部分会归于有创意和创新的其他企业，知识产权属于他人。这样的企业一般得到加工费，盈利的空间是狭窄的。

所以有眼光、有抱负、有实力的企业，要让利润率增长，就必须走自主创新之路，促使产业升级，并拥有自己的知识产权。企业要尽可能立足于价值链的高端。现代市场的竞争态势是："最优才有出路，最优才有前途。"这意味着，次优者在市场中会被排挤，会被淘汰。形势逼人，市场从属于最优者，是最优者的天下。只有最优者，也就是控制了本行业、本领域的制高点，站在价值链的最高端，才是本行业、本领域的领跑者。

企业还应当了解，站在价值链的最高端，将会提高本行业、本领域的整体质量。结果是共赢、互惠。这是因为，本行业、本领域中的各个企业，

彼此既是竞争对手，又可能是合作伙伴，如存在配套关系，相互提供服务。这样，本企业越拥有更多的自主创新成果，就会越加快本行业、本领域的资产重组，进而本行业、本领域的整体质量会提高。如果某一家企业是本行业、本领域中的领跑者，那么它更有可能带领价值链上各个相关企业共同升级、转型。当然，并不排除本行业、本领域中新的竞争对手的涌现。对国民经济来说，这也未尝不是一件好事。

这从另一个角度告诉我们：在创意、发明、创新、创业的道路上，任何企业都不能满足现状，都需要在现有基础上继续前进而决不能自满、止步。

然而，这需要一个必不可少的、合适的制度环境。下面从五个方面对此进行分析。

第一，要有一个由市场主体投资决策的体制。

创新和创业都是需要投资的。创业成功以后和创业取得成效以后扩大生产规模更需要投资。如果市场主体没有投资的决策权，政府审批手续烦琐，迟迟未能批准，那就会错过最佳时机，创新和创业都不可能取得实际的成效，市场占有率也不可能增加。

因此，必须简化政府审批手续，减少政府干预，只要符合国家产业政策，就准许市场主体作出决策。这就会大大鼓励市场主体从事创新和创业。

第二，要形成公平竞争的市场环境，特别要切实取消所有制歧视和企业规模歧视。

众多市场主体都在进行研究开发，都准备实践新的设计成果。它们理应处在同一个平台上，形成公平竞争。无论是所有制歧视还是企业规模歧视，都应取消。在公平竞争前提下，出发点是相同的，差别是竞赛的结果。

第三，政府要有一整套在税收、信贷、奖励等方面帮助创新者和创业者的优惠政策及措施。

政府根据国家经济发展战略和产业政策，实行不同行业、不同区域、不同领域的企业扶植方面的轻重缓急区别对待的做法。但有一个前提是不可忽视的，这就是公平对待所有的企业，没有所有制歧视和企业规模歧视。只按创新和创业的贡献以及在国民经济中的重要性来给予扶植，给予优惠和奖励。

第四，要有一整套严格的知识产权保护的法律、法规和规章制度。

缺少知识产权保护的法律、法规和规章制度固然是对创新者和创业者的沉重打击，但有法不依、执法不严、违法不究的危害性更大。因为这样一来，创新者和创业者的信心就丧失了，而他们信心的丧失，对国民经济的危害是难以估量的。

因此，必须使知识产权的保护落到实处，否则创新、创业都会落空。

第五，要有一整套激励从事创新和创业活动的企业内部产权分享制度。

根据国外创新型企业的经验，企业内部产权分享制度是一种行之有效的激励制度。这就是：为了调动企业内部职工的积极性，特别是为了调动企业中从事研究开发的专业人员的积极性，企业以产权分享作为激励方法，使专业人员、广大职工不同程度地可以按优惠价格或在一定时间内以约定价格购买本企业的股票，或者以奖励方式给做出贡献的专业人员和职工一定的股票。于是很自然地掀起企业内部的自主创新热潮，并且在这个过程中组成一支有研究开发实力的团队，他们提出不少有价值的创意，在发明、创新、创业方面做出贡献。

综合以上五方面的分析，可以得出如下的结论：合适的制度环境是创新和创业的必要前提。

三、中国制造业的产业升级

制造业是工业化的大国中最重要的产业。中国成为世界的制造中心，是一件值得庆贺的大事，它意味着中国经过一百多年的奋斗，终于成为世界的制造中心了，这是中国人的骄傲。不要听信某些人的说法，说这不是好事，是把中国的廉价劳动力和廉价的资源产品拱手让出去，使西方发达国家得到了实际好处。哪有这么一回事？我们说，中国成为世界制造中心是一个里程碑，我们还需要继续努力，争取中国早日成为世界创造中心之一。但中国作为世界制造中心这个地位不要放弃，也不能丢掉。路总是一步一步走出来的。作为一个大国，只有先成为世界制造中心，才有可能在此基础上成为今后的世界创造中心之一。

然而在当前，中国的制造业正面临着一些亟待解决的问题。它们是：

第一，要素成本上升，尤其是工资成本上升。

工资成本上升是不可避免的。工业化到达一定程度后，工资成本继续偏低反而不正常。

其他要素成本上升，如土地价格、厂房建筑或租赁成本、某些原材料和燃料成本、运输成本因供给增长不够快而需求则一直旺盛，也都呈现上升趋势，这也是工业化推进过程中常见的现象。

不管怎样，中国制造业的成本增长成为企业面临的难题。

第二，国际竞争激烈，受国际形势影响，近年来一些发达国家的市场不振，以至于中国制造业企业订单下降。

最近几年来，先是美国发生金融风暴，后来又是欧债危机的困扰，使中国制造业面临的出口困难增大。加上有些制造业产品，如纺织工业产品、轻工业食品工业产品，中国还遇到一些东南亚国家的竞争，订单减少。

第三，中国制造业企业长期居于制造业价值链的中端和低端，盈利空间狭窄，企业处境困难。

这一现象表明，如果制造业企业能够处于价值链的高端，在经济形势不利于制造业时，处境要相对好一些；如果处于价值链的中低端，企业的日子显然不好过。这种情况不止中国制造业如此，其他一些国家的制造业同样如此。

第四，资金普遍紧张，融资难，技术升级难，发展也难。

这是中国制造业企业经常遇到的难题。为什么融资困难？总的说来，有两方面的原因：一方面，两年前，宏观经济上采取控制货币投放的政策，制造业企业通常感到贷款困难；另一方面，制造业企业在利润率低下的情况下，经营困难，特别是受到东南亚国家劳动力价格和土地价格低廉的影响，经营前景不看好，于是金融机构对国内制造业企业的贷款转为谨慎，害怕有较大的贷款风险。这样一来，民营制造业企业纷纷撤离制造业，或转移到境外投资，或转入虚拟经济领域，如房地产炒作等。

第五，由于中国制造业企业缺少国际知名的品牌，在国际市场上知名度低。

正因为如此，中国制造业企业，尤其是一些日常生活用品生产厂家的利润率低，往往只能赚取加工费。这可能是中国制造业企业长期不重视品牌建设的结果。然而知名品牌的建设和树立，绝不是短期内就能达成的。

根据以上分析，可以肯定地说，中国制造业的出路在于自主创新和产业升级。

要知道，在任何一个市场经济国家，企业都是市场主体。自主创新和产业升级，都依赖于企业。不管是国有企业、国家控股企业、民营企业还是各种混合所有制企业，只要它们有自主经营权，它们都承担着自主创新和产业升级的任务和责任。政府起着规划者、引导者和协调者的作用。政府应当严格按照产业政策给予相关企业帮助，并按公平竞争原则来对待每一个企业。

制造业企业的自主创新和产业升级的要点在以下三个方面：

一是通过制造业企业的自主创新和产业升级，使一部分较为领先的企业实现由制造业价值链低端和中端的位置升到高端位置。但这并不意味着处于价值链低端和中端的企业不重要，因为处于价值链高端的企业照样需要处于价值链低端和中端的合作伙伴。加之，在中国，就业压力一直是较大的，所以就业问题值得关注，要靠许许多多处于价值链低端和中端的制造业企业来吸纳。而且处于价值链高端的制造业企业也不一定是大型企业，只要技术领先就可以了。

二是制造业企业的自主创新和产业升级一定要与产业结构的优化和产业结构调整相配合。在现阶段的中国，要统筹解决以下问题：如何促进短缺部门的发展，促进短缺产品的供给？如何消除产能过剩现象？如何实现资本向实体经济尤其是制造业的回归？等等。

三是位于价值链低端的、劳动密集型中小企业同样需要自主创新，但它们如何自主创新则是一个有待于探讨的问题。前面已经提到，美国金融风暴发生后，我们在沿海城镇考察并召开了中小企业自主创新座谈会。当地中小企业有关自主创新的经验包括：产品设计创新、工艺创新，为产品增添新功能，原材料精选，注重节能减排，以及与同行业的其他企业合作研发新产品。可见，即使是制造业中的中小企业，创新和创业仍大有可为。

四、中国制造业的市场前景

关于中国的制造业企业的市场前景，首先要摒弃悲观失望的情绪，要有信心，对前景抱有乐观的情绪：自主创新和产业升级是中国制造业的出路。此外还要懂得：

第一，国际制造业产品仍有很大发展空间，要依赖国际竞争力来开拓，来争取。对中国制造业企业来说，这既是机遇，又是挑战。中国制造业企业只要努力，发展机会是存在的。我们没有理由在这场竞争中失去信心。

第二，要素成本的上升，包括工资水平的上升，从来都是靠技术突破来缓解的。有了技术突破，不仅成本会降低，而且品牌也树立起来了。品牌总是由不断创新来支撑的。品牌也是打开新市场的敲门砖。

第三，为了开拓国内国外的新市场，中国的制造业企业除了要在自主创新和产业升级方面狠下工夫以外，还应重视营销，重视售前售后服务。需求也是可以靠新产品供给刺激的，市场份额的扩大只可能是老产品推陈出新、新产品具有巨大吸引力的结果。要重视技术研发人才，要调动他们的积极性，但应当注意，营销人才也应当受重视，他们在开拓市场的过程中起着同样重要的作用。

第四，国内的制造业企业，不分国有企业、民营企业、混合所有制企业，要"抱团"，要合作开发，形成共赢的格局。在开拓市场方面，不同所有制的制造业企业各有优势，比如说，国有制造业企业一般规模大，资本雄厚，人才众多；民营制造业企业一般机制灵活，自行决策，自负盈亏，敢于冒风险；混合所有制的制造业企业要视其股权结构情况，才能判断其机制灵活程度和自行决策程度等。

一般说来，国有企业、民营企业、混合所有制企业有四种合作开发新技术、新产品的模式：

（1）纵向模式，又称产业链模式。这是指：在某个制造业的产业链上，有各种不同所有制的企业、各种不同规模的企业。其中，有些企业愿意共同攻克本产业链上的薄弱环节，取得进展后将有利于本产业链上瓶颈问题的解决，产业链上的所有企业也都会因此受益。

（2）横向模式，又称同行模式。这是指：在某个制造业内，生产同一类产品的，有各种不同所有制的企业、各个不同规模的企业。其中，有些同行企业愿意共同攻克本行业中的薄弱环节，取得进展后将有利于解决本行业的瓶颈问题，本行业的共同性难题也将被克服。

（3）子公司模式。这是指：制造业中生产同类产品的或产业链上相互衔接、配套的国有企业、民营企业、混合所有制企业，经过协商，共同出资，组成一个子公司，专门从事研究开发，以解决制造业中遇到的技术难题。

（4）国家立项某个重大课题，以公开招标方式吸收各个制造业的生产厂家、研究机构甚至高等学校共同参与；或将该重大课题分解为若干子课题，让投标单位竞争获标。这也是一种产学研合作方式。这种产学研合作方式还可以采取组建研究院（所）的方式，经常化运行。

总之，在技术创新中，企业之间的合作形式、产学研方面的合作形式，是多种类型的。在国际市场上，只有中国制造业企业、中国制造业产品、中国品牌，不分国有企业还是民营企业。

五、扬我所长，避我所短，迎接挑战

我们应当清楚地认识到，在制造业的国际市场上，强手如云，竞争越来越激烈。前文已经论述，面临巨大的竞争压力，中国制造业只有自主创新、产业升级、由价值链中端和低端奋力争取达到价值链高端，才是出路。在这里，就"扬我所长，避我所短"再进一步作一些分析。

中国制造业赢得世界制造中心这一称号，是经过30年甚至更长时间的努力的结果。回顾这段历程，中国的出口贸易可以分解为三个阶段。

最早是以农产品、矿产品和轻工业、纺织工业产品出口为特色，当时还谈不到有轻纺以外的其他制造业产品可供出口。

稍后转而以制造业的机械产品为主。这已经是一个很大的变化。对一个发展中国家来说，这种转变十分重要，因为这意味着中国已开始从农业社会向工业社会转型。尽管这个阶段中国的机械产品还是档次较低的，但由于价格低廉，所以仍有销路。有的工业发达的市场经济国家也从中国购买机械产品，甚至进口车床，不过这是把中国制造的车床当作原材料看待，它们在这个基础上再增加一些高级设备，再出口盈利。

再往后，中国的出口贸易转入了第三个阶段，这就是出口以电子产品和高新科技产品为主的阶段。这表明中国已经进入工业化中期，出口商品与工业化中期相适应。中国的电子产品和高新科技产品不仅销往某些发展中国家，而且还销往新兴国家，甚至一些发达的市场经济国家。中国制造业企业的自主创新和产业升级的成绩也在中国出口商品的升级中体现出来了。

显然，中国制造业企业的发展是迅速的，中国制造业的整体水平是不断提高的。如果从中国制造业的发展战略的角度来考察，那么可以作一简明的归纳，可以认为，中国制造业这些年来一直采取的是"扬我所长，避我所短"的发展战略。

第七章 自主创新和产业升级

"扬我所长，避我所短"，既考虑到国际制造业产品市场高手如云的客观形势，又考虑到中国制造业产业的特点和努力方向。过去 30 多年我们已经在这方面做出了成绩，今后仍然应该遵循这样的发展战略，迎接国际制造业产品市场的挑战。

首先要认真研究"扬我所长，避我所短"这八个字究竟指的是什么？什么是名副其实的"我之所长"？什么是名副其实的"我之所短"？如果不了解真正的"所长"和"所短"，那就会误导中国制造业企业。

"长"在何处？过去长时期内一直把中国有丰富的廉价劳动力资源看作"我之所长"。这种观点有待于商榷。正如本章第三节在讨论新旧人口红利时将要详细说明的，目前已经不可能停留在对廉价劳动力的依赖上：一是因为工资成本在上升；二是因为农村出来的务工人员往往挑选职业，不愿做廉价的雇工；三是因为生育率下降，人口老龄化的速度加快，以至于企业经常雇不到合适的工人。所以从某种意义上说，丰富的廉价劳动力资源已经不是中国制造业的长处了。

再说，过去长时期内中国制造业的产品在出口贸易方面还有一个"长处"，这就是中国的产品适应于在国外较低档次的市场上销售，适合购买力较低的国外消费者的需求。这一"长处"尽管目前还不至于消失，但随着国际竞争形势的变化，这一"长处"已逐渐淡化。如果中国制造业企业仍以为会像过去那样长期受到客户的欢迎，那么就要告诫这些企业：这种情况不会维持太久，因为东南亚一些国家的同类产品正在较低档次的市场上排挤中国产品，而中国产品暂时又难以大量进入较高档次的消费品市场。如果又错把上述情况当作中国制造业的持久优势，就会给中国制造业企业以误导。

那么，今后要"扬我所长"，究竟什么是"我之所长"呢？在制造业方面，"我之所长"表现于以下三个方面：

第一，通过自主创新和产业升级，中国制造业的长处在于技术的先进性、站在价值链的高端以及品牌的提升。

第二，通过工人的职业技术培训，中国制造业的另一个长处在于拥有一支熟练的技术工人队伍，他们刻苦耐劳，遵守纪律，技术水准高，能够胜任工作。一方面，技工的水准比一般发展中国家的劳动力高出许多，另一方面，技工的工资标准比西方发达国家低廉。

第三，通过营销创新和售前售后服务工作的改善，中国制造业的长处也在于营销既灵活多样，适应不同市场购买者的需求，又有认真和细致的售前售后服务，使国外市场上不同层次的客户满意。

接着，让我们再分析如何避"我之所短"。今后在制造业的国际竞争中，究竟什么是"我之所短"，需要心中有数。

第一，制造业是一个领域十分宽广的行业，产品种类繁多，一个国家无论技术多么先进，成本多么低廉，营销和售前售后服务工作多么认真细致，也不可能囊括所有的行业或所有的产品都处于前列地位，总是有的产品有优势可言，有的产品没有优势可言。中国当然不可能例外。所以在国际市场竞争中，一定要客观地评估本国制造业有哪些不足之处。这些就是"我之所短"。短处所在，要竭力超赶。要承认自己的不足，不要逞能，以避免盲目性。但也不要气馁，因为来日方长，后来居上的例子是举不胜举的。

第二，贸易规律是：参与国际竞争的对手不断增多，卷入世界市场的国家和地区也越来越多。国际上这么多的国家和地区都是中国制造业产品可能进入的市场，也是中国制造业企业可供选择的建设分厂的地点。但各个国家和地区的风土人情是不是都被我们所了解？它们的法律、税制、消费习惯、时尚等等是不是都被我们所熟悉？这里肯定差异很大。人们常说：不知深浅，切勿下水。我们所不了解或不甚了解的异国市场，就是我们的短处。如果不事先进行调查研究，不认真弄懂当地的法律、税制等等，贸然进入，结果会遭受损失。因此要避我之短，正是为了规避风险。

尽管要尽量避开我们的短处，但并不等于我们不敢去开拓新市场，也不敢在国际制造业市场上同强手竞争。这同运动场上的竞赛十分类似。以乒乓球赛为例。新中国刚成立不久，我们的乒乓球队处于劣势，中国选手的球技不如其他国家。怎么办？如果怕输球，我们只同世界上的弱队对打，中国球队的运动员们的球技永远不会提高。只有屡屡同强队较量，中国球队的球技才能逐渐提高。商场上的竞争不也这样吗？"长处"只有在赛场上才能显示出来，才能更上一层楼；"短处"也只有在赛场上才能提高，才能变弱势为强势。这同样是中国制造业企业的希望所在。

第二节　产业转移和产业升级

一、承接产业转移是次发达地区发展的契机

产业在地区之间转移是一国工业化过程中常见的现象，而且主要出现于加工制造业行业内。加工制造业行业的企业之所以会内移，甚至跨国转移，除了某些与行政效率有关的原因以外，重点考虑的是成本增长问题。资源开发性企业也有转移问题，主要因为资源枯竭或深层采掘困难（如开采成本过大或技术达不到要求所致），从而需要转移到新的地区。此外，在资源枯竭地区还需要培育后续产业，使当地就业问题缓解，使财政继续有收入，使经济能持续发展。但这不是本节所要探讨的主要问题。本节的探讨对象是加工制造业企业的转移以及与此有关的问题。

在成本推进型通货膨胀形势下，产业向次发达地区转移更为必要。从企业的角度看，需要降低的是用工成本、土地使用成本、房屋购置和使用成本，以及物流成本等。从宏观经济的角度看，产业转移将是优化地区间资源配置的机会。

关于用工成本的上升，原因是多种多样的，包括因发达地区生活费用上涨较快而引起的工资成本上升，因技术工人短缺而引起的工资成本上升，

因一般劳动力供给不足而引起的工资成本上升，以及因社会保障措施推广实施而引起的工资成本上升等。一般来说，经济发达地区的工资成本总是大于次发达地区，所以产业由发达地区向次发达地区转移，是合乎经济规律的。至于技工短缺和一般劳动力供给不足的现象，也可以从经济发展中所遇到的新情况来进行解释，这就是：近年来，无论是技工还是一般劳动力都有就近就业的趋势，他们认为远离家乡，会造成夫妻分居和子女无法照顾以及家中老人无人赡养等问题，而就近就业可以既挣到收入，又能照顾家庭，节省生活支出；反之，如果把妻子儿女老人接到发达地区的城市中，则支出庞大，自己是负担不起的。此外，近年来还出现了创业比打工强，自己当老板比给别人打工强的趋势。农村中的能人，会经营会管理的能工巧匠，宁肯到城镇开店开作坊开小工厂，而不愿意加入雇工行列。这种情况也减少了向发达地区输送技工和一般劳动力。

正是在这种形势下，发达地区的企业，尤其是劳动密集型的企业，为了求生存求发展，出于降低用工成本的考虑，会将企业转移到次发达地区，其中也包括从沿海发达地区的城市迁往内陆的次发达地区。这对次发达地区是一个发展的契机，不能错过这一承接产业转移的机会。

促进产业地区间转移的第二个成本因素就是企业为了降低土地使用成本和房产购置、建设成本。发达地区的地价和房价上升，既是需求拉动型通货膨胀的结果，又是成本推动型通货膨胀的原因之一。地价推动房价，房价上涨必然推动职工生活费上升，进而推动工资上升。房价上涨还意味着企业需要缴付的厂房租金、店铺租金和写字楼租金的上升。相形之下，次发达地区的市县地价和房价要比发达地区低廉，这也是促使企业转移的重要原因。特别是原有企业需要扩建时，或者投资者打算建立新的加工制造业企业时，土地价格、房屋建设成本，再加上拆迁成本，更是企业关注的因素。

促进产业在地区之间转移的第三个成本因素就是为了降低物流成本。无论从原材料、燃料供应，还是从企业产成品向销售市场的运输来看，近年来企业都会感到物流成本在总成本中的比重有上升的趋势。这样，企业将对自身所在的位置、原材料燃料购进地和产成品销售地之间的距离、运输成本的支出等因素进行综合分析，以决定企业转移与否。企业如果从长期考虑，会认为扩大市场更为重要。企业转移不仅要着眼于物流成本的降低，更要考虑市场扩大后的收益。假定企业转移以后的位置接近于原材料、燃料供应地，而且有一个潜在的大市场，它就会认为企业的搬迁是合适的。未来的市场和迁移后的物流成本相比，未来的市场比迁移后的物流成本更加重要。如果迁移后的物流成本可以降低，那么对企业转移的吸引力就更大了。

二、次发达地区在承接产业转移方面的优势分析

次发达地区作为产业地区间转移的承接者，一般拥有较丰富的劳动力资源、土地资源和矿产资源。这是次发达地区的资源优势。次发达地区要善于利用自己的资源优势，承接产业转移。但重要的是，上述这些资源方面的优势，至今在较大程度上还只是潜在优势，而不等于现实优势。所以当前的一项重要工作就是要逐步把潜在优势转变为现实优势。

要实现潜在优势向现实优势的转变，需要资本、技术和人才。资本可以引进，也可以在当地筹集；技术和人才可以引进，同样可以在当地提供、发掘和培养。怎样从外面引进资本、技术和人才，怎样在当地筹集资本，提供技术和人才，这才是关键所在。总的来说，一靠体制和政策，二靠政府诚信，三靠资本、技术和人才能在本地落脚的基础设施和工作、学习、生活的适宜环境。对于引进的人才和本地培养出来的人才来说，本人的工作环境和家属的生活条件、子女的就业条件同等重要，否则很难把他们长期留下来。

要把潜在的资源优势转变为现实的优势，最重要的始终是体制和政策，而体制是重中之重，有什么样的体制才会出台什么样的政策，才能让有效

率的、讲政府诚信的、重法制的官员留在岗位上并得到重用。在体制和政策方面，尤其应当一提的是对产权（包括知识产权）的保护。产权清晰并受到保护，对资本的引进和聚集，对技术的采用和鼓励创新，对人才的使用和培养，都有着极其重要的意义。

土地资源、矿产资源、水利资源、旅游资源、风力资源等，都可以转化为资本。由于资源是有未来收益的，资源转化为资本就是指以未来若干年的资源换取现实的资本投入。修高速公路就是一个例子。修一条高速公路，可以给予投资者今后若干年的收费权，这样，投资者就会筹资融资进行这条高速公路的建设。另一个例子是旧城区的改造，以改造后的城区节约下来的土地作为开发商的未来收益，从而开发商也就会筹资融资为旧城的改造、扩建提供资本，旧城区的改造就可以展开。同样的道理，新城区的建设、工业园区的建设、物流园区的建设等，都是资源转化资本的例证。这是一种市场化运作的模式。准备承接发达地区产业转移的次发达地区，可以仿照这种资源转化为资本的做法。

在承接产业转移过程中，次发达地区一定要注意生态保护和环境治理问题，切不可只顾短期利益而以牺牲环境作为代价。建立工业园区、商贸服务区和物流园区来承接相关产业的转移，不仅是可行的，而且也被一些地方视为有效的。建立这些园区来承接产业转移的好处是：

第一，便于政府集中提供服务，减少政府管理部门和企业之间的中间环节，既节省时间，又提高办事效率，因为政府和园区管理机构是为企业服务的，管理就是服务。

第二，进入这些园区的不仅有转移进来的企业，还有新建企业、扩建企业，大家都进入园区，企业之间的信息交流加快了，商业机会增多了。

第三，基础设施、能源、热能的使用效率，土地利用效率，运输效率都提高了。对企业来说，这是成本的节约。对政府来看，这是资源配置的合理化。

第四，就是前面提到的，便于环境的保护和治理。如果污染分散，不便对污染进行治理，而且代价要大得多。从另一个角度看，承接产业转移的地区，由于让转移的企业进入工业园区，也便于对它们的污水、废气、废渣的处理情况，以及减少二氧化碳的排放量的情况，更有效地进行监督，并采取相应的措施。

次发达地区在承接发达地区的产业转移方面，是有自身优势的。对于这种优势，人们一般只看到资源优势，因为这些都摆在面上，容易被发现、被利用。实际上，次发达地区在承接产业转移方面的优势绝不仅限于此。潜在的资源优势固然重要，但比这更重要的或更具有吸引力的可能是以下两个后发优势：

一是，次发达地区可以采纳发达地区发展工业的经验，汲取它们在工业发展中的教训，这就是次发达地区的一种后发优势。这一优势还在于，在汲取发达地区工业发展中的教训的同时，更应多考虑从体制上寻找弥补之道，即对现存的不合理体制进行改革，从而在承接产业转移和产业升级方面闯出一条新路。要知道，在工业发展已有较好基础的地区，在深化改革中要对原来的体制进行改动，困难通常要比工业不发达的地区大一些，也就是说，承接产业转移的次发达地区有较大的可能性在经济体制改革方面有所突破，尤其是在西部和中部某些试验区内。这就是以动态的眼光来考察产业转移，即次发达地区可以通过改革某些不合理的经济体制来迎接发达地区企业的进入。

二是，次发达地区的后发性优势还在于它拥有一个有很大潜力而至今尚未得到有效开发的市场。这样，次发达地区一方面依靠较低廉的成本吸引待转移的企业；另一方面，从较长远的角度来看，次发达地区将会以有很大潜力的、待开发的市场来吸引待转移的企业。潜在市场的开发依靠着民间购买力的增加。如果在产业转移过程中，次发达地区的就业增加了，城乡收入差距缩小了，农民收入提高了，其结果将是民间购买力的逐渐上升，市场也一定会逐渐扩大。与此同时，地方财政收入会相应地增长，用于地方建设的资金会增多，城镇化的速度会加快，这些也都是对次发达地区市场的扩大有积极作用的。

三、次发达地区怎样为承接产业转移创造条件

概括地说，提高劳动力素质，城乡土地统筹，培育本地的民营企业家队伍，发展本地的金融尤其是农村金融，以及创造良好的文化氛围，是目前和今后一段时间内次发达地区为承接产业转移迫切需要解决的问题。

（一）提高劳动力素质

如上所述，发达地区的一些产业之所以想转移到次发达地区，所考虑的首先是降低用工成本，并且能以较低的工资条件招到合适的工人。然而实际情况往往是：次发达地区的劳动力供给量要大于发达地区，但劳动力素质却不如发达地区，这样，较低的工资成本这一长处又被劳动力素质较差这一短处抵消了，甚至会弊大于利。

但这并不足以成为发达地区的企业向次发达地区转移的障碍，因为次发达地区劳动力素质较低是可以弥补的或改善的。比如说，在企业迁移过程中，企业及早开展对所招募的当地职工进行认真的技术培训，使他们提高技术水平，达到本企业所要求的工人技术标准。企业为此而花费的技术培训费用是值得的。又如，在企业迁移过程中，企业可以把企业原有的骨干职工，包括技术优秀的工人、领班的工人、业务熟练的职员一起迁移到所要迁移的地方去，保持本企业技术上的优势，以及管理和营销方面的特色。尽管为了稳定企业中的骨干职工而需要多支出一些费用（如发给随企业迁移的职工一定的补贴，租赁或新建骨干职工的家属宿舍），那同样是值得的。

重要的是，次发达地区在今后较长的一段时间内仍然有比较多的劳动力供给，这是中国的国情所决定的，也是由中国的城乡二元体制和中国城

镇化进程所决定的。至于那种所谓"中国廉价劳动力时代已经结束"、"中国的人口红利已经殆尽"或"中国的蓝领工人时代一去不复返了"等言论，并不符合当前中国实际情况。尽管有些发达地区的城市不容易招到青壮年劳动力，这主要是本地的青壮年劳动力大多数已有工作，或务工，或务农，或经商，或开办小作坊。外地青壮年劳动力又不愿意前来做工，因为工资与生活费相比，被他们认为是不合算的。而且他们更愿意就近务工，以便同家人团聚，而不打算长期远离故土，远离家人。从企业的角度看，企业更愿意使用学历较高（比如说高中生）的农民工，愿意使用职业技术学校的毕业生。这表明，在中国，低素质劳动力的时代确实已临近结束，因为低素质劳动力的出路越来越窄了，而技工时代在中国才刚刚开始，中国即将面临这样一个时代，即把大批低素质劳动力转化为技术工人的时代。次发达地区的政府应当看清这一形势，把握这一趋势，继续发挥本地区劳动力相对丰裕的优势，大力发展职业技术教育，提高劳动力素质，以迎接技工时代的来临，为承接产业转移做好准备。

（二）城乡土地统筹

城乡统筹发展的核心是城乡土地统筹。这正是从中国国情出发来考虑的。中国耕地资源不多，而且农民外出打工以后，由于青壮年劳动力离乡外出，承包土地的利用率低，所以一边是土地少，不够用，一边是土地闲置，或只有很低的产量，浪费了土地。在城镇化推进过程中，城乡统筹的核心问题就是土地流转、土地重新规划和土地的充分利用。

根据一些地方（包括发达地区和次发达地区）的经验，在承包土地流转和宅基地置换之后，作为农村建设用地的宅基地中一部分因农民迁居新村而腾出来，复耕为耕地，耕地面积扩大了；多余的指标通过地票交易，把适宜发展工业、商业服务业、物流业和城镇住宅建设的耕地转变为城市建设用地。这样，既不突破耕地面积红线，又使得工业园地、商业服务区、物流园地、住宅区有地可用。这对于次发达地区承接产业转移显然是一种支持和土地保证。

城乡土地统筹后，对农业的发展也是有利的。今后，农村中仍会有一些散户，他们不愿外出，不愿迁居城镇，而宁肯继续经营自己承包的小块土地，从事农业经营。散户总是有的，要尊重他们的意愿，尊重他们的土地承包权。但今后，除散户外，主要有三类农业将进一步发展。一是农民中的种植能手、种植大户。他们会种田，又愿意种田，当附近的其他农户外出务工或经商后，他们以转包或租赁的形式把外出务工或经商的农户所承包的农田集中到自己的名下，实行规模经营。二是农民专业合作社。这是农民自愿组建的合作社，在规模化组织的基础上，农民通常采取土地入股的形式，账目公开，管理民主，土地利用率提高了。三是农业企业。它们承包或租赁了一定面积的荒地、沙化地、盐碱地、滩地、低产田，以高科技改造这些土地，使之成为单位面积产量不断增长的农田，或把这些土地改造成为建设用地。关于这些问题，前面有关章节已经提到。

不妨再对今后农村的种植、养殖的散户的前景作一番推测。散户是指那些继续留在农村从事农业劳动的而不参加农民专业合作社的农户。在土地确权后，他们未尝不可以成为独立的家庭农场经营者，他们可以发展种植业、养殖业，使用小型农业机械播种或收获时临时雇几个帮工帮忙。他们也可以在城镇拥有第二套住房，把老人和孩子送入城镇，颐养天年或上学。自己平时在农村工作，假日进城休息。散户怎样生活，一切听其自愿。

（三）培育本土民营企业家队伍

次发达地区在承接发达地区产业转移的过程中，培育本地的民营企业和民营企业家队伍是十分必要的。这是因为，当发达地区的企业迁移到次发达地区以后，骨干职工可以从发达地区带来，管理经验和管理人员也可以一并带来，但配套的生产营销方面的合作企业却不一定迁入。因此，在次发达地区需要有一些能与迁移过来的企业配套的、为之服务的合作伙伴，这将有赖于本地的民营企业家的努力。由于产业转移提供了若干商业机会，而且这些商业机会是转瞬即逝的，如果本地的民营企业不抓住机会，很快就会被外地的民营企业所代替。

培育本地民营企业家队伍的另一个重要意义在于：要让更多的企业迁入次发达地区，一定要推进本地区的城镇化建设和扩大本地居民的购买力。在城镇化推进过程中，次发达地区城镇的居住条件、学校和医院等设施、城镇环境保护和环境卫生状况、文化设施以及商场供应状况都会改善，这是吸引企业迁入的重要因素。这里同样存在许多商机，本地的民营企业家切不可错过这些商机。至于本地居民购买力的上升，则意味着本地市场的扩大，从长远来说，这是有利于发达地区企业转移到本地来的因素。正如前面已经指出的，次发达地区市场的扩大是企业转移的吸引力。本地的民营企业一定要懂得这一道理。

当然，本地民营企业家的成长同他们信誉的树立密切相关。信誉是无形资产，只有树立了良好的信誉，本地民营企业家才能同迁来的企业建立持久的合作关系。

（四）发展本地的金融，尤其是农村金融

近年来，金融的重心一直上移，县域和县域以下没有大中型的金融机构，至少国家控股的大银行是不在基层的。这种情况不利于次发达地区承接产业的转移。迁入的企业需要有较好的融资条件，为迁入企业服务和配套的本地民营企业同样需要有良好的融资条件，城镇的建设也离不开金融机构的支持和帮助，如果某个次发达地区的融资条件太差，不仅会影响发达地区的企业迁入，而且即使这些企业迁入，也难以生存和发展。

农村金融的重要性，主要在于缩小次发达地区的城乡收入差距，增加农民的创业机会和提高他们的收入，进而为扩大市场做准备，因为前面已经谈到，发达地区的企业之所以愿意迁入次发达地区，其着眼点一是降低成本，二是希望次发达地区今后能提供一个广阔的市场。假定次发达地区能做到农民的三权（土地承包经营权、宅基地使用权、房产权）、三证（土

地承包经营权证、宅基地使用权证、房产证）可以抵押，那么农村经济就活了，通过银行或信用社的抵押业务，可以得到贷款作为创业资金。这是提高农民收入和扩大市场的重要保证。

现实中的难题在于：银行发放了抵押贷款，担心农民到期还不了款，他们的房屋和土地都落到银行手中，不好处置。如果这个问题不解决，或者银行望而生畏，不敢涉足农民抵押贷款业务，或者银行被未归还贷款的抵押品（土地、房屋）所缠住，使自己陷入困境，难以脱身。为此，有必要建立县级的农村信用担保中心和地市级的农村产权交易中心。有了县级的农村信用担保中心，由它对申请抵押贷款和信用贷款的农民进行信用调查并给农民作担保，银行就敢于发放贷款。有了地市级的农村产权交易中心，农民用于抵押的土地、房屋就可以通过它进行转让，银行可以收回贷款本息，于是它们就放心了。可见，这是活跃农村金融的有力举措。

（五）创造良好的文化氛围

次发达地区的不同省份（市、区）、不同地级市和不同县域，都各有各的文化历史背景、民族风情，构成各自的特色。要成为发达地区转移的企业所选择的迁入地，应当说有一个共同的条件，这就是要充分发挥自己的特色，形成良好的文化氛围。

地区经济发展，既需要"硬实力"，也需要"软实力"，二者缺一不可。基础设施是"硬实力"，资本、机器设备、技术、厂房都是"硬实力"。人才是"硬实力"，但人才的素质、敬业精神、奉献精神、积极性和主动性、与人共事合作的关系，却是"软实力"的充分体现。"软实力"还包括：政府效率高低、法制建设的成就和人们的法制意识、地方的文化氛围、文化传统、当地居民的朴实作风、当地社会的和谐程度等等。因此，要把发达地区的企业引进次发达地区，不仅要着眼于次发达地区自身的"硬实力"的建设，而且还要着眼于本地区的各种"软实力"的建设。也只有这样，才能使本地区的经济迈上一个新的台阶。

四、承接产业转移和产业升级

对次发达地区来说，承接发达地区的产业转移，只能被认为是一个阶段性任务，并不是次发达地区工业化的目标或经济发展的目标。没有一个省（市、区）可以简单地依靠承接发达地区的产业转移，而成为工业先进和经济发达的省份。也就是说，次发达地区可以抓住承接发达地区产业转移这个大好机会，根据本省（市、区）的实际情况，发展高新技术产业，实现本地产业的升级，并在自主创新方面取得成就。假定一个省（市、区）仅仅满足于承接发达地区的产业转移，而不能使本地企业在自主创新方面取得成就，不能实现本地的产业升级，尤其是不能结合本地的区位优势和本地的资源禀赋，发展自己的有特色的产业，而仅仅停留在产业转移水平上，那是远远不够的。

当然，产业转移在现阶段对次发达地区来说仍然必要，这既考虑到可以借此促进本地的经济增长，增加就业机会，增加地方财政收入，提高本地城乡居民的收入，并且提高劳动力素质，同时也意味着次发达地区可以借助于产业转移的机会，加快本地就业和人才的成长，培育出一批民营企业家，以及促进本地金融业的发展，进而为本地新产业的建立和产业的升级创造条件。

由此可以再作进一步分析，以说明产业转移和产业升级之间的关系。

第一，即使是新产业在次发达地区的建立和次发达地区产业的升级，也不是单纯依靠次发达地区本地的企业（包括国有企业和民营企业）独立完成的。这更可能是本地和外地的资本合作、技术合作、人才合作的结果，而外地的企业家和本地的企业家则是这种合作的组织者和经营管理者。产业转移以及产业转移以后外地企业和本地企业的合作过程，使双方有了相互了解的机会，这样就有可能在双方进一步合作的基础上为新产业的建立和产业的升级而共同出资、出人、出力。

第二，前面已经指出，发达地区准备转移的企业是了解到次发达地区潜在的优势而决定转移的。但在产业转移过程中，特别是实现了产业转移后，这些企业对次发达地区的潜在优势和今后的市场前景会有较深入、较全面的了解，于是它们愿意在这样的地区继续投资，扩大投资，其中既包括了原有企业的自主创新、产业升级，也包括新建高新科技企业。本地的企业可以在资本、技术、人才和营销方面提供帮助，成为紧密的合作伙伴。

第三，在次发达地区承接产业转移的过程中，由于加强对人才的引进和对本地人才的培养，以及由于加大了职业技术培训工作，使本地技工人数增多，这些都对今后的产业升级有利。如果说次发达地区专业人才的存量和增量都在增长，技工的存量和增量都在增长，那就表明次发达地区在以后的发展中有了较好的条件，发达地区的企业会继续向次发达地区转移，外地的资本也会选择这一人力资源丰富的地区作为高新技术产业新建的地点。这就是次发达地区经济运行进入良性循环的一种体现。次发达地区的政府对此应有足够的认识，并早做准备。

第四，对次发达地区而言，更重要的是，通过承接产业转移，整个经济的运行开始进入良性循环的轨道。上述的人才和技工存量及增量的增长及其效应，只不过是次发达地区经济运行进入良性循环的一种体现。次发达地区整个经济运行的良性循环是指：通过承接产业转移，次发达地区的就业增加了，GDP总量增加了，产业结构调整了，地方财政收入增长了，民生改善了，居民收入和居民购买力上升了，从而又引起就业的继续增加、GDP总量的继续增加……在整个经济运行转入良性循环之后，在经济持续稳定增长的基础上，产业结构也将继续调整。按照经济发展的规律，繁荣是靠繁荣支撑的，因为繁荣必然带来投资的增加和消费的增长，这就为市场的继续增长、产业的升级、企业竞争力的增强提供了保证。

归根到底一句话：次发达地区要重视对产业转移的承接，因为这是产业升级的准备阶段，也是整个经济运行进入良性循环的起点。

第三节　新优势和新红利的创造

一、如何看待原有红利的消失

所谓红利，实际上是指一个国家或地区在特定发展阶段所具有的发展优势，以及利用这种发展优势所带来的好处。比如人口红利、资源红利和改革红利（或称体制红利、制度红利）都是发展优势及其运用所带来的结果。

红利的消失是指发展优势的消失。无论是人口红利、资源红利还是改革红利的消失，对任何一个国家或地区来说，都应当被认为是经济发展过程中的正常现象。每一个国家或地区在经济发展的一定阶段都会出现这种现象，原有的红利的消失并不是某一个国家特有的问题。

重要之处在于：经济发展方式在经济发展到一定阶段时就必须转变，如果原有的发展方式不能及时转换，那么在原有红利消失后，经济便会逐渐陷入困境。所以，每一个国家或地区都面临发展方式相应转换，发展战略有待于重新制定，以及产业结构及时调整等迫切问题。通常所说的经济转型正是这个意思。经济转型及时、顺利，这一关就闯过去了，否则经济将继续陷于困境之中，难以摆脱。

拉丁美洲一些国家，在经济发展到一定阶段，由于不及时进行经济转型，或者经济转型不成功，经济长期停滞、衰退，就是教训。

可以这么说，一些发展中国家如果认识不到经济及时转型的必要性，也就是如果只是留恋原有红利或优势而不愿尽力转型，那只会造成以下三个恶果：

第一，继续发展经济的信心丧失了，认为既然原有的红利已经消失，发展的优势已经不存在，那就很难再有所作为了。

第二，由于信心的丧失，国内实体经济领域的投资者将会纷纷撤走投资，或者把企业迁移到较晚发展起来的国家，结果，国内投资总额减少，使本国经济的发展面临投资不足的难题。同时，由于投资不足，与实体经济发展有关的专业人才也随之流向国外。

第三，或者由于本国实体经济空心化了，实体经济产业被投资者认为是没有发展前景的产业，大量资金转到虚拟经济领域，使经济中的泡沫增加，经济有可能陷入更深的陷阱中。资产泡沫的破灭，会使经济更加停滞不前，使以后的经济发展更加缺乏后劲。

二、从旧人口红利走向新人口红利

人口红利是指一国或一个地区在经济发展过程中因人力资源的存在而产生的发展优势及其体现。

但人力资源的优势在一国或一个地区的经济发展过程中是会转换的。常见的情况是，在经济发展前期，一国或一个地区人力资源的优势表现为大量廉价劳动力的存在。当时，有四个就业条件适合于这些国家或地区廉价劳动力的运用，于是就出现了廉价劳动力资源所带来的人口红利。这四个就业条件是：

第一，国内自然条件合适于经营种植园，生产谷物、热带水果、棉花、橡胶等农产品，而国内的廉价劳动力大量存在，只要有人（无论是本国投资者还是外国投资者）愿意经营种植园，就不愁雇不到廉价劳动力。

第二，国内有丰富的矿产资源，包括铁矿石、有色金属、煤炭、石油、天然气、稀有金属、贵金属、钻石、宝石、建筑用石料等，有人愿意投资于采矿业，本地廉价劳动力的充裕供给可以满足投资者的需求。

第三，发展中国家在发展前期，在制造业方面主要根据本国的实际情况，以轻纺工业、食品工业等劳动密集型工业为主，需要廉价劳动力作为工人，对他们的技术要求不高。这样，对发展中国家的劳动力稍加培训就可以适应投资者的需要。除劳动密集型工业可以吸纳就业以外，大量个体手工业作坊和小商小贩的存在，也可以使劳动者获得就业的机会。

第四，建筑业在这个阶段的较快发展，也为廉价劳动力提供了就业岗位。如修建公路、铁路、港口设施、住宅、商店、工厂，以及其他公用设施的建设，这些廉价劳动力的使用带来了红利。这种人口红利是同廉价劳动力的大量存在和被使用分不开的。在发展前期，丰富的廉价劳动力资源成为生产成本低廉的主要依据。一些发展中国家正是依靠生产成本低廉来开拓市场，增加资本积累，进而使 GDP 由低收入阶段逐渐接近中等收入阶段，甚至迈入中等收入阶段。

然而形势是会变化的。在那些逐渐由低收入阶段接近中等收入阶段，甚至迈入中等收入阶段的国家或地区，廉价劳动力资源的优势逐渐消失了，原有的人口红利也逐渐随之消失了。工资低廉不再是这些国家或地区吸引投资者前来的独特的因素，因为又出现了一些较晚发展起来的国家和地区，那里同样存在丰富的廉价劳动力资源，而且他们的工资更低，生产成本更低，从而对外来投资者更有吸引力。加之，有些一直依靠廉价劳动力资源而使收入已摆脱低收入阶段的国家或地区，多年以来忽视人力资本的投资，即不注意提高自己的劳动力质量，仍然以提供廉价劳动力为满足。这就导致原来的人口红利下降了，最后甚至消失了，终于使这些发展中国家或地区陷入经济停滞的状态。这种例子并不少见。

怎么办？难道对今后的经济发展失去了信心？信心丧失能解决问题吗？这是一个需要解决的对人口红利缺乏正确认识的问题。

要知道，一国在发展的不同阶段都会有适应于当时的人力资源优势。廉价劳动力优势和旧人口红利消失后，熟练劳动力优势将取而代之，新人口红利将成为发展新阶段的特征，经济将随着经济发展方式的转换而继续发展，这是已有先例的。任何一个国家或地区都应当有此信心。

再说，当人均收入不断随经济持续发展而上升的时候，特别是当人口随着城镇化的推进和城镇化率不断提高以后，人口增长率一般都出现下降的趋势，于是开始出现人口老龄化和青壮年人口在社会总人口中所占比例下降的现象。这又从另一个角度说明了旧人口红利消失的原因。

对新旧人口红利的替代有了正确认识之后，再联系当前中国经济的现况作进一步探讨。

既然红利的新旧替代是不可避免的，而且这种替代又是大势所趋，所以我们必须坚定信心，争取早日实现人口红利的新旧替代。

新人口红利是依靠我们努力创造而形成的。形成新人口红利要依靠四方面的努力，并且四者缺一不可。

一是，增加人力投资，扩大职业技术培训，使工人的技术素质有大幅度提高。应当认识到，对中国来说，廉价劳动力时代的结束就是技工时代的开始。廉价劳动力时代通常是同低素质、低技术水平、低效率的劳工时代结合在一起的。为什么劳动力廉价？这正与他们素质低、技术水平低、效率低有关。所以把低素质、低技术水平、低效率的劳动力，通过增加人力投资转变为技术工人非常必要，这也是促进产业升级和自主创新，提高产品更新换代的基本条件。

比如说，中国相对于周边一些后起的发展中国家而言，制造业企业的职工工资显然要高一些，所以，在中国，在以廉价劳动力为依托的旧人口红利退出历史舞台的同时，周边那些后起的发展中国家则因廉价劳动力的存在而仍有旧人口红利。中国如果及时地以技工时代代替了廉价劳动力时代，一方面，相对于周边后起的发展中国家，中国将因进入技工时代而处于优势；另一方面，相对于西方发达国家，中国技工的工资依然比较低廉，而且，中国技工工资要赶上西方发达国家同等技术水平的技工工资，还需要一段时间。这样，技工时代将使中国的发展具有自己的优势，新人口红利也将由此产生。

今后，当中国周边有些后起的发展中国家转入技工时代之时，中国已早做准备转向高级技工时代、专业人才时代，优势依然存在。这同样要靠连续增加人力投资。为了促使新人口红利的产生，连续增加人力投资是必不可少的。

二是，要让已就业的和等待就业的工人有提高自身技术素质的积极性。一方面这取决于企业与职工双方都能认识到提高工人技术素质对于企业生存与发展的意义，以及对于由"中国制造"转向"中国创造"的作用；另一方面则取决于企业与职工双方都认同工资应同绩效挂钩的重要性。如果职工工资不同绩效挂钩，只能导致许多职工认为自己努力学习，刻苦钻研，提高技术水平是没有太大意义的，这就有碍于他们向上进取的主动性、积极性的发挥。

三是，在现存的中国二元户籍制度的影响下，农民工的不平等待遇是阻碍新人口红利产生的重要因素之一。这主要因为，农民工在权利上受到限制，甚至在某些方面还遭到身份歧视。在这种处境之下，有些农民工会对自己的前景感到失望，他们刻苦学习的积极性也就减退了，消失了。

四是，在鼓励职工钻研技术、提高自身技术水平的同时，还应当对职工进行刻苦耐劳的教育，说得更确切些，应对他们进行职业道德的教育。中国的职工一直以勤劳著称，他们在任何情况下都认真劳动，在本职岗位上发挥自己作风严谨的传统，从而一致受到商界的积极评价。一些在其他发展中国家投资建厂的外商（包括"走出去"的中资企业）都认为宁用中国工人而不用当地的土著工人，因为中国工人吃苦耐劳，守纪律，工作时间一丝不苟。这一传统应当坚持下去。

从上述四个方面的分析可以清楚地了解到，中国新人口红利的产生完全是可以期待的前景。

在这个问题上，还要懂得这样一个道理，即应当重视小微企业在中国经济进一步发展中对技工的培养所起的作用。这里所说的小微企业，是指自行投资、自主创业的小型微型企业，业主本人往往就是熟练工人、高级技术工人。英国工业革命开始于18世纪70年代，最早的蒸汽机、机器设备、铁路运输车辆（机车和载人载货车辆）都是前所未见的。它们是谁最先设计并制造出来的？主要是手工作坊的小老板或熟练手工工匠，如水车匠、钟表匠、磨坊匠、唧筒匠等人。手工技艺是家传的，或者是以师傅带徒弟方式，师傅手把手地教出来的。这样，久而久之，熟练工人人数就会越来越多，他们的技艺会越来越好。举办职业技术学校是后来的事情。直到现在，中型企业和小微企业在西方发达国家中仍占有重要地位，它们不但缓解了就业问题，而且还是大型企业的合作伙伴，为后者生产零部件等等。许多小微企业以自己的技艺为特长，生产名牌产品，也向社会输送手艺高超的熟练工人，包括为特定的顾客定做商品的独特的熟练工人，以及修理汽车、摩托车、游艇及其他家用电器的能工巧匠。因此，中国在转向"技工时代"的过程中，不要忽视小微企业在这些方面的作用。

三、从旧资源红利走向新资源红利

资源红利是指一国或一个地区在土地资源、矿产资源、森林资源、淡水资源和草场资源等方面的优势。在经济发展前期，这些资源一般都比较丰富。以土地资源为例，那个时期可利用的土地数量一般都比较多，土地价格也相当低廉。这就是资源优势，其结果体现为资源红利。

但应该看到，这些也许是旧资源优势。除非个别确实是地大物博的国家，资源红利会长期存在，否则经济发展到一定阶段，某些资源会越来越紧俏、短缺，一定时间以后，资源优势和资源红利都会逐渐消失。中国正是这种情况。

新资源红利从何而来？新的资源优势和资源红利都来自先进的科学、先进的技术，以及对这些科学技术的运用。一般说来，自然界提供的资源总有用完的时候，只有智力资源、人才资源是无限的。先进的科学和技术来自智力资源、人才资源。增加开发、利用智力资源和人才资源的投入，才能使科学技术越来越进步。一旦先进的科学技术研究成果落实于实际，新的资源优势就形成了,新的资源红利也就产生了。

在中国现阶段,如果海水淡化的成本降低了,这将是一个巨大的突破,北方沿海地区可以运用淡化后的海水。当然,还有一些技术问题需要解决,如海水淡化后运输成本有待于降低,而且钢管容易腐蚀,要经常更换。但这些问题可以解决。

又如,新能源的开发和应用、沙地的改良、草场牧草良种化等等都是有助于新资源红利产生的科研开发活动。

2012年夏季,我在率领全国政协经济委员会考察组一行在内蒙古调研时,感到内蒙古草产业是一个新兴的产业,前景乐观,大有可为。草产业的功能,一是改良了草场的土壤,绿化了环境,保护了生态,符合低碳经济的要求。二是草产业企业培育适合内蒙古广大草场种植的新草种,使它们的蛋白质含量增加,使挤出的牛羊奶营养价值上升,有利于国产乳制品创立品牌、打开销路。草产业企业培育的新草还能大量节水,很受牧民欢迎。三是草产业企业为了推广新草种,即扩大改良后的新草的种植面积,正在与牧场、牧民订立合同,双方共享利益,结果草产业企业、牧场、牧民的收入都提高了。四是草产业企业正在向城市推广这种节水型的、延长城市绿化用草周期的草种,包括高尔夫球场所使用的草种,因为这可以降低城市的绿化成本,降低高尔夫球场维护的成本。这个例子清楚地说明新的资源红利的产生过程。

在某些方面,新的资源红利是同新的人口红利特别是同新的改革红利结合在一起的。

新的资源红利同新的人口红利相结合之处在于:没有大批科学研究人员、专业人才、熟练技工,就谈不上科技领域的新突破,也就不会出现新的资源红利。人才为本,资源优势才能显现。从这个意义上说,新的资源红利和新的人口红利相辅相成,谁都离不开谁。科研队伍和技术人员队伍的成长是新的人口红利的体现,也是新的资源红利产生的前提。

另一方面,无论是新的人口红利还是新的资源红利,都需要依靠新的改革红利才能由设想成为事实。关于这一点，将在本章以下部分讨论。这里只需要举一个例子，就可以说明它们之间的关系。

新的人口红利要依靠专业人才的培养，也要依靠庞大的熟练工人、高级技术工人队伍的形成。如果不对现行教育体制进行必要的改革，不建设新的、有效的职业技术教育制度；如果不打通人才社会垂直流动和社会水平流动的渠道，使优秀人才能脱颖而出；如果不重视使教育经费在 GDP 中的比例逐步上升，怎能使专业人才、熟练工人、高级技术工人队伍迅速成长和扩大呢？

新的资源红利同样要依靠制度创新，依靠新的改革措施，也就是依靠新的改革红利、制度红利发挥其应有的作用。具体地说，这需要进行科技管理体制的改革，重点在于发挥科技研究人员、科技成果推广人员的积极性，并且能够从制度上保障科研与开发经费在 GDP 中的比例不断增大。

为了实现更多的科学技术领域内的突破，一是需要有更多的新发明，二是需要把新的发明应用于经济领域，使这些科研成果在经济中产生效益。前者靠发明家，后者靠企业家，这两种人缺一不可。

也就是说，社会需要有更多的发明家和更多的企业家，需要有更多的人加入成功的发明家队伍、加入成功的企业家队伍。成功的发明家可能终身从事科学研究工作和技术创新工作，也可能在科技发明发现之后从事企业家的活动，他们自己创业，成为一名出色的企业家。在国内国外都有一些成功的例证。

无论是发明家还是企业家，他们要取得好的业绩，必须有一个适宜于他们成长的制度环境。适宜于发明家和企业家创新、创业的制度环境，这样的制度环境是新的制度创新创造的，它们就是改革红利的体现。否则，新的人口红利或资源红利依然是一句空话。乔布斯之所以能够成功，主要不在于他个人的聪明才智，也不在于他个人的魄力、勇气和决断，而在于他成长在一个适宜其施展才能的制度环境中。那里有产权激励的体制，有严格的知识产权保护制度，还有比较完善的资本市场，于是在乔布斯的周围形成一支庞大的科研开发团体,整个团队的积极性被调动起来了。这样才形成了技术创新的热潮。这正是我们从乔布斯以及类似乔布斯的新型发明家、企业家群体那里所能学习到的最宝贵的经验。

四、从旧改革红利走向新改革红利

从前文所述可以懂得,在新人口红利、新资源红利和新改革红利中,新改革红利是最大的红利,也是具有关键性的红利。

改革红利又称制度红利或体制红利,是指通过改革,制度或体制得以调整,让制度或体制能释放出更大的能量,推动经济的前进。

每一项改革总是适应于经济发展过程中当时的特定状况而出台的。改革的红利体现于消除了原有制度或体制对生产力的束缚,使经济继续发展、前进。以中国改革开放初期来说,农村家庭承包制的推行、乡镇企业的兴起、经济特区的建立,就是当时根据中国经济的实际情况而推出的三大改革措施,这些改革措施产生的巨大的红利,人们至今记忆犹新,因为中国经济从此迈入了新的时期。

比如说,农村家庭承包制符合当时广大农民的心愿,他们的积极性被调动起来了,几年之后,农民的产品丰富了,农贸市场上鸡鸭鱼肉、米面杂粮、香油等等原来稀缺的物品都可以交易,有卖方,有买方,人数越来越多。又过了一段时间,实行已多年的粮票、油票、布票等票证取消了。这就是改革开放初期的改革红利的一个例子。

又如,农村家庭承包制推行之后,农业劳动生产率提高了,农村中的劳动力反而富余了,于是乡镇企业(当时仍称为社队企业)建立了。这些乡镇企业不需要国家投资,政府不拨给生产资料,也不包销产品。全靠乡镇企业自筹资金,自己组织生产,自己负责销售产品。在 20 世纪 80 年代,中国出现了新的情况,即在火车上、长途汽车上,经常碰见一些农民模样的人,有些还穿着西服,打领带,手提大包小包。这些人是乡镇企业的推销员，带着样品和订单，风餐露宿，去推销自己企业的产品。不到几年，在大一统的计划经济体制之外出现了一个乡镇企业商品市场。乡镇企业更加红火了。这也是改革开放初期改革红利的例证。

再如，20世纪80年代初期，在广东的深圳建立了经济特区，采取了新的改革和新的规章制度。国内其他地区仍然实行计划生产和计划分配，而深圳经济特区却可以采取市场调节方式。国内其他地区只允许有个体工商户经营，而深圳经济特区却可以有民营企业（尽管那时还没有"民营企业"的名称），并且雇工人数超过个体工商户的雇工上限（以雇工不超过7~8个人为限）却没有人来查封，这就是特区的特点。这同样是改革红利的体现。

正因为改革开放初期有了上述这些改革措施，带来了改革红利，所以20世纪80年代的中国出现了新的气象。当时大家对改革红利的体会是深刻的。

1992年邓小平同志南方谈话后，新一轮的改革启动了。民营企业的名称已被正式采用，各地都掀起了成立民营企业的热情，一些有才干的年轻人，纷纷从体制内转到体制外，形成日后影响越来越大的"九二派"企业家。与此同时，国有企业的改制也开始了，有些改制为上市公司，筹到了从不同渠道集聚的资本，进入大发展时期。中国的证券市场从1992年以后日益活跃，《中华人民共和国证券法》在时经六年多的起草后，终于在20世纪90年代末经全国人大常委会以高票通过，得以实施。虽然还存在一些不完善之处，但证券市场毕竟有法可依了。这是经济改革的重要成果。在农村，从80年代中后期起已开始涌现农民外出务工大潮，使农村面貌发生重要变化。土地流转成为不可阻挡之势，并且呈现多种形式，如转包、交换、租赁、入股专业合作社及"企业＋农户"模式等。规模生产、专业化和多种经营相继成为各地区农村改革的趋势。正因为如此，在改革带领下，中国经济不仅抵御了1997—1998年亚洲金融风暴的冲击，而且国内经济朝着健康的方向大踏步前进。这全是改革所赐，是改革红利或制度红利所赐。

但一轮改革措施实行了一段时期之后，改革带来的优势或红利总有越来越减少的趋向。这是难以避免的。道理很简单：在一定体制之下，改革措施总会有从适应当初的形势到逐渐不适应新形势的变化。任何改革都适应于某种客观形势，后来，由于形势改变了，原有的改革效力的递减也就成为必然。原有的改革红利之所以逐渐消失，是普遍现象，而并非只是中国才发生的情况。

可以把原有的改革措施带来的优势或红利称为旧改革优势或旧改革红利。这里，新与旧都是相对而言，而不论有效期间的长短：有的改革红利可能存在的时间相当长，有的改革红利可能只存在短暂的时间，这无非是因为形势变化的快慢不同。所以当旧改革红利行将消失之日，也就是原有改革措施的优势潜力耗尽之时。

改革，就是制度调整；制度调整必须及时推进。继续推出新的改革措施，继续进行制度调整，才能保证新的改革红利或制度红利的出现。民间从来都蕴藏着极大的积极性，这是改革的最大动力。不继续进行制度调整，就是对民间蕴藏的极大积极性的漠视，甚至是压制。这几乎是改革支持者、倡导者的共识。

五、优势和红利都来自创造

我们已经对新旧发展优势，以及新旧人口红利、资源红利和改革红利作了说明。可见，以各种红利的消失作为唱衰中国经济依据的论调是没有道理的。我们要有信心，相信今后在经济发展中会出现新的红利、新的优势。

要知道，发展优势和红利都来自创造。即使旧的优势或旧的红利，也来自创造。它们并不是"天上掉下来的"。

比如说，尽管人口众多，如果人人都待在家里，都留恋故土故居，不外出寻找工作，不务工，怎能发挥一国拥有大量廉价劳动力的优势？怎会出现廉价劳动力所带来的红利？

又如，土地数量多，价格低廉，如果各地都不招商引资，不开发土地，不建立工厂，又怎能发挥一国的资源优势？怎能出现资源红利？

再如，发展中的制度障碍是客观存在的。在原始的社会，如果对传统组织所形成的发展障碍不进行变更，那就不会有发展，也不会有生活的改善。这就是说，没有人们的努力，连最早的改革红利也不会出现。

总之，即使是最早的人口红利、资源红利和改革红利，都离不开人的创造。

新的人口红利、资源红利和改革红利对旧的人口红利、资源红利和改革红利的替代，毫无疑问，也都是依靠人们的努力而出现的。历史上找不到天上掉下红利的例子，现实生活中更没有天上掉下红利的好事。

古今中外，既然所有的红利都来自创造，我们所得到的启示只能是：对于红利问题，不仅要有新认识，更需要有行动。只有通过实践，才能使红利成为事实。

第八章
社会资本和企业社会责任

第一节 信誉是最重要的社会资本

一、经济学中的社会资本概念

经济学中的社会资本理论是在 20 世纪 70 年代以后盛行的，但社会经济生活中社会资本现象的存在及其被人们注意到，却是很久很久以前的事情。市场交易一出现，人们一开始有生产和销售活动，就意识到社会资本的存在，它可以被人们发现并加以利用。因此，可以简单地归纳为这样三点：

第一，只要有市场交易，比如说，人们生产出某种产品，需要拿到市场上去同别人交换，无论是物物交换还是通过货币作为中介进行交换，就会发现社会资本的存在，社会资本促成了交易的进行。

有了社会资本，在交易中，才能使得买方或卖方都感到方便，感到满意，于是才能完成这次交易。

第二，为了实现市场交易，事先，人必须进行生产活动，最简单的生产是采集、狩猎、捕鱼。当不可能依靠一个人的力量获得产品时，就自然而然地出现了人与人的协作，如几个人甚至几十个人或更多的人，一起协作，完成集体采集、集体围杀、集体捕捞的任务。人与人之间如何协作，如何使集体采集、围杀、捕捞的成果更多，如何把产品进行分配并使大家都满意，愿意把这种集体生产活动持续进行下去，也全靠社会资本的存在。有了社会资本，每一个参加协作的成员都受益，也都愿意把协作关系维持下去。

第三，当人们生产活动不断发展，交易活动不断扩大，出现了专门的手工作坊、商店、饭店、旅店，还有金融服务机构、公共服务机构等。在这种情况下，社会资本更显得重要。一个人踏入社会，必须有自己可以依靠和使用的社会资本，否则寸步难行。一个人从外地农村来到城镇，也必须有自己可以凭借或借助的社会资本，否则会到处碰壁，流落街头。即使沦为乞丐，也需要有相应的社会资本，否则只能受尽屈辱，连维持生命都困难。

这些都是遥远的过去的情况，但也是常人都懂得的道理。20世纪70年代的经济学家只不过对自古以来就存在的社会资本作一些理论上的论述，并对社会资本的作用再作一些阐释而已。

究竟什么是社会资本？简要地说，社会资本是一种无形资本，体现于人际关系之中。人际关系广、人际关系好，社会资本就丰富。而人际关系所包括的范围是很大的。家族关系、家庭关系、亲戚关系、同乡关系、同学关系、师生关系、同事关系、朋友关系等等，都构成一个人的社会资本。社会资本要靠一个人的努力，去发现，去建立，去巩固，去发展。社会资本是一个网络，它会越滚越大，什么"亲戚的亲戚"、"朋友的朋友"、"同事的同事"、"熟人的熟人"……都有可能成为社会资本。

财富是三种资本共同创造的。在本书的前面已经指出并加以说明，三种资本是指物质资本、人力资本和社会资本。社会资本之所以重要，因为它以一种无形资本的方式使得物质资本和人力资本能够更好地结合。换句话说，社会资本是促进物质资本和人力资本结合并发挥作用的不可缺少的一种无形资本。

二、社会资本和信誉

社会资本既然由人际关系所构成，其核心便是人与人之间的相互信任。

人与人之间的交往能否延续，人与人之间的关系能否长久维持，是靠人的信誉支撑的。任何一个进入市场的人，只要这个人讲诚信，重信誉，同他打交道的人就会对他产生好感，认为这个人值得交往，于是这个刚刚进入市场的人就不会是孤立的，在他需要别人帮助的时候，别人就会扶他一把，拉他一下，他的社会资本就起作用了。因此毫无疑问，信誉是最重要的社会资本。

我到马来西亚、泰国和印度尼西亚考察时，曾多次同当地华人、华侨一起座谈。那些华人、华侨几乎每次都要谈起他们的祖辈从福建、广东初到异国谋生时的体会，这就是：不怕刚来的时候两手空空，一无所有，人生地不熟。怎么办？一要勤劳，埋头干活，能吃苦，能干活，就能有一碗饭吃。二要为人诚实，讲信用，这样，在需要别人帮助时，同乡、同学、同事总会出手相助。这些就是社会资本的作用。我在法国、德国、英国等国家考察时，也遇到了一些来自浙江的华人、华侨，他们同样告诉我们有关他们的祖辈、父辈或他们自己到西欧来创业的经历和体会，他们的体会同东南亚的华人、华侨是一样的，一要刻苦耐劳，二要讲诚信。

总之，所有到外面（包括国内国外）闯荡市场的人都有同样的认识，有了信誉，就会有熟人，有朋友，而且熟人、朋友会越来越多。反之，即使一个人原来就有同乡、同学、同事，或有亲戚、朋友在市场上，但这个人的信誉差，那些同乡、同学、同事、亲戚、朋友都了解这个人的品行，不同他来往，他的社会资本也就消失了。

社会资本的积累和社会资本的消失，可能都在一念之间，甚至一个商店以前靠祖上好几代人的诚信而开创的业绩，就在后代继承人那里因不讲信用、失去信誉而很快垮台。这种情况虽然在华人华侨圈子里并不多见，但也不是不曾有过。无论在东南亚还是在西欧，华人华侨提起这样的事情时，他们全都叹息，说"见利忘义"、"因小失大"，太可惜了，在商界混不下去了，只好灰溜溜地离开这里，或者回到故乡，或者又去到另一个新的地方从头做起，甚至连姓名也改了。他们还说："如果这样的人再不痛改前非，将来还会犯错误的。"

要知道，在任何市场上，不管什么样的人际关系都可以被看成的互助合作关系。这种互助合作关系，可能是有形的，也可能是无形的；可能是自觉的、有意识的，也可能是不自觉的、意识不到的或根本感觉不到的。清朝后期东北地区开禁后，大批山东人离乡背井，从水路、陆路分批来到东北，时间长达几十年，也许上百年。移民们来自山东不同的府、州、县、乡镇。他们之间，有相识的，更多的是根本不相识的。但这么长的时间内，他们作为闯关东的移民不都处于互助合作的关系之中吗？后到东北的移民，无论从哪个角度来说，都应当感激比他们早到东北的祖辈、父辈们。路是谁开的？桥是谁建的？土地最早是谁垦荒耕种的？村里的房屋最早是谁建起来的？沿途的小饭馆、小客栈、小店铺是谁开办的？……不是全靠先来到东北的山东老乡吗？这不是广义上的互助合作关系吗？先来的移民帮助了后来的移民的大忙。但是，后来的移民不一定是先来的移民的亲人或同一个府、同一个县、同一个乡镇、同一个村庄的人或他们的后代。但大家都是互助合作者，这是没有错的。既然大家都是互助合作者，那就一定要互信，互助合作关系始终是依靠互信维持的。

互信就是双方都以诚相待。这也是彼此必须遵守的基本原则。只有在彼此信任的基础上，双方的社会资本才有可能不断增长。互信是进一步合作，进一步开创事业的出发点。

任何人都应当懂得西方社会流行的一句谚语：他骗了所有的人，最后他发现，原来他被所有的人骗了。这句谚语的意思是：一个人说假话、骗人，可以得逞于一时，但日子久了，当别人都知道他一贯说假话、骗人，也就对他说假话，骗他，所以最终他被所有的人骗了。

如果社会上人们普遍缺少信用，不讲诚信，社会将陷入信任危机状态。假定发生了信任危机，社会经济的运行将无序，日常生活也将因无序而陷入混乱之中。

人是不能离开预期的。无序使人的预期紊乱，最终无法预期未来，甚至无法预期明天。无法预期明天将会发生的事情，人们只可能抱着"混日子"的想法，社会经济的运行全都被认为"不可知"，社会也就停滞、倒退，连最后的归宿都在茫茫然不知所去的失望中。

因此，恢复诚信，增加人们彼此的信任度，绝不是一件小事，而是关系到一个民族生死存亡的头等大事。人们经常提到的"末日情绪"，并不是指某种宗教的预言，也不是指某种自然灾难的即将来临，而在更多的情况下是指社会信任的丧失。

三、社会底线：法律底线和道德底线

社会资本是靠多年的累积而形成的。任何一个人都可以依靠自己多年来同别人的交往，依靠自己的信誉，一步一步地使自己的社会资本增加。你帮助过别人，你也得到过别人的帮助；你讲诚信，别人也对你诚信，社会资本之所以是无形的资本、无形的财富，秘诀全在于社会上存在着人人都遵循的社会底线。

对任何一个人来说，信誉的积累绝非一朝一夕之功。信誉不是刻意追求而建立的。一家企业，同样如此。比如说，品牌是最宝贵的，品牌来自信誉。通过企业多年的努力经营，才创下了自己的品牌。品牌一旦建立了，就要靠信誉来支持它，维持它。企业懂得，品牌来之不易，信誉也来之不易。企业从上至下，都懂得珍惜品牌和珍惜信誉的必要性。

信誉靠多年累积而成。但信誉由好变坏，从有到无，很可能就在一次，正如大堤溃塌一样，一旦溃塌，前功尽弃，以往多年的艰苦努力，一瞬间就化为乌有。

那么，为什么总有人或总有企业不顾信誉，去做违背诚信的事情？大体上有三个原因。第一，认为被发现弄虚作假的概率很小，干一次丧失信誉的事情，很可能不会被别人察觉到。第二，认为即使被发现了，被处罚，或者被罚款，作为补偿，但成本相形之下仍是低的，很可能低于所获得的好处。第三，高利润率的诱惑。这三种情况有一个共同点，就是存在侥幸心理，所以在利益的诱惑下就弃信誉于不顾了。实际上，对任何一个弄虚作假、丢弃信用的人或企业来说，所付出的代价都是极大的，因为信誉的丧失意味着社会资本的丧失，也意味着社会人际关系的破坏。何况，一个人或一个企业，在丧失信誉后要想再恢复信誉，重建信誉，很难很难。也许要花费更大的代价、更多的时间和精力，才能略有成效。

诚信关系到人人应尽的社会责任问题。有两条社会底线，任何人、任何企业都不能突破，一条是法律底线，一条是道德底线。

法律底线无疑是至关重要的。在社会经济生活中，任何人、任何企业都不能越过法律底线去从事违背法律法规的活动。任何活动，一旦违背了法律法规，就要受到法律的制裁，这时必定丧失了信誉。当然，这里也有另一种可能，即由于种种原因而酿成冤假错案，把无罪的定为有罪。但只要真相大白之后，被冤枉的人的信誉会被公众所恢复。这并不等于法律底线不存在。

道德底线同样至关重要。失信、违约、任意撕毁协议、欺骗等等，即使尚未突破法律底线，但已为道德底线所不容。在社会经济活动中，突破道德底线一样被人们所厌恶、不齿。丧失道德底线的行为，等于自毁社会资本，自毁社会人际关系。

政府工作人员一样,也应该牢牢地守住法律底线和道德底线,这是他们最起码的社会责任。要知道,任何一个政府工作人员都代表着政府的形象,所以他们都应当加强社会责任,而对这一社会责任的最低要求就是守住法律底线和道德底线。

对任何人、任何企业包括政府任何工作人员来说,社会责任当然不限于守住法律底线和道德底线,但这毕竟是一条最后的防线。或者说,法律底线和道德底线应当是起跑线,对自己应有更高的要求。

在谈到突破法律底线的处罚时,应当懂得"有法必依,执法必严"的原则必须被遵守的重要意义。为什么要把执法严格与否的问题看得如此重要,正因为这同前面已经谈过的侥幸心理的存在有关。一些人在利益的引诱下,违法进行损人或损害公共利益的活动,其动机中就包含了侥幸心理作祟,即认为这不可能被发现,或者被发现的概率极低或被发现后受到处罚的可能性极小。侥幸心理助长了某些人的弄虚作假的行为。唯有严格执法才能使弄虚作假者受到应有的处罚。

四、社会资本是可以创造的

经济学家在谈到市场的容量时,经常说:市场并不是一个固定的量,市场是可以创造的。谁来创造市场?是供给方,也是需求方,或者二者共同创造市场。

供给方创造市场是指,市场上本来没有某种需求,或者连想都不曾想过有某种需求,但供给方先研究开发出某种产品,投入市场,再通过广告、传媒向潜在的需求者宣传、介绍自己已经研发出来的某种产品,于是吸引了需求者前来购买;再通过已经试用过这种新商品的客户的宣传,于是这种产品的市场就迅速形成了。这就是新创造出来的市场。电动剃须刀通常被认为是一个典型的例子。

几千年前,男人从不刮胡子。后来开始用刀刮胡子,用剪刀剪胡子,大概又过了几千年。再往后，有了刀片，于是又习惯用装上刀片的刮胡子刀刮胡子。谁能想到可以用电动剃须刀呢？人们担心如果用电动剃须刀的话，不小心把脸划破了怎么办？最初推销电动剃须刀的厂家，都要雇人先当众表演，以显示产品的安全可靠。

还有，现在流行的手机，同前些年刚流行的手机相比，增添了不少新的功能。这也是供给方先研发，再推广的例子。人们为什么会争着购买新款手机，应当说，这是新款手机新增添的功能在吸引客户。这同样是供给方创造市场的例证。

再看需求方对市场的创造。一个很可以说明需求方的需求得到满足而促使市场扩大的例子，就是旅游业的发展和旅游市场的开拓。正由于人们想去旅游，有这种需求，所以旅游市场越来越大，也越来越吸引顾客。需求创造供给，供给又反过来创造需求，所以这也可以作为供给与需求相互影响，共同创造市场的一个例证。

现在让我们转到社会资本这个题目上来。

一个尚未踏进市场的人，严格地说，是没有自己的社会资本的。如果他出生于一个显赫的家族、家庭，那么这个家族、家庭、祖辈、父辈都拥有一定的社会资本，但这只是家族、家庭、祖辈、父辈的社会资本，而不是这位尚未踏进市场的人的社会资本。这个人没有任何市场经历，人们凭什么对他本人的人品、能力和诚信记录等等作出判断？家族、家庭、祖辈、父辈的影响是存在的，但至多为未踏进社会和市场的后人领领路，社会资本是靠个人的闯荡、拼搏挣来的。

创造自己的社会资本，对任何进入市场大门的人来说，都是一件大事。一个人的信誉，要经得起检验；一个人的人品和能力，同样要经过公众的认可。这一切只有靠自己。

当然，一个人的社会资本的创造还要靠机遇。有了机遇，能不能被抓住，被利用，这不是什么运气好坏的问题，而是能力是否具备、智慧是否存在的问题。没有能力，没有智慧，即使机遇来临，也会白白错过。因此，对任何一个闯荡市场的人来说，有能力又有智慧，才是创造社会资本的最重要的本领。

能够紧紧抓住每一次机遇，就能获得新的财富和收入，但这还不是最重要的。最重要的，每抓住一次难得的机遇，就会认识一批新结交的朋友，使自己增加了社会资本。只要彼此以诚相待，相互信任，就会产生新的机遇，社会资本也就越积越多。

社会资本不仅可以在市场中靠自己认识朋友而建立，也有可能通过自己去发现和寻找而增加。为什么同学会、校友会、同乡会被人们看中，因为人们可以从这些名单上找到自己的同学、校友和同乡，说不定以后有机会相遇相识，成为愿意帮助自己的人。为什么有些地方近年来又盛行修家谱、续家谱甚至修祠堂等活动，这也是寻找社会资本、增加社会资本的方法之一。

但所有这些联系，都需要靠信誉来支撑。信誉是最重要的社会资本。一个缺乏诚信的人，无论他曾经认识多少人，曾经有意识地结交了多少人，只要他没有信誉，别人都认为此人不讲信用，认识再多的人又有什么用？所以归根到底，社会资本靠信誉维持。失去信誉，社会资本也就丧失了。

前面在谈到包括物质资本、人力资本和社会资本这三种资本时已经指出，相对物质资本和人力资本而言，社会资本是特殊的资本，它是无形的，表现于人际关系中。它也无法量化。物质资本可以被创造出来，已有的物质资本只要运用得当，可以产生新的物质资本。人力资本，靠自己知识的积存、经验的丰富、技术水平的提高等等，可以不断增加。而社会资本则不然。认识的人虽然多，但在急需对方伸出援助之手时，究竟有几个人愿意扶你一把，拉你一把？仅靠认识的人多，有什么用？这全靠在紧急情况下愿意伸出援助之手的朋友、熟人、亲戚等人。所以，创造社会资本可以表现为结交的人多，认识的人多，但运用社会资本则要靠本人的人品如何，以及所结交、认识的人的人品如何。

由此涉及社会风气问题。在一个重视信用，彼此以诚相待的社会中，社会资本不是靠一个人的交游面的宽窄来决定，更要靠社会资本的质量来决定。社会风气正，大家都讲信誉，愿意帮助别人，这样的社会资本才是真正有用的。一个人陷入社会信用危机中的大环境，很难再像过去那样到处可以遇到伸出援助之手的人了。

第二节　企业社会责任和社会资本的延伸

一、对企业社会责任的进一步分析

本书第二章第一节在讨论国有资本体制改革时，曾对国有资本配置体制和国有企业体制这两个层次的改革目标问题作了论述。其中，涉及为什么要保留国有企业时，提出国有企业更应当自觉地实现国家经济发展战略，以尽到国有企业的社会责任问题。也就是说，如果国有企业不能自觉地实现国家经济发展战略，为什么一定要保留国有企业呢？

在这里，将就企业社会责任问题进行深入的探讨。要知道，国有企业实际上分为两类，一类是非营利性的组织，即这些国有企业在国民经济中有特殊的作用，不以营利为目标。它们分布于特殊领域内。另一类则是营利性组织。它们有盈利目标。它们要对投资者（其中包括国家投资机构）负责。这一类国有企业（包括国家绝对控股企业和国家相对控股企业）的社会责任有一定的特殊性。这是因为，在市场经济条件下，企业作为一个营利性组织，它们是要通过生产、经营、运销等活动获得利润的。没有利润可得，没有利润回报给投资者，投资者是不会继续经营企业的。因此，对任何一个营利性的企业来说，税后利润的多少及其在资本总额中比重的大小，都是关键性的问题。国有企业也不例外。

这就涉及对企业的社会责任的基本看法。作为一个营利性的组织，企

第八章 社会资本和企业社会责任

业最大的社会责任是为社会提供优质的产品和服务，满足社会的需求。企业为社会提供的优质产品和优质服务的数量越多，质量越高，越能满足社会的需求，那就表明企业尽到了自己的社会责任。而且，这一切都应当是在企业生产经营过程中牢牢地守住不越过法律底线和道德底线的前提下实现的。

在企业生产经营过程中还必须按照国家的规定，上缴各种税费，这也是企业必须尽到的社会责任。如果企业不按照规定纳税缴费，那同样是不符合企业社会责任的要求的。

企业在生产经营过程中，还为社会吸纳了若干就业者（职工），为社会培养了技术骨干、管理骨干、熟练工人等等。这一点也可以归结为企业为社会所做出的社会贡献的一部分。但不可能用数量指标来要求企业，因为企业能够吸纳多少人就业，或能够为社会培养多少名有技术专长的职工，这些都同每个企业具体的生产状况和技术水平有关。用人多少，用什么样水平的职工，这是企业的自主权，企业自己会根据具体情况而作出决定。不可能也不应当由政府下硬性指标，因为毕竟是营利性组织，一切要由企业自行决策。

那么，企业还应当有哪些社会责任指标可供考核？特别是，税后利润应当如何分配，才符合企业的社会责任要求，这就是有待进一步分析之处。

与企业税后利润的用途有直接关系的，应当是以下四个用途，它们也都可以包括在企业社会责任的目标内。这四个用途是：企业生产与销售环境的治理和改善；企业职工生活福利状况的改善；企业和企业所在地区居民关系的融洽；企业对全国性的重大灾难的尽力援助。现分别说明如下：

1. 企业生产与销售环境的治理和改善

企业在生产与销售过程中，会对生产与销售环境造成各式各样的污染，包括废水、废气的排放、废渣的堆积、噪音，等等。有些污染和污染物的堆积已在生产与销售过程中由企业处理了，其费用已由生产成本和环境治理费用支出，但过去历年积存下来的环境治理和复原工作，其工程量与企业的生产规模大小、历史的久远程度和环境损害严重程度有关。对这些环境的治理，例如小流域的治理等，耗资巨大，费时很久，一般不可能在逐年的生产成本和环境治理费用中分摊支出，而需要一笔庞大的经费。可以说，这么多年以来，企业（不管当初是国有企业还是非国有企业）已对此有了欠账，又加上最近几年年年欠下的新账，迟早是要还的。所以应从税后利润中提取一些资金，用来恢复生态，治理环境。尤其是当初的国有企业留下的问题，更应从政府经费中拨出一部分用于恢复和治理，因为按当初的规定，国有企业的盈余是全部归政府的，所以今天政府有责任提供恢复和治理环境的部分支出。

2. 企业职工生活福利状况的改善

这同样是历史遗留下来的问题。有些大型国有企业在强调"先生产，后生活"时，往往在职工生活福利方面只搭建一些临时性的棚户区，供职工生活。以后，企业生产发展起来，但对职工的生活却很少关心，也没有投资来改善职工的居住条件和生活质量等。我在偏远地区考察时发现：一些矿区、林区、农垦区和铁路的职工生活区破烂不堪，设施极其简陋。那里的职工家属反映：我们在这里已经住了几十年了，从来没有见到生活设施有新的投资来加以改善。这同样是历史的欠账，至今未还清。考虑到当初在这里建立的全是国有企业，而国有企业初期的盈余是全部归政府的，因此，要改善这些企业职工的生活设施，包括职工住宅和公共服务设施等，政府理应承担一部分开支。至于企业，不管今天是否已经改制，也都有责任从税后利润中拨出一部分经费用以改造多年形成的棚户区和旧宿舍。这部分投资的数额是较大的，但改善职工的生活福利状况的投资不能省略。可以分期分批投入，这也应当被视为企业不容忽略的社会责任之一。

3. 企业和企业所在地区居民关系的融洽

任何一个企业要坐落在一定的地区，总会同该地区的居民发生一定的关系，所以该企业和企业所在地区居民之间关系是否相处得很好，对于企业和企业职工及其家属的生产和生活十分重要。

第八章　社会资本和企业社会责任

企业和企业所在地区居民之间的关系，涉及许多方面。比如说，企业排放的废水、废气，以及企业生产过程所形成的废渣或生产生活中的废弃物品，是否给该地区的居民带来危害或生活不便；企业生产时的噪音是否扰民；企业的运料车、运货车来来往往，是否使该地区的居民受到骚扰；等等。这些都有可能引起居民们的不满。还有，企业在需要临时工时，是否留一些名额给当地的劳动力；企业能否在医疗、职工子弟上学、文化体育娱乐活动方面，给当地居民提供一些方便；等等。有时，这些在处理同当地居民之间关系方面还起着相当重要的作用。

中小企业一般不会遇到类似的问题，但国有企业尤其是大型国有企业，却常会遇到上述问题。谨慎处理彼此之间的关系，尽可能不发生冲突，在发生矛盾时双方通过协商来解决争议，这是大型国有企业经常遇到的情况。

总体上说，这样的问题可以分为两类。一类问题是历史上多年积累而至今尚未妥善解决的老问题；另一类是企业发展过程中新出现的问题。两类问题要区别对待。

对于历史上积累下来的老问题，如果确实是企业生产过程中遗留的，那就应当由企业制定规划，分期分批予以解决，该给当地居民以补偿的，应给予补偿；该由企业负责治理的，企业应作出安排。投资问题应由企业解决。由于当初国有企业的盈余归于政府，所以政府理应承担一部分费用，其余的可以从企业税后利润中支出，也可以分期分批支付。

至于企业今后发展过程中出现的新问题，责任在于企业的，企业可以在成本中纳入这方面的支出，也可以从税后利润中支出。

为了同企业所在地区的居民融洽相处，企业应该在力所能及的范围内，做些有利于当地居民改善生活服务的公益活动，公益活动有助于增进企业与当地居民的和谐。企业不要把这些公益活动和公益性支出单纯看成是一种额外的负担，而应把它们看成是增加社会资本的一项有长远意义的投资。

4. 企业对全国性的重大灾难的尽力援助

当发生全国性的重大灾难时，所有的企业应当同全国人民一样，参加救援工作。最近这些年就发生过这样的事件。例如1998年长江特大洪灾、2008年四川汶川特大地震等。在救灾过程中，即使是营利性的企业，不管是国有企业还是非国有企业、大型企业还是中小企业、高利润的企业还是微利企业，全都有为救灾而奉献自己爱心的精神，因为它们全都把为救灾出力视为自己应尽的社会责任。

在这种情况下，企业为灾区、灾民捐献的货币和物品可以列为企业的特别支出，也可以列为税后利润的一部分。

由此看来，企业的社会责任所包括的内容是很多的，涉及的范围是相当宽广的。但有两点需要说明：一是，上述这些社会责任的实现都应是自觉自愿的。即使其中有义务性的，也只限于多年历史上遗留下来、待处理的环境保护和环境治理方面的问题。当时有特定的情况，现在企业虽有义务尽自己的一份社会责任，但也需要分期分批投资来履行义务。在某些情况下，政府仍要承担一部分费用。二是，企业作为营利性组织，不能忘记企业的捐献要受到投资者的利益的限制，因为企业要继续存在下去，要不断发展，这样才能尽到企业最大的社会责任——为社会提供更多的优质产品和优质服务，促进国民经济的发展。那种因过多捐献而导致企业难以生存下去的做法，最终是维持不下去的。

二、企业盈利目标和企业社会责任的统一

前面已经说过，企业作为一个营利性组织是有自己的盈利目标的。如果企业长期未能实现投资者预期的盈利目标，企业就不可能继续存在下去。但企业又必须承担自己的社会责任。因此，企业盈利目标和企业社会责任的统一，是理论界感兴趣的一个课题，在这个领域内有不少问题值得探讨；在实践中，企业需要认真兼顾自身盈利目标与社会责任这两大任务，不能

只顾一头而舍弃另一头。

不妨归纳已经讨论过的问题，大体上以下几个命题是可以成立的，或者说，是不存在太多争议的。

第一，企业的最大社会责任是为社会提供更多的优质产品和优质服务。在提供优质产品和优质服务的过程中，企业可以实现自己的盈利目标，使投资者满意。

第二，企业在生产和销售中必须讲诚信，重信誉。信誉是最重要的社会资本，企业必须尽力维持自己的信誉和品牌，必须牢牢守住法律底线和道德底线。这也是企业社会责任的最低要求。社会资本的增加和企业信誉的提升，是企业盈利目标实现的保证。这样，企业盈利目标和企业社会责任也就可以统一了。

第三，企业在生产和经营过程中，有义务保护环境和治理环境，这是企业必须实现的社会责任。尽管企业为了保护环境和治理环境，需要投资，更新设备，新添设备，并且还需要节能减排，处理废水、废气、废渣等等，但为了子孙后代着想，为了周边地区的清洁卫生着想，这些投资都是值得的。它有助于企业产品质量的提高和职工身体健康，以及能改善同本地区广大居民之间的关系，从而实现企业盈利目标和企业社会责任的统一。

第四，企业为了实现自己的社会责任而增加的费用，有一些直接对实现盈利目标起作用。例如，企业用于改善职工住房、生活设施和公共服务设施的支出，既可以解决多年以来对职工生活困难的欠账问题，又能起到增加企业内部凝聚力、加强职工对企业的认同感、提高效率的作用。即使政府对偿还职工生活条件的欠账没有什么补助，但只要企业这样做了，就能够调动职工的积极性。应该承认，只要企业重视这方面的问题，分期分批增加投资，是可以兼顾实现社会责任和盈利目标的。

第五，从市场竞争的角度来看，对企业盈利目标和企业社会责任的统一性问题，可以再进行分析。这是指：在一个企业彼此竞争、争夺更多的市场份额的环境中，在一个企业形象越来越重要、企业形象越来越成为企业成败兴衰的标志的环境中,如果一家企业只顾实现自己的盈利目标,而不注意履行节能减排、净化环境等社会责任,一旦被新闻媒体或环境保护部门揭露,或者不注意产品质量,有以劣充好等现象而被发现,这家企业不管过去有多少成绩,都会遭到公众的谴责,声誉扫地,自毁前程。所以,市场竞争是巨大的压力,一家置企业社会责任于不顾的企业,总有一天会被有竞争力的同行排挤出局。这是国际市场的大趋势。谁都无法扭转这个趋势。

从以上所归纳的五点可以看出:企业的盈利目标和企业的社会责任是可以统一的,而且统一的趋势不可逆转,否则企业就会被淘汰出局。

三、从"社会人"的角度看企业的社会责任

在经济学中,作为市场主体的人,被赋予双重定义:其一,人被定义为"经济人";其二,人被定义为"社会人"。

从人是"经济人"的假设出发,人所考虑的是经济利益的最大化。人所进行的各种经济活动,都是为了追求最大利益。与追求最大利益相适应的,是追求成本最小化。如果一个人能以最小成本而得到最大利益,这就是成功的范例。

从人是"社会人"的假设出发,人的目标是多元的,而不仅限于利益的最大化。人所着重考虑的是社会效益,也不仅限于经济效益。比如说,假定有A、B两个地方可以投资建厂,A处的利润率较B处高,A处的成本比B处低。从"经济人"的角度考虑,人无疑会选择A而不会选择B。然而,从"社会人"的角度考虑,这个人却会选择B,而不会选择A。为什么如此,因为他是"社会人",他可能有下述考虑:

(1) B是他的家乡,这里的投资建厂条件可能不如A,但他爱自己的家乡,有心帮助发展家乡经济,让这里的就业问题缓解,让这里的居民因此提高技能,获得较多的收入。

(2) 或者，他年幼时，或未成年时，在 B 住过，上过学，当时谁都瞧不起他，今天，他在外闯荡，致富了，决心回到 B 投资建厂，让这里的人改变从前对自己的看法。

(3) 或者，他曾经在 B 生活过，那些年内，他在这里做过一些对不住当地父老的错事，心有内疚。如今，他在外拼搏多年，致富后回到 B 处办一个工厂，帮助当地发展经济，以弥补内心的歉意。

无论出于上述哪一种考虑，他的投资都是一个"社会人"行为的反映，而不可能用"经济人"来解释。

连一个人都会有"经济人"和"社会人"的差别，何况一个企业呢？

企业作为一个营利性的组织，在考虑企业的社会责任时，它会从"经济人"的角度来考虑。这主要反映于以下三个方面：

（一）企业履行自己的社会责任有助于实现投资者利益的最大化

这是从企业的近期目标和长期目标之间的协调来考虑的。从近期考虑，企业多花费一些支出来履行自己的社会责任，不管这些费用是从生产成本项目中支出的，还是从税后利润中拨付的，都会影响投资者的收入。但从长期来看，在企业尽到社会责任的同时，企业的形象改善了，企业内部员工之间的关系好转了，企业同企业所在地的居民之间的关系也向好的方面调整了，最后都会有利于投资者收入的增长。

（二）从货币收入和非货币收入之间的关系看企业投资者的利益最大化

货币收入在账面上可以表现出来，而非货币收入则不在账面上表现。企业用于公益事业的捐款捐助，都是货币支出，这是为了实现自己的社会责任而必须承担的。但因企业尽到社会责任所同时带来的非货币收入，则在账面上反映不出来。例如，企业的品牌、企业的形象、企业在同行中的口碑，以及企业的信誉等，都关系着企业投资者的利益最大化。这是不容忽视的。

(三) 从有形资产和无形资产之间的关系看企业投资者的利益最大化

这个问题与前面所说的差不多，只是换了一个角度来分析。有形资产可以计算出来，例如企业用于履行社会责任的各种支出都意味着有形资产的减少，而企业知名度的提高、企业品牌价值的上升以及企业信誉的上升，则都是企业无形资产的增加。这同样有助于实现投资者的利益最大化。

如上所述，企业既是"经济人"，也是"社会人"。如果转而从企业作为"社会人"的角度对上述问题进行分析，也许可以有新的领会。

企业作为"经济人"，无疑要为投资者利益的最大化着想；企业作为"社会人"，则有必要考虑社会效益问题。企业不同于个人，企业不会像个人那样，在选择投资地点时会有那么多的个人考虑。企业考虑较多的则是社会效益的大小及其与投资者利益最大化之间的关系。而怎样才能妥善地安排企业作为"经济人"和企业作为"社会人"之间的关系，将依赖企业法人治理结构的完善程度，以及企业领导人的能力和智慧而定。

企业作为"社会人"，它的领导人应当懂得企业的任务不仅是为社会提供优质产品和优质服务（虽然这是企业不可回避的社会责任），还在于培养人，培育一种理念，传承一种思想，发扬一种精神，养成一支优秀的职工队伍。无论是企业的投资者、企业的经营管理者，还是企业的职工，都应当为这一目标的实现去努力，这就是尽到了自己的社会责任。因此，企业的成就也反映在企业上上下下都奉行企业社会责任的理念。这就是企业为社会做出的另一项重大贡献。企业的社会效益同样表现在这一工作中。

企业作为"社会人"，还应当明确地懂得，企业不仅要为当代的居民生活幸福和安定做出贡献，也要为后代人的幸福和安定着想。比如说，企业要尽力为当代人和后代人创造一个良好的、适宜人们居住和工作的自然环境，使后代子孙能够幸福地、安定地生活下去。有了这种认识，企业对环境的维护和治理便有了充足的动力。这正是企业的社会责任所要求的，也是企业的社会效益之所在。

还有，企业作为"社会人"，应当懂得一个人的幸福是依存于周围人的幸福的。周围的人都不幸福，谁能够说自己真正幸福了？周围的人都不幸福，谁能够保证自己会持久幸福下去？只有周围的人都感到自己越来越幸福，人们才会真正感受到自己是幸福的，而且越来越幸福。实际上，对幸福的含义的正确理解应当如此。从这个意义上说，企业对社会责任的认识就加深了，并上升到一个更高的层次。

四、社会资本的延伸

通过本章第一节的说明，我们对社会资本已经有了初步了解，即社会资本是一种无形资本，它体现于人际关系上。人缘好，人缘广，社会资本就多；社会资本中最重要的就是信誉，信誉好就有社会资本可供使用，信誉破灭了，社会资本也就随之丧失了。

现在，通过对企业社会责任的分析，我们可以对社会资本概念作出进一步的说明，即社会资本不仅可以被个人持有，也可以被企业持有，社会资本不仅被个人积存，也可以被企业积存。社会资本的发现、持有，从个人推广到企业，称为社会资本的延伸。

企业持有的社会资本也是无形资本，也体现于人际关系上、企业与企业之间的关系上以及企业与政府的关系上。如果这些关系融洽，那么企业生产和销售过程的进行就会比较顺利，在企业遇到一些纠纷时就能及时化解，在企业遇到由于不同原因而造成的困难时就能得到其他企业和个人的帮助，从而减少阻力。这就同个人一样，如果人缘好，在困难时他人会伸出手来，拉你一把，扶你一程。

个人在创业时，物质资本、人力资本、社会资本三者缺一不可。企业在新建、扩建和今后的发展过程中，物质资本、人力资本、社会资本同样缺一不可。无论个人还是企业，在物质资本不足时，通过社会资本有可能得到物质资本的帮助；在人力资本不足时，同样可以通过社会资本得到帮助，以缓解人力短缺的压力。企业对于社会资本的重要性的认识，绝不会逊于个人在创业和发展时对社会资本重要性的认识。

这里不妨举一个例子。在2008年美国金融风暴发生后，中国沿海一些城市的企业，尤其是民营中小型企业遇到了较多的困难。这段时间，我正好率领全国政协经济委员会的调研组到一些沿海城市考察，听到当地流行的一个新词，叫"抱团"，如"抱团取暖"、"抱团过冬"、"抱团走出去"等等。意思是指：中小企业要紧紧地抱在一起，遇到困难，大家共同想办法，出主意；资金紧张，告贷无门，大家共同找对策，相互支持；到国外去开拓市场，也要"抱团走出去"，以免受欺受骗，等等。这充分说明了中小企业在实践中懂得了社会资本的重要意义。实践经验也表明，企业彼此之间的信任、企业领导人之间的了解和开诚布公、以诚相待，依然是社会资本的支撑，在这方面不能有丝毫懈怠。

企业尽力履行自己的社会责任，是增进企业之间相互理解、相互信念的一种途径。这也是社会资本得以延伸到企业的保证。如果企业和企业领导人都懂得唯有大家都讲诚信，都重信誉，都致力于实现企业社会责任，那么企业持有的企业社会资本才会越来越多，企业领导人持有的个人社会资本也会越来越多，企业的运行就会越来越顺畅，企业也愿意更加尽力尽心地去履行自己的社会责任。

代结束语

中国道路和发展经济学的新进展

发展经济学早在19世纪就已经被西欧一些国家的经济学家所探讨，其中最有影响的是德国经济学家李斯特。他着重阐述的是：一个较晚走上工业化道路的国家应当遵循什么样的经济理论和采取什么样的经济政策，才能赶上先走上工业化道路的国家（英国）。李斯特在经济学说史上是有贡献的，因为他对当时在经济学界占主流地位的英国古典政治经济学理论进行了评价，认为古典经济学说对于当时德国这样一个后起的国家是不适用的。

尽管如此，发展经济学主要兴起于第二次世界大战后期。当时发展经济学研究者探讨的问题围绕着农业社会如何向工业社会过渡，以及与此有关的资本、土地、劳动力、技术等生产要素重新组合和发挥作用等问题，特别是一些即将摆脱殖民地和附属国地位的亚洲、非洲国家，今后将如何走上工业化道路问题。中国的张培刚先生在这个领域内进行了开创性的研究，他在 20 世纪 40 年代后期所撰写的著作，引起了国际经济学界的关注，被公认走在发展经济学的前沿。

从 20 世纪 70 年代末开始，随着中国的改革开放，后来又随着中国经济的崛起，中国道路从此也日益被国外所了解和重视。中国道路既是包括发展转型（从农业社会转向工业社会）和体制转型（从计划经济体制转向市场经济体制）在内的双重转型之路，也是中国经济和社会可持续发展之路。中国的实践使发展经济学研究增添了不少新的内容，开辟了不少新的研究领域，也为其他许多发展中国家提供了可供参考的经验和教训。实际上，中国经济双重转型之路，已经表明发展经济学由于中国经济学家集体的介入，而取得了巨大的进展。这使中国经济学家集体深深感到自豪，因为有了中国经济学家这个集体，在最近 30 多年的争论、探索和参与实践的过程中，在影响中国经济发展的国内众多刊物上发表了不计其数的论文、调查报告、政策建议。其中发表于国外刊物上的只是很小的一部分。正是有赖于中国经济学家集体的介入，发展经济学研究才取得了前所未有的进展，国际发展经济学研究者们的视野才大大拓宽了。

下面，分三个方面来说明中国道路与发展经济学新进展之间的关系。

一、发展经济学研究不可避免地涉及经济体制之争

发展中国家，不管是不是亚洲和非洲原来的殖民地和附属国，它们新独立以后都希望实现从农业社会向工业社会的转型，从而都会涉及经济体制转型问题，只不过在这些国家所涉及的是传统经济体制向资本主义经济体制的转型，而不像中国、俄罗斯、东欧国家、蒙古、越南等国由计划经济体制向市场经济体制的转型。

关于由计划经济体制向市场经济体制的转型，留待下一节再讨论。至于大多数发展中国家所涉及的传统经济体制向资本主义体制的转型，可以从以下三个角度加以分析。

第一，在这些新独立的亚洲、非洲国家，这里所提到的传统经济体制，主要是指前资本主义的经济体制，并且在土地制度上表现得尤为明显。大体上有三种形式。一种是氏族共有，份地落实到农户的土地制度，乡村中仍然是长老或头人掌权，他们依靠长老会议或头人会议行使权力。第二种形式是地主掌握土地，实行租佃制，即把土地分成小块，租给佃户耕种，佃户向地主缴纳的以实物地租为主。第三种形式是大地产制，即在此基础上实行种植园制度，或雇工进行生产，支付工资，或给雇工一小块土地，作为雇工养家糊口的生活来源，替代工资支付，而雇工则以替种植园服劳役为代价。这三种土地制度中，无论哪一种形式都使广大农户处于贫困状态，农民被牢牢地束缚在土地（或者是氏族共有的土地，或者是地主掌握的租佃制土地，或者是种植园主拥有的种植园土地）之上，很难摆脱这种束缚。

第二，在传统经济体制之下，尤其是在前资本主义的土地制度之下，亚洲和非洲这些新独立的发展中国家要走上工业化道路，是十分艰难的。这是因为，由于广大农民被束缚在土地上，又陷于贫困境地，所以工业化所必需的前提条件（如资本积累、劳动力充足供给、土地交易市场的形成、企业家队伍的成长等）都不存在，更不必说技术人才的涌现和产权保护法律的制定了。这就是说，亚洲和非洲新独立的发展中国家，如果不对传统经济体制进行改革，不变更传统经济体制在社会经济中根深蒂固的状况，它们是无法顺利进行工业化的。

第三，同样不容忽视的，是传统经济体制的背后存在着与传统经济体制相适应的传统意识形态的巨大影响。传统意识形态支配着社会各个阶层的思想和行动，如宿命论、等级观念、保守倾向、对家乡的留恋、逆来顺受的思维等等，使得人们普遍缺乏风险意识，不愿闯荡创业，从而陷入无所作为的困境。这几乎是亚洲和非洲那些新独立的发展中国家下层社会的通病。

因此可以认为，国外的发展经济学研究者们自始至终都把这些新独立国家从农业社会向工业社会的转变同传统经济体制向资本主义经济体制的转变联系在一起进行分析,是有充分依据的。这是他们所做出的重要贡献。的确,脱离了体制之争,也就是脱离对传统经济体制特征的剖析,特别是对传统经济体制所造成的对工业化的阻碍的研究,很难在这些国家的工业化道路的研究中提出有价值的观点。

然而,这方面的研究还不足以解释中国从农业社会向工业社会转变中的难题,包括难在何处,如何克服这种困难,如何走出一条新路——不同于新独立的亚洲和非洲发展中国家所走的道路,等等。这是因为,对1979年以后的中国来说,中国的体制转型不是摆脱传统经济体制(前资本主义经济体制)的束缚,而是摆脱计划经济体制的束缚。

中国道路就是发展转型(从农业社会转向工业社会)和体制转型(从计划经济体制转向市场经济体制)重叠在一起的双重转型的道路。

二、中国的发展经济学实质上是从计划经济体制向市场经济体制转型的发展经济学

要知道,计划经济体制的实施曾被看成是另一条走向工业化的道路,以区别于西方一些国家历来所遵循的通过市场化而实现的工业化道路。20世纪30年代的苏联曾经被当作成功实现国家工业化的例子。第二次世界大战结束后的东欧一些国家,包括原来在市场化基础上工业已经有一定发展的民主德国、捷克、波兰等国家,也都转到计划经济体制的轨道上,继续在工业化方面向前推进。1949年中华人民共和国成立后之所以接受了计划经济体制,不是偶然的。一是由于已有苏联的先例,认为在计划经济体制之下发展工业是可行的,这既能动员全国的人力、财力、物力迅速建立大型工业企业,实现工业化的理想,又能使农业走上计划经济体制下集体经济的道路。二是中华人民共和国成立之际,中国处于西方主要国家抵制和封锁的状态,唯有已经实行计划经济的苏联和东欧国家才同中国有较多往

代结束语 中国道路和发展经济学的新进展

来。这正是当时的实际情况,中国没有其他的选择。三是在国民党统治区内,铁路、通讯、重要的工矿企业多数是国有国营的,解放以后这些全被接收过来了,所以当时建立计划经济体制和国有国营的大工矿企业模式是顺理成章的事情。正是在这种背景下,20世纪50年代计划经济体制在中国确立下来了。

但多年的实践告诉我们,苏联式的通过计划经济体制建成富裕强盛的工业化国家,是一条不成功的道路。资源利用率低下,企业效率差,短缺问题始终未能解决,农业集体化使农民依然处于贫穷境地,长期的城乡对立和工农业的不协调状态很难缓解,计划经济体制的弊病越来越明显……这一切导致了1978年中国开始的一场大讨论:实践是检验真理的唯一标准。这对中国来说,是一次深刻的思想解放运动。它为1978年12月召开的中共十一届三中全会做了思想准备,从此使中国进入改革开放的新阶段。

什么是中国道路?这就是中国独特的改革开放之路。说得更明确些,就是双重转型之路:发展转型,是发展经济学一直探讨和关注的从农业社会向工业社会的转变;体制转型,并不是发展经济学所研究的如何摆脱传统经济体制(前资本主义制度),如何从传统经济体制向资本主义制度过渡等问题,而是具有中国特色的从计划经济体制向市场经济体制转变的问题。这是发展经济学没有专门研究过的问题。中国经济学家集体在双重转型过程中的争论和共同探讨,为发展经济学研究领域的开拓做出了自己的贡献。

总之,中国的体制转型之所以具有特色,因为要点不是摆脱传统经济体制(前资本主义制度),而是摆脱计划经济体制,方向也不是建立资本主义制度,而是坚持社会主义制度,在社会主义制度这一前提下,通过制度调整建立市场经济体制。在中国,传统经济体制(前资本主义制度)已经在民主革命阶段和社会主义革命阶段解体了,因此,除了在意识形态方面还有传统经济体制影响的存在而外,它们已经不占经济的主流地位了。至于在少数民族聚居的地区,以及偏僻的山区,虽然传统氏族社会的影响依然存在,但传统势力及其意识形态的影响也已大大缩小。中国的体制转型主要在于从计划经济体制转向市场经济体制方面。

怎样摆脱计划经济体制的束缚而又维护社会主义制度，这是中国道路对发展经济学理论和实践做出的最大贡献。回顾改革开放以来 30 多年的中国社会经济的巨大变化，我们不能不为中国的成就感到欣慰，因为我们的努力没有白费，我们的信心更充沛了。

尽管中国道路还要继续走下去，现在距离双重转型的完成还有相当大的距离，从这个角度看，现在对中国双重转型作出总结还为时过早，但至少我们可以得出以下三个初步的判断：

第一，正如本书中一直强调的，对于中国这样一个发展中国家来说，体制转型和发展转型的重叠尤其重要，这是因为，计划经济体制对经济的影响比传统经济体制对经济的影响大得多。换句话说，一旦建立了计划经济体制，它对经济的控制肯定是政治和经济合一的，广大农村和城市工商业都会按照政府严格的命令而改造为计划经济体制下的集体农业组织和国有国营的企业模式，从而不易挣脱；传统经济体制（前资本主义制度）不可能有如此巨大的影响，它也不可能对农村（更不必说城市了）有这样大的控制力。从而，亚洲和非洲的新独立国家要发展成为资本主义国家一般是相对容易的，而在中国，要建立市场经济体系则要困难得多。在中国的双重转型中，如果不是以体制转型为主，发展转型难以真正实现，即农业社会难以过渡到工业社会。

第二，正如本书第一章就已明确指出的，在中国这样已经确立了计划经济体制的发展中国家，要从计划经济体制过渡到市场经济体制，必须首先进行产权改革，无论城市和农村都应如此。在亚洲和非洲新独立的发展中国家要实现发展转型，即实现由农业社会向工业社会的过渡，却不像中国这样需要重新构造经济的微观基础，即先进行产权改革，通过产权的界定，明确产权的归属，把微观经济单位（包括企业和个人）改制为名副其实的市场主体。这在从计划经济体制转向市场经济体制的过程中是必须首先解决的问题，而在摆脱传统经济体制（前资本主义制度）后的发展中国家，却几乎不存在缺乏市场主体这样的问题，因为市场主体随着氏族社会的解体会自然形成。

第三，走出传统经济体制（前资本主义制度），要想再退回传统经济体制，是不容易的。而挣脱计划经济体制的束缚，要想从已经走上的市场经济之路再退回到计划经济体制，在改革开放的前期则要容易得多。这就是中国的体制转型与亚洲和非洲新独立的发展中国家的体制转型（从传统经济体制向资本主义制度的转型）的一大区别。为什么会产生这么大的区别？这与传统经济体制（前资本主义制度）和计划经济体制的重大区别有关。

要知道，在传统经济体制束缚下，人们或受到氏族社会的约束；或服从地主的支配，作为佃户，缴纳地租；或被限制在种植园内，充当雇工。他们一旦挣脱了传统经济体制，参加了市场活动，很少人愿意回去继续按传统经济体制下的方式从事生产和过着受约束、受限制的生活。他们向往市场，并对参加市场活动的前景寄以希望。而计划经济体制下的情形却很不一样。以中国为例，不仅计划经济体制的确立是政府意志的体现，是政府按原来的规划推行的，而且多年以来已经形成一整套完整的体系，从政治、经济、社会、文化各个方面支配着城乡居民的生产和生活，使人们产生了"路径依赖"，即在计划经济体制下养成了所谓的"制度惯性"。加之，多年以来计划经济体制已经造成了一种习惯的舆论环境，仿佛只有实行和遵循计划经济体制生产和生活才符合规范，离开了计划经济体制就等于背叛，等于离经叛道，走上了邪路。在改革前期，经济中只要发生了失业、通货膨胀、经济秩序紊乱等情况，一部分人就会说"还是计划经济好"、"这一系列问题都是背离了计划经济体系而带来的"，于是就会有"回到计划经济体制"的呼声。这在20世纪80年代是常见的。如果不是中央最高层制定了坚持改革开放的大政方针，当时不是没有可能退回计划经济体制的。中国经济学家都经历过这一过程，至今记忆犹新。

因此，在摆脱计划经济体制的束缚，转向市场经济体制方面，中国所面临的改革形势的艰巨性要远远大于亚洲和非洲新独立的发展中国家对传统经济体制（前资本主义制度）的摆脱。

三、中国道路最重要的经验在于：只有不断地深化改革和扩大开放，让人民得到实惠，才能实现双重转型

20世纪80年代是一个探索的年代。中国经济学家集体介入了这场大讨论、大探索。这在发展经济学的发展史上是从未有过的事情，因为在这以前，尽管第二次世界大战结束前后的学术界有过不少有关发展中国家如何实现工业化问题的讨论，但他们对于如何使中国从计划经济体制转入市场经济体制的同时从农业社会转为工业社会，却没有针对性的论述。原因可能是：他们没有在中国计划经济时代生活过，没有经历过大饥荒年份的苦难，没有到农村插过队，没有在垦区开过荒、种过田，没有深入到中国的底层社会体验过那种难忘的生活，一句话，他们对计划经济时代中国的实际情况是根本不了解的，或者只是很肤浅地了解一些。这样，他们也就无法开拓自己的研究领域，对中国双重转型的深刻内涵和艰难曲折有亲身的体验。

中国经济学家既忘不了20世纪80年代的讨论和探索，更忘不了1992年春节邓小平同志南方谈话的划时代意义，以及此后中国改革的推进、开放的扩大和经济的快速增长。从这以后的10多年，是改革深化和经济腾飞的年代。从此，市场经济体制逐步确立了，后退到计划经济体制的可能性越来越小，以至于想把中国进程倒转的人再也掀不起大的风浪了。一代年轻的、生活在从计划经济体制向市场经济体制过渡时期、恢复高考后进入大学，或在政界、高等学校、科研单位和企业中工作，或者出国留学而后又回到国内从事教学研究、政府部门工作的经济学家，也纷纷投身于实践中国双重转型的伟大事业之中。还有一批年轻人，从体制内转到了体制外，参加了民营企业的建立和发展，也成为既懂得中国国情，又有系统的经济理论训练，更具有实际经济工作经验的专家。他们加入了中国经济学家集

体，成为中国经济学界的新生力量。而更多的、比上述这些人还要年轻得多的经济学探索者们，正在跃跃欲试，决心把自己的聪明才智奉献给中国双重转型的事业。

中国道路之所以为发展经济学增添了新的内容和拓宽了研究领域，与老经济学家、中年经济学家、更年轻的经济学家三代人的努力是分不开的。谁为中国特色的发展经济学做出了贡献？正是中国的老中青三代经济学家所构成的中国经济学家集体。改革开放道路上的继续探索，继续争论，继续提出新的建议，有他们的参与；使中国再也无法返回计划经济的老路上去，同样有他们的贡献。

改革开放使广大人民得到了实惠，这是双重转型得以坚持的最有力的保证。以农民来说，20世纪80年代前期农业承包制的推广和乡镇企业的兴起，使广大农民得到了稳产增产的好处，使农民可以吃饱了，使农民可以进入乡镇企业工作了，收入增加了，他们再也不愿回到人民公社时代。20世纪90年代初邓小平同志南方谈话以后，中国的经济转入了快车道，农民工纷纷东进、南下、进城务工，尽管农民感到很累，很辛苦，但他们以亲身的经历感到有奔头了，他们再也不愿意回到被限制在狭小的农村中，过着没有希望、没有盼头的生活了。这就是对摆脱计划经济体制的最有力的支持。由此得出了一个重要的结论：闸门一打开，农民和一切愿意外出创业的人便像潮水一样，涌出闸门，势不可当。这就是双重转型之路，也就是中国道路。

然而，改善民生，提高人民收入水平，让所有的国民都能分享到经济发展和改革的成果，是没有终点的。我们只能一步一步走向既定目标，而不能急于求成。征途上仍有不少险阻需要跨越。我们也不能忽视"福利刚性"的存在。超越我们现实的发展阶段，不量力而行，只会给自己带来困难，甚至落入"福利陷阱"之中，不能自拔，以致后患无穷。西方某些市场经济国家的经验教训，对我们是有警示意义的。

永远不要抛弃中国历来就存在的，并且令中国人自豪的艰苦创业精神、创新精神、同舟共济精神以及诚信为本的精神。当初，客家人从中原南下，全依仗这些精神发挥作用，在广东、福建、江西这些炎热、潮湿的蛮荒之地扎下根来，并从这里走向全世界。清末民初，山东、河北移民，携老扶幼，闯关东，短短几十年内，东北的开发很快就初具规模了。山西人、陕西人、甘肃人的"走西口"，不也依靠这些精神，在短短几十年内把内蒙古西部开发成适合人民居住的地区吗？广东、福建人"下南洋"，浙江人"闯西欧"，不同样是依靠着上述这些精神吗？今天，双重转型仍在持续，"中国梦"正在实现过程中，缺少艰苦创业精神、创新精神、同舟共济精神以及诚信为本的精神，只可能使我们在前进的道路上停滞不前，甚至坠入陷阱之中。

如果说中国道路的实践，使中国人为发展经济学的研究增添了不少新内容、新经验，那么千万不要忘记，在经济增长进入新阶段之后，仍然需要保持和发扬艰苦创业精神、创新精神、同舟共济精神以及诚信为本的精神。这同样是中国道路中不可忽视的内容。

后 记

呈现在读者面前的这本《中国经济双重转型之路》，在我的写作计划中酝酿已久，而且断断续续写过一些章节。最终决定写成全书，大约始于2012年9月，到现在（2013年7月）完稿，花了10个月左右。

我自己认为，这是继《非均衡的中国经济》一书（经济日报出版社，1990年初版）之后，又一本关于中国现实经济问题的个人代表作。本书的思路同《非均衡的中国经济》一样，仍以产权改革为核心，讨论土地确权、国有企业的进一步改革、民营企业的产权维护、收入分配制度改革、城镇化、自主创新、产业升级、社会资本的创造等问题。在代结束语"中国道路和发展经济学的新进展"中，谈到了中国经济学家的集体介入，使发展经济学拓宽了研究领域，增添了新的内容，并阐明了中国的发展经济学实质上就是从计划经济体制向市场经济体制转型的发展经济学。这也是中国经济学家集体对发展经济学做出的贡献。

在本书行将出版之际，我对下述学生所给予的帮助致以诚挚的谢意。他们是：朱善利、林双林、刘伟、于鸿君、程志强、蒋承、滕飞、刘玉铭、黄国华、张文彬、郑少武、赵锦勇、傅帅雄、尹俊、吴玉芹。

我衷心感谢中国人民大学出版社总编辑贺耀敏、经济分社社长刘晶、编审金梅、责任编辑潘蔚琳和王晗霞等同志。由于他们的努力，本书才能在交稿后这么短的时间内同读者见面。

2013年7月15日
于北京大学光华管理学院

图书在版编目（CIP）数据

中国经济双重转型之路/厉以宁著．—北京：中国人民大学出版社，2013.11
ISBN 978-7-300-18140-0

Ⅰ.①中… Ⅱ.①厉… Ⅲ.①中国经济-转型经济-研究 Ⅳ.①F12

中国版本图书馆 CIP 数据核字（2013）第 228189 号

中国经济双重转型之路
厉以宁　著
Zhongguo Jingji Shuangchong Zhuanxing zhi Lu

出版发行	中国人民大学出版社		
社　　址	北京中关村大街 31 号	邮政编码	100080
电　　话	010 - 62511242（总编室）	010 - 62511398（质管部）	
	010 - 82501766（邮购部）	010 - 62514148（门市部）	
	010 - 62515195（发行公司）	010 - 62515275（盗版举报）	
网　　址	http://www.crup.com.cn		
	http://www.ttrnet.com（人大教研网）		
经　　销	新华书店		
印　　刷	涿州市星河印刷有限公司		
规　　格	170 mm×240 mm　16 开本	版　　次	2013 年 11 月第 1 版
印　　张	20.5 插页 2	印　　次	2020 年 5 月第 14 次印刷
字　　数	279 000	定　　价	48.00 元

版权所有　　侵权必究　　印装差错　　负责调换